# 수급
# 단타왕
## 주식투자
## 실전전략

# 수급 단타왕

## 주식투자 실전전략

고명환 지음

메가스터디BOOKS

2008년 리먼 브라더스의 파산으로 전 세계가 휘청했다. 미국에서 시작된 금융위기는 순식간에 전 세계 경기를 얼어붙게 만들었다. 그것은 멀고먼 대한민국의, 미국 땅에 발 한 번 붙여보지 못한 내게도 영향을 줬다. 당시 나는 재테크로 돈 벌고 싶다는 생각만 했지 시장 상황이나 주식 투자법 등에 대한 지식과 준비는 소홀한 채 막연한 기대감으로 주식 투자에 입문한 햇병아리였다.

그래도 운이 좋았는지 소액으로 시작한 투자에 조금씩 수익이 나기 시작했다. 고무된 나는 집을 담보로 대출을 받아 본격적으로 주식 투자자의 길에 들어섰다. 당시 '대우차판매'에 3개월가량 장기투자를 했었는데 행운의 여신은 내 편이었다. 두 배 이상의 큰 수익을 거둔 것이다. 이내 나는 '이게 내 길이구나', '나는 주식에 천재적인 감각을 타고 났구나' 하는 자신감이 생겼고 과감히 회사를 그만두고 전업 투자자가 되기로 결심했다.

그리고 반년도 안 되어 무려 2억 원이라는 거액의 투자 자금을 모두 탕진했다. 속된 말로 '깡통'을 찬 것이다. 그때 깨달았다. 지금까지는 내 실력이 아니었다는 사실을. 당시 코스피·코스닥은 엄청난 상승을 보였었다. 그 미풍이 잠시 나를 스쳤던 것이다. 다시금 생각했다. 정말 개인 투자자는 주식으로 성공할 수 없는 것일까? 이대로 주저앉을 것인가.

사나이가 칼을 뽑았으니 그냥 물러설 수 없다는 마음에 심기일전한 나는 밤새 공부하고 분석하며 나름대로 치밀하게 재기를 준비했다. 그러나 비장하게 재도전했음에도 생활비 압박 등으로 마인드가 무너지면서 두 번째 실패를 맛보았다. 이번이 마지막이란 생각으로 가족들과 장인어른의 도움을 받아 결연하게 세 번째 도전에 나섰으나 대선 테마로 또 다시 깡통을 차고 말았다.

모든 고수들이 입을 모아 말한다. 주식 매매에 있어 가장 중요한 요소는 '마인드'라고 말이다. 처음 투자를 시작했을 때, 나는 이것이 '돈을 벌고자 하는 마인드'라 생각했다. 얼마나 배짱을 가지고 도전하는가, 얼마나 욕심이 강한가 등등. 20대 중반, 남들보다 이른 나이게 안정된 직장과 가정을 꾸려 남부러울 것 없었던 나는 자신이 있었다.

전업 투자자로 나서면서 지금까지보다 더 큰 꿈, 여유로운 생활을 바랐던 것이 독이 되었을까. 세 번의 실패를 통해 가족과 아내에게 많은 상처와 짐을 주었다. 그리고 값비싼 비용과 긴 시간을 통해 하나의 가르침을 얻었다. 투자자가 갖추어야 할 '마인드'란 주식 투자 자체를 대하는 마음가짐이라는 것을 말이다.

세 번의 실패로 투자금은 바닥났고 빚까지 지며 극단적인 상황을 생각하기도 했지만 가슴 깊숙이 '아직 포기할 수 없다'는 목소리가 들려왔다. 고등학교 재학 시절 컴퓨터 자격증 5개를 동시에 취득했던 적이 있다. 격투기를 시작하며 전국대회 3회 우승을 거머쥐기도 했었다. 열정과 노력으로 도전했던 그때의 나는 어디로 사라졌을까? 무엇이건 진심으로 바라면 이룰 수 있다는 자신감을 다시 찾을 수 있었던 것은 아내의 따뜻한 격려 덕분이었다. 몇 번의 실패에도 아내는 언제나 당신은 분명 성공할 테니 절대 포기하지 말라고 나를 다독였다.

이 책은 8년간 독학으로 얻은 수급단타왕의 '비기'를 고스란히 담고 있다. 저마다의 성향에 따라 투자 방법이나 손절매 시점, 투자를 하는 이유는 조금씩 다를 것이다. 하지만 모두들 주식 투자를 통해 나와 가족이 조금 더 안정적인 생활을 하길 바란다. 그러니 확실한 시점에 정확한 방법으로 손절매해 수익을 얻는 일을 마다할 투자자는 없을 것이다.

수급 매매는 부지런함, 성실, 열정, 노력이 없다면 성공하기 어렵다. 반면 이러한 조건이 갖춰진 투자자에게는 안정적인 수익을 보장하는 가장 확실한 투자법이다. 스스로 터득한 방법으로 전업 투자 5년차부터 자연스레 수익을 내기 시작해 지금까지 매달 확률 높은 매매를 이어가고 있는 내가 가장 확실한 증거라 할 수 있다.

시장 상황은 시시때때로 변하기에 현실에 가만히 안주하는 이에겐 절대 기회가 오지 않는다. 어제의 고수였을지라도 하루아침에 '퇴출'될 수 있는 곳이 주식 시장이다. 비정하고 냉혹하지만, 그래서 노력이 배반당하지 않는 무대라고도 할 수 있다. 어설픈 지식, 무모한 고집, 얕은 정보로 매매에 뛰어든 아둔한 투자자는 손실을 경험할 수밖에 없다. 이 책이 험난한 주식 시장의 거친 길을 완주하기 위한 안내서이자 지침서가 되길 바란다.

나 역시 흔하디흔한 돌멩이였다. 이런 나를 '진흙 속에 숨겨진 진주'로 만들어준 차트박사께 존경과 감사를 담아 인사 드린다. 수급단타호의 slow, 작전과장, 빨간밥통, 컨설탱이, 배궉, 제시리버, 몽현, 반장님, 그리고 여러 수급단타호 가족 또한 그렇다. 이들이 있었기에 지금의 내가 존재한다.

1남 4녀의 막내로 태어나 특출한 것도 특별히 잘난 것도 없는 나를 언제나 아끼고 사랑해주신 아버지, 어머니, 누나들도 감사하다. 끝으로 10년이란 긴 시간 동안 언제나 내 곁에 있어준 하나뿐인 소중한 나의 '그녀'에게 모든 영광과 마음을 바친다.

## ❯ Part 01   주식 투자 성공 요소

## Part 02 | 승률 90% 수급 매매 기법

## Part 03   실전매매 노하우

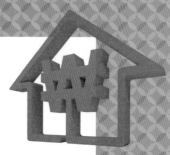

Part
01

--------------

# 주식 투자
# 성공 요소

Chapter 01

# 마인드 관리

## 1. 세 번의 깡통 후 얻은 성공

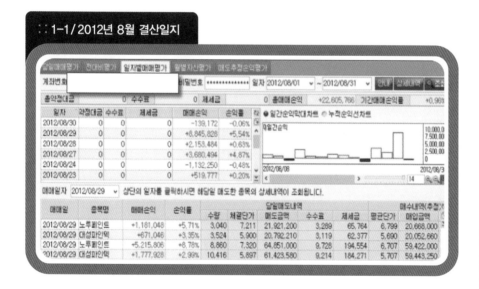

:: 1-1 / 2012년 8월 결산일지

14

당일매매평가 | 전대비평가 | **일자별매매평가** | 활별자산평가 | 매도추절순익평가

계좌번호 _____ 비밀번호 ************ 일자 2012/09/01 ~ 2012/09/30 [조회][상세내역][조회]

총약정대금 0  수수료 0  제세금 0  총매매손익 +23,120,420  기간매매손익률 +0.48

| 일자 | 약정대금 | 수수료 | 제세금 | 매매손익 | 손익률 |
|---|---|---|---|---|---|
| 2012/09/25 | 0 | 0 | 0 | +5,802,744 | +0.84% |
| 2012/09/24 | 0 | 0 | 0 | +2,669,748 | +0.76% |
| 2012/09/21 | 0 | 0 | 0 | +4,538,712 | +0.65% |
| 2012/09/17 | 0 | 0 | 0 | +770,833 | +0.31% |
| 2012/09/14 | 0 | 0 | 0 | +576,964 | +1.16% |
| 2012/09/13 | 0 | 0 | 0 | +1,884,540 | +0.55% |

● 일간순익막대차트  ○ 누적순익선차트
9일간순익
2012/09/03    2012/09/

매매일자 2012/09/21 ∨ 상단의 일자를 클릭하시면 해당일 매도한 종목의 상세내역이 조회됩니다.

| 매매일 | 종목명 | 매매손익 | 손익률 | 당일매도내역 수량 | 체결단가 | 매도금액 | 수수료 | 제세금 | 매수내역(추정) 평균단가 | 매입금액 |
|---|---|---|---|---|---|---|---|---|---|---|
| 2012/09/21 | 우리들제약 | -3,127,956 | -2.34% | 59,690 | 2,197 | 131,136,950 | 19,671 | 393,410 | 2,242 | 133,831,750 |
| 2012/09/21 | 모나미 | -125,617 | -0.18% | 12,630 | 5,651 | 71,373,600 | 10,707 | 214,120 | 5,642 | 71,263,700 |
| 2012/09/21 | 우성사료 | +4,824 | +0.29% | 260 | 6,500 | 1,690,000 | 254 | 5,070 | 6,460 | 1,679,600 |
| 2012/09/21 | 로엔 | -167,881 | -0.63% | 1,658 | 15,950 | 26,445,100 | 3,967 | 79,335 | 15,999 | 26,525,700 |
| 2012/09/21 | 다우데이타 | +1,863,965 | +9.50% | 5,440 | 3,960 | 21,542,400 | 3,232 | 64,627 | 3,604 | 19,607,615 |
| 2012/09/21 | 우리들생명과학 | +653,339 | +1.79% | 17,040 | 2,191 | 37,341,100 | 5,602 | 112,024 | 2,146 | 36,564,650 |
| 2012/09/21 | 다우데이타 | +6,258,577 | +9.30% | 18,686 | 3,947 | 73,760,875 | 11,065 | 221,283 | 3,599 | 67,259,860 |
| 2012/09/21 | 윌비스 | -328,335 | -0.18% | 46,220 | 3,958 | 182,932,100 | 27,440 | 548,796 | 3,952 | 182,656,800 |

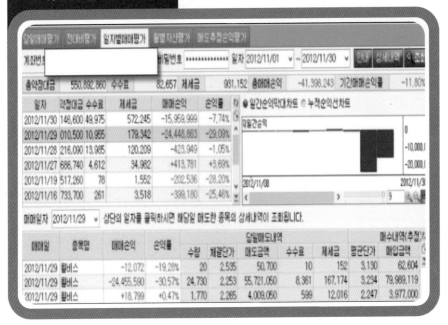

당일매매평가 | 전대비평가 | **일자별매매평가** | 활별자산평가 | 매도추절순익평가

계좌번호 _____ 비밀번호 ************ 일자 2012/11/01 ∨ ~ 2012/11/30 ∨ [조회][상세내역][조회]

총약정대금 550,832,860  수수료 82,657  제세금 931,152  총매매손익 -41,398,243  기간매매손익률 -11.80%

| 일자 | 약정대금 | 수수료 | 제세금 | 매매손익 | 손익률 |
|---|---|---|---|---|---|
| 2012/11/30 | 148,600 | 49,975 | 572,245 | -15,959,999 | -7.74% |
| 2012/11/29 | 010,500 | 10,955 | 179,342 | -24,448,863 | -29.08% |
| 2012/11/28 | 216,090 | 13,985 | 120,209 | -423,949 | -1.05% |
| 2012/11/27 | 686,740 | 4,612 | 34,982 | +413,781 | +3.69% |
| 2012/11/19 | 517,260 | 78 | 1,552 | -202,536 | -28.20% |
| 2012/11/16 | 733,700 | 261 | 3,518 | -399,180 | -25.46% |

● 일간순익막대차트  ○ 누적순익선차트
적일간순익
2012/11/08    2012/11/30

매매일자 2012/11/29 ∨ 상단의 일자를 클릭하시면 해당일 매도한 종목의 상세내역이 조회됩니다.

| 매매일 | 종목명 | 매매손익 | 손익률 | 당일매도내역 수량 | 체결단가 | 매도금액 | 수수료 | 제세금 | 매수내역(추정) 평균단가 | 매입금액 |
|---|---|---|---|---|---|---|---|---|---|---|
| 2012/11/29 | 윌비스 | -12,072 | -19.28% | 20 | 2,535 | 50,700 | 10 | 152 | 3,130 | 62,604 |
| 2012/11/29 | 윌비스 | -24,455,590 | -30.57% | 24,730 | 2,253 | 55,721,050 | 8,361 | 167,174 | 3,234 | 79,989,119 |
| 2012/11/29 | 윌비스 | +16,799 | +0.47% | 1,770 | 2,265 | 4,009,050 | 599 | 12,016 | 2,247 | 3,977,000 |

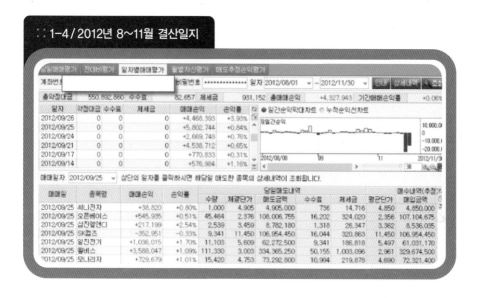

누구나 실패할 수 있다. 하지만 성공한 이들은 같은 실패를 두 번 반복하지 않는다. 이것이 성공을 위한 필요충분조건이다. 주식 투자도 마찬가지다. 을왕리 해수욕장에서 아내에게 전업 투자가로 나설 결심을 고백했던 것이 벌써 10여 년 전이다. 아직도 엊그제 일처럼 생생하다. 그 사이 세 번의 커다란 실패를 겪었다. 마음도 몸도 고생이 심했다. 가족들의 힘겨워하는 모습이 무엇보다 가슴 아팠다.

실패는 가능한 적게, 그마저도 경험하지 않는 게 좋다. 그 누구도 일부러 실패하지 않는다. 그럼에도 실패를 넘어서고자 노력하지 않는다. '수급 매매'로 다시 일어서기까지 겪었던 고통은 말로 다 표현할 수 없다. 덕분에 얻은 것도 있다. 계좌 관리, 마인드 관리의 중요성이다.

수급 매매를 통한 성공적인 주식 투자법을 논하기 전에 주식 투자의 무서움을 먼저 강조하는 것도 이 때문이다. 욕심과 마음만 앞세워 아무 원칙도 마음가짐도 없이 뛰어들었다간 순식간에 피 같은 돈과 그보다 소중한 나 자신을 몽땅 잃어버리기 쉽다.

　　그러나 나 역시 같은 실수를 세 번 반복한 다음에서야 실패 원인에 대한 분석을 시작했다. 생각은 꼬리에 꼬리를 물고 이어져 주식에 처음 발 디뎠던 지점까지 거슬러갔다. 신용 매매로 주식 세계에 입문했는데 신용 매매가 아니었다면 애초에 깡통을 차는 일도 없지 않았을까 하는 생각도 들었다. 물론 나름의 성공도 있었다.

　　초보 때 겁도 없이 한 종목에 신용 풀 베팅한 결과 총 4억 원 정도 매수가 가능했다. 중간정산 결과 3,000만 원까지 수익이 났었지만 욕심 때문에 결국 1억 원을 손절(손절매, 매입했던 주식의 가격이 매입가보다 떨어져 손실이 났을 때 적정선에서 매도하는 것)했다. 뻔했다. 생활비 인출 후 매매가 꼬이더니 금방 잔고가 바닥을 드러내며 깡통계좌가 되었던 것이다.

　　이것이 신용의 무서움이다. 명확한 대응 시나리오 없이 시장에 접근한 데 따른 결과기도 하다. 신용으로 풀 베팅하면 수익도 두 배지만 당연히 손실도 두 배다. 지금이야 하루 1% 수익만 나도 익절(이익 실현, 매입했던 주식의 가격이 매입가보다 높아져 시세 차익이 생겼을 때 매도하는 것)하지만 그때 나는 최소 10% 이상의 고수익이 아니면 무조건 홀딩을 택했다. 아무 근거도 이유도 없었다.

　　세 번째 깡통을 찼을 때에서야 그 무서움을 절실히 깨달았다. 원금 2,500만 원으로 시작했던 2012년 8월 매매일지를 살펴보면 알 수 있다. 대선 테마로 평균 90% 이상의 엄청난 수익이 났었다. 이대로만 가면 나도 금방 부자가 될 것이란 기대와 욕심을 부정할 수 없다.

　　투자금을 인출하지 않았다. 계속 재투자를 거듭했었다. 오래 더 많이 투자할수록 수익도 더 커질 것이라 믿었다. 9월 달에도 큰 수익을 거두었고, 10월 수익은 더 높았다. 내 생각이 맞는 것 같단 믿음은 어느덧 확신이 되었다. 당시 고용 창출 테마주 '윌비스'를 1억 원까지 풀 베팅해 50%가량 이익을 봤다. 주식장 중에 거의 1억 원 가까이 잔고가 올라간 순간도 있었다. 무려 2개월 만에 원금 대비 네 배의 수익을 낸 것이다.

사람의 욕심은 끝이 없다고 했던가. '잔고 1억 원을 찍겠다'는 근거 없는 자신감과 욕심에 계속 홀딩했다. 두 달간의 성공에 도취된 것이다. 10월 일이다.

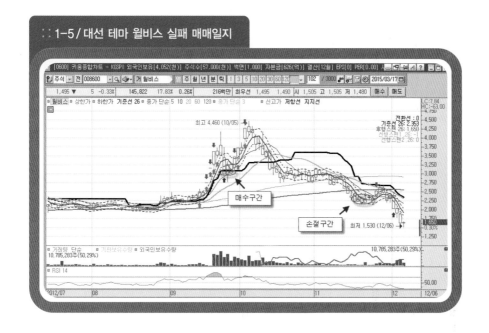

:: 1-5 / 대선 테마 윌비스 실패 매매일지

위의 차트(1-5)가 상황을 일목요연하게 보여준다. 상한가 이후 눌림목(해당 종목의 상승 추세에서 상승 후 약간의 조정이 있는 시기) 때인 2,800~2,900원 지점에서 과감하게 풀 베팅한 것이다. 50% 이상 급등했음에도 매도를 누르지 못했다. '다시 오르겠지', '그래 오를 거야' 하며 막연한 희망을 안고 두 달을 버텼으나 결국 +50% 수익에서 -30%에 손절하고 말았다. 잔고 1억 원은 1,000만 원으로 1/10 토막이 났다.

반대 매매(증권사나 신용융자금으로 빌린 돈을 약정기간 안에 갚지 못할 경우

18 강제로 주식을 매도·처분하는 매매)를 막기 위해 가족은 물론 친구, 지인들에게 손을 벌리며 두 달간 메우고 버티기를 한 결과가 고작 이것이었다. '미치지 않고서야' 하는 생각이 든 것은 한참 후였다.

 돈에 눈이 멀어 정신이 나갔었다고 말해야 할 것 같다. 묵묵히 지켜봤던 아내의 가슴은 얼마나 까맣게 타들어갔을까. 여기 저기 빚은 늘어갔다. 아이 분유 값과 기저귀 값이 없어 식사시간 돌아오는 게 제일 무서웠다. 카드는 진즉에 한도 초과였고 몇 푼의 돈마저 빌릴 곳이 없었다. 사람들이 왜 자살을 하는지 이해가 갔다.
 아이와 아내가 없었다면 거기가 내 인생의 마지막이었을 것 같다. 그래도 소중한 가족들이 있기에 다시 용기를 얻고 살아보고자 노력했다.

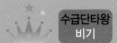

**수급단타왕 비기    세 번의 실패를 통해 얻은 실패 원인 분석**

1. 대선 테마주 압축 대응으로 신용 풀 베팅 시도는 좋았으나 적정 시기에 손절 대응 못 함
2. 수익금을 인출하지 않은 채 재투자만 계속해 깡통 시 여유자금이 없었음
3. 대선 테마로 두 달간 수익이 나자 자만심에 빠짐
4. 수시로 변하는 시장을 외면하고 홀딩만 고집하며 아무 조치를 않음
5. 손절매의 중요성을 알지 못하고 무모한 비중 베팅만 거듭해 결국 마인드 무너짐

 모든 주식 투자자들이 이런 끔찍한 경험을 하지 않았으면 좋겠다. 나의 실패 분석이지만 다들 대동소이할 것이라 생각한다. 무엇 때문일까? 그 이유를 깨닫기 위해 2012년 11월 매매를 마지막으로 2012년 12월부터 2013년 3월까지 4개월가량 주식에서 손을 뗐다. 전업 투자가로서 쉬운 결정이 아니었지만

그만큼 마인드 관리와 매매 원칙 정립이 시급했다.

나의 수급 타법은 2013년 4월 1일부터 같은 해 12월 10일까지의 노력 결과라 할 수 있다. 당시 나는 실패 원인을 찾고자 하루 종일 서점에 앉아 닥치는 대로 주식 관련 서적을 읽었다. 집에 와서도 HTS(Home Trading System, 홈트레이딩시스템)를 켜두고 밤새 공부했다.

---

### 수급단타왕 비기 · 네 번째 시도 끝에 얻은 성공 원인 분석

1. 당일 수익금은 주식매도담보대출 상환
2. 신용 풀 베팅 여부에 관계없이 1% 이상의 수익도 익절
3. 손절매는 −2% 원칙 안에서 대응
4. 외국인·기관 투자자들의 수급주 위주 매매 → 하락장에서도 상승
5. 저평가된 명품 주식을 확실한 분석을 통해 매매 → 자신감 획득

---

다시 출사표를 던진 것은 2013년 4월, 완전히 새로운 마음으로 수급 매매를 시작했다. 결과는 대성공이었다. 그동안은 좋은 테마주를 매매해 수익률이 높았어도 매달 수익과 손실을 반복했었다. 수익이 있다 해도 불규칙했기에 조급함이 컸다. 매매에 대한 확신도 부족했다. 하루하루가 힘들었다. 한 번 매매가 꼬이면 마인드가 와르르 무너지는 일이 비일비재했었기에 손실도 컸다.

그러나 수급 매매를 시작한 이후부터는 안정적인 수익이 나기 시작했다. 실체 없는 테마주는 매매 근거가 부족하기에 투자자들은 매번 가슴을 졸여야 한다. 하지만 수급 매매는 '근거가 명확하다'는 장점이 있다. 손절과 익절이 손쉽고, 빠른 대응이 가능하다는 것도 이점이다.

## (1) 욕심을 다스리자

욕심을 절제하라는 말은 주식 매매에 있어 마인드 조절이 얼마나 중요한지를 역설한다. 크건 작건 자신이나 주위의 실패담을 통해 투자자들 대부분이 이미 절감하고 있을 것이다. 제아무리 뛰어난 전문가라도 결국 사람이다. 주식을 하는 이유는 비슷하다. 돈을 벌기 위해서. 좋은 차나 집을 사고, 맛있는 음식을 먹고, 생활비를 마련하고, 가족과 여행 다니고 등등. 모두가 삶의 행복과 여유를 바란다.

그 소박한 행복을 위한 자금을 마련하고자 주식을 시작한 대다수 투자자들은 '주식을 통해 돈을 벌 수 있다'고 믿어 의심치 않는다. 반대로 돈을 잃을 수도 있다는 우려는 애써 떨치려고 한다. 그런 안일함이 큰 손실을 가져온다. 돈을 잃기 위해 주식을 하는 사람은 없을 것이다. 그럼에도 대다수의 투자자들이 얼마 지나지 않아 시장에서 퇴출당한다.

주식 투자로 성공하기 위해서는 첫째도 둘째도 욕심을 버려야 한다는 점을 명심하자. 적은 수익도 만족하자. 하루 +0.2퍼센트의 수익을 마다할 이유가 없다. 돌발 매도로 갑자기 시장이 하락 상황으로 돌아설 때가 있다. 적은 수익이라도 일단 익절을 택하는 게 현명하다.

조금의 수익도 다시 보자. '잃지 않는 매매'만 유지한다면 한 달만 놓고 봐도 어마어마한 누적 수익률이 발생한다. 하루 10만 원도 벌기 힘든 세상이다. 주식 투자로 성공하고 싶다면 욕심을 내려놓고 겸허한 마음으로 시장에 임해야겠다.

## (2) 실패는 인정하고 고치면 된다

몇 번의 실패를 경험하고 깨달은 교훈이 있다면 미련스러울 정도로 내 고집만 부렸다는 점이었다. 잘못된 판단으로 인한 매매 손실은 즉각 인정하고 손절하면 된다. 그런데 그것을 인정하기 싫어 막다른 곳으로 스스로를 밀어 넣는다. 근거 없는 고집은 무지다.

실수는 누구나 한다. 다만 이후가 중요하다. 같은 실수를 되풀이하지 않아야 한다. 매일 매매일지를 작성하는 방법을 권하고 싶다. 하락장에 주가 추세도 하락 전환했으며, 상승 모멘텀도 없는 종목임에도 계속 홀딩한다면? 계좌도 마인드도 무너지고 만다. 어쩌면 늦었다 싶을 때가 마지막 찬스일 수도 있다. 떠나간 배와 주식은 다시 돌아오지 않는다.

## (3) 자신감을 갖고 긍정으로 임하라

나는 주식에 대한 자부심이 강하다. 일종의 승부사 기질이라고 할까? 매일 아침 '나는 오늘 반드시 돈을 벌 것이다. 시장이 하락해도 나만 집중하면 얼마든지 수익을 낼 수 있다'고 자기최면을 건다. 부정적 마인드는 투심을 흐린다. 결국 손실로 이어진다. 손실이건 수익이건 자신감을 갖고 긍정적인 마음가짐으로 임해야겠다.

스스로를 다잡는 일은 물론 하루아침에 이루어지지 않았다. 하루의 결과가 고스란히 얼굴에 드러날 때도 당연히 있었다. 손실이 클수록 얼굴도 굳어졌다. 보는 사람의 불편함이야 더 말할 필요도 없다. 거기서 끝나면 좋을 텐데 아무 잘못 없는 아내나 가족들에게 짜증을 부릴 때도 많았다. 주식이 직업이기 때문에 스트레스는 더욱 컸다.

마땅히 풀 데가 없었다는 변명도 구차할 뿐, 지금 생각해도 너무나 못난 남편이자 가장이었다. 불면증에 시달릴 때는 주량을 넘어서까지 술을 마시고 술기

운을 빌려 잠자리에 들기도 했다. 다음날 컨디션 조절에 실패했음은 당연하다.

최근에는 큰 손실도 없지만 −2% 이상 손실이 날 때도 평소와 똑같이 생활한다. 오히려 더 웃으려고 노력한다. 아내가 "여보 돈 많이 벌었어?"라고 물으면 웃으면서 "아니, 100만 원 손실 났는데 내일 복구하면 돼"라고 말한다. 오히려 가족들과 쇼핑에 나서거나 외식을 하는 등 더욱 즐거운 시간을 보내고자 한다. 손실이 발생하면 자산이 줄었다고 마땅히 나가야 할 돈까지 막은 적도 있었다. 창피하지만 당시에는 마인드 컨트롤을 하지 못했던 것이다.

그렇게 무너진 마인드는 다음날 보상되기는커녕 더 큰 손실로 이어지는 경우가 빈번했다. 매매 원칙만큼이나 마인드 관리도 중요함을 깨닫고부터는 반대로 행동했다. 돈을 잃으면 반대로 돈을 더 썼다. 맛있는 음식도 사먹고 주위 사람들에게 비싼 것이 아니더라도 선물을 전하기도 했다. 놀라운 것은 다음날 보유 종목의 주가가 오르거나 다른 주도주 등으로 어제의 손실을 메우고도 남을 수익으로 마감했다는 점이다.

손실이 발생했다고 누구를 탓하거나 부정적으로 생각하면 결국 나만 고통스럽다. 주식 시장은 매일 열린다. 일희일비하면 성공하기 힘들다. 수익이든 손실이든 항상 긍정적인 마인드를 갖는 이에게 기회가 와도 온다.


## 3. 매매 원칙 정립

주식 투자에서 마인드 관리만큼이나 중요한 것이 자신만의 매매 원칙을 정립하고 이를 습관화하는 것이다. 나만의 매매 원칙은 험난한 주식 시장에서 스스로를 지켜주는 절대 무기다. 이 사실을 명심하자.

내가 세운 매매 원칙은 그리 대단하지 않다. 절대적인 것도 아니다. 다만 이
를 참고로 자신만의 매매 원칙을 세우고 확실히 지키기를 권한다.

 **매매 원칙**

1. 손절은 −2% 이내에서 칼 손절하며 언제나 시장 상황에 따라 유연하게 대응한다.
2. 음봉 매수 때는 분할 매수, 수급이 확인된 양봉 매수는 시장가 매수를 택한다.
3. 수급이 확인된 기업분석을 마친 종목만 거래한다.
4. 은행이자 기준 연 2.0% 비중 베팅으로 2%의 수익을 목표로 한다.
5. 외국인·기관 투자자들의 수급이 들어오는 시장 주도주 위주로만 매매한다.
6. 실체 없는 테마주, 뉴스에 일희일비하는 종목은 공략하지 않는다.
7. 기업가치가 저평가된 흑자 기업이나 턴어라운드 종목의 가치투자를 지향한다.
8. 매년 10% 이상의 성장성과 영업이익률이 개선되는 종목을 거래한다.
9. 거래량, 거래대금 상위 업체를 공략하며 유동성이 풍부한 종목을 매매한다.
10. 급등주, 작전주, 뇌동 매매, 충동 매매, 미수, 상한가·하한가 따라잡기를 지양
    한다.

Chapter02

# 비중 관리와
# 계좌 관리

## 1. 비중 베팅과 3·3·4 분할 매수법

나는 당일 주도주 한 종목을 정해 집중적으로 공략하는 스타일이다. 분산투자는 하지 않는다. 주식 관련 도서 대부분이 워렌 버핏의 '계란을 한 바구니에 담지 말라'는 조언을 투자자가 반드시 새겨야 할 말로 일러준다.

하지만 나를 비롯한 주위의 주식 고수들을 살피면 이내 고개가 갸우뚱해진다. 그들의 보유 종목은 많아야 두세 종목이다. 나 역시 하루 평균 한두 종목만 집중적으로 매매한다. 더러 두 종목을 동시에 공략할 때도 있지만 실시간 대응하며 고점 매도하기가 여간 힘든 게 아니다. 차라리 한 종목만을 집중해 풀 비중으로 고점 매도하는 편이 수익이 크다.

수급 매매는 비중 베팅을 가능하게 하고, 비중 베팅은 적은 금액으로 큰 수익을 창출시킨다.

원금 1,000만 원을 가진 투자자가 비중 10%로 25%의 수익을 내면 그의 수익금은 25만 원이다. 반면 원금 1,000만 원을 가진 투자자가 레버리지 2.5배를 활용해 1% 수익을 내도 수익금은 25만 원이다. 전자보다 후자 쪽 확률이 높다는 생각이 들지 않는가. 나 또한 매일 1~2% 수익을 꾸준히 올려 한 달 100% 수익률을 달성한다.

저금리 시대다. 1%의 수익도 다시 보자. 매일 복리로 쌓으면 어느새 큰 수익이 만들어진다. 은행에 적금을 넣어도 이자는 2% 부근이다. 적은 수익도 만족하며 꾸준히 쌓다 보면 어느 순간 계좌 잔고가 불어나 있을 것이다.


레버리지 활용은 수익이 나면 잔고가 급속도로 불어나는 반면 자칫 잘못하면 단 몇 번의 손실로도 깡통계좌를 만들 수 있다. 손실도 배로 커지기에 수급 매매로 승률 80% 이상이 나오기 전에는 반드시 소액 연습매매와 3·3·4 분할매매를 통한 연습과 검증이 필수다.

3·3·4 분할 매매란 수급 유입이 있는 날 비중을 30%, 30%, 40%으로 분할해 매수하는 방법이다. 분할로 접근 후 수급 이탈이 확인되면 추가로 매수하지 않고 손절 처리하며, 확신 있는 수급이 유입되는 경우에만 추가 매수를 하는 전략이다.

다시 한 번 강조하지만 레버리지 활용은 매매 승률 80% 이상이 나와야 한다. 한 번의 실수로도 계좌가 망가질 수 있기에 아니다 싶으면 과감하게 손절할 줄 아는 결단력과 현명함이 요구된다.

수익금은 매도담보대출을 이용해 당일 출금한다는 것이 나의 원칙이다. 투자금이 크다고 수익도 높은 것은 아니다. 투자금이 커서 손절하기가 어려울 때도 있다. 2년 이상 꾸준히 수익이 났었을 당시에도 나는 언제나 잔고를 4,000만 원 선으로 유지했다.

레버리지를 활용하고 있었기에 1억 원 이상의 매수도 가능했지만 그 이상은 데이트레이딩(초단타 매매)에 무리가 따랐기 때문이다. 언제나 호가 상태, 유동성, 변동성을 모두 고려해야 한다. 따라서 투자금이 커질수록 공략하는 종목이 제한될 수밖에 없다.

세 번의 깡통계좌를 경험한 후부터는 더욱 철저히 수익금을 관리한다. 전에는 수익이 나면 인출은커녕 투자금을 보태서 무조건 레버리지 풀로 사용했었다. 수익이 돌아올 때야 상관없지만 불어난 계좌로 손실이 날 때는 손실금이 아까워 손절하지 못하다 한순간에 그동안의 수익은 물론 원금까지 침범당한 경험, 전부 헤아릴 수 없다.

마지막 깡통 이후 원금에서 일정 수준 이상 수익이 나면 즉시 출금하는 것을 원칙으로 한다. 혹시 모를 위험에 대비하고 간혹 계좌가 망가지더라도 충분히 다시 시작할 수 있는 여유자금을 비축해두고자 하는 목적이다. 주식 잔고는 사이버 머니와 같다. 매도를 해서 수익을 확정짓고 거기서 출금해야 내가 힘들게 번 '진짜 내 돈'이 된다.

금액이 커지면 커질수록 수익 내기는 더 어려워진다. 동시에 손절도 힘들어진다는 점, 반드시 명심하기 바란다.

Chapter 03

# 리스크 관리

## 1. 손절은 무조건 −2%에 맞춰라

주택 경기 활황으로 땅이나 집을 사면 2~3년 안에 두 배는 기본으로 오르던 호시절이 있었다. 4,000만 원으로 매입했던 빌라가 2년 만에 1억 원까지 올랐었다. 그대로 갖고 있었으면 정말 좋았을 텐데 주식 때문에 8,000만 원에 급매로 팔았었다. 현재 그 빌라는 급매 4,000만 원에 거래된다고 한다. 모든 투자가 그렇다. 상승하면 하락하는 시기도 반드시 있다.

주식으로 월 2% 이상의 수익만 나도 성공한 투자 아닐까? 그럼에도 개인 투자자 대부분이 한 달에 20% 이상의 고수익을 바란다. 과연 그게 가능할까 묻는 사람도 여럿이다. 물론 한 달에 20% 수익은 충분히 가능하다. 하지만 한 종목에서라면 희박하다.

하루 1% 수익에 만족하면 20일 거래 기준으로 월 20%의 수익이 가능하다는 것이 나의 논리다. 간과하지 말자. 하루 1%면 1년이면 240%(월 20일 기준)

이며 복리로 계산하면 연 300% 이상의 고수익이다.

적은 수익이라도 꾸준히 누적해간다면 투자금은 복리의 마법으로 눈덩이처럼 불어나 돌아올 것이다. 여기에 반드시 수반되어야 할 조건이 있다. 한 종목에서 큰 손실을 입어서는 안 된다는 점이다. 1~2% 수익을 목표로 매매하는 것이 훨씬 더 확률 높다는 것은 수차례 강조했다. 손실도 마찬가지로 다음 번 매매로 복구 가능한 수준에서 이루어져야 한다.

돈을 벌기 위해서는 '잃지 않는 매매'가 중요하다. 매수 종목이 −2%가 되면 일단 손절하는 것을 추천한다. 그 종목이 일시적 반등이 나오더라도 신경 쓰지 않는다. 상승 추세로 전환된다면 그때 더 비싼 가격에 매수하더라도 원칙상 하락 전환했을 때는 −2% 안에서 자른다. 매수한 종목이 어떻게 움직일지 100% 예측할 수 없다.

일단 시나리오대로 움직이지 않으면 손절 대응해야 한다. 언젠가 다시 반등할 것이란 마음으로 안일하게 대응하면 불행하지만 손실은 더 커진다. −2%에서 −5%까지는 눈 깜짝할 사이다. −10%가 넘어가면 그냥 체념하고 방치하는 것이 사람 심리다. 그래서 대다수 개미들이 비자발적 장기투자를 하다 결국 깡통계좌를 만드는 것이다. 운 좋게 반등이 나와 복구했다 하더라도 다음에도 같은 패턴의 매매를 지속하면 언젠가는 모든 걸 잃는다.

승률 80% 이상의 매매 기법으로 2%에서 수익을 챙기고 손절은 −2%에 한다고 가정하자. 하루 한 번씩 매매했을 시 한 달에 16번의 수익을 올린다. 손절은 고작 4번이며 24%의 어마어마한 수익률 달성이 가능하다. 손절도 원칙적으로 짧게, 목표하는 수익도 짧게 잡으면 확률상 수익이 더 크다.

여러 고수들의 책에 나오는 공통점이 하나 있다. 손절은 −2%에 원칙적으로 한다는 점이다. 그 주식이 다시 올라도 일단은 자신의 원칙대로 손절하고 다시 매수를 해도 한다. 기회비용을 생각해서라도 손절은 필수다. 확실한 당일 주도주로 갈아타면 당일 2% 복구는 문제되지 않는다. 아니다 싶으면 과감하게 −2% 안에서 손절하자. 차후 확실한 자리에서 다시 수급이 들어온다면 재공략하거나 또 다른 주도주로 갈아타자. 그것이 계좌를 지키고 결국엔 수익을 낼 수 있는 방법임을 명심하길 바란다.

## 2. 본전이 아니라 미래를 보자

개인 투자자의 90% 이상이 손실을 본다고 한다. 또 본전 심리가 매우 강하다는 특징이 있다. 예를 들어 2,000만 원어치 투자한 주식이 반 토막 나 1,000만 원만 남은 경우, 그걸 복구하기 위해 급등주나 미수거래(주식을 외상으로 사는 제도)를 마다하지 않는다. 100명 중 99명은 무조건 실패할 수밖에 없다. 원금을 복구하고자 하는 생각에 줄어든 투자금으로 무리한 매매를 하면 절대 돈을 벌 수 없다.

주식은 여유로운 마음으로 편안하게 해야 한다. 마음이 급할수록 매매도 꼬인다. 과거는 과거일 뿐이다. 지나간 것에 집착하고 잃은 것을 복구하려는 마음으로는 다시 일어서기 어렵다. 마음과 눈이 미래를 향하면 더 많은 돈을 벌 수 있을 것이다. 본전에 집착하지 말자. 마지막에 웃는 자가 이기는 것이다. 열심히 공부하고 노력하면 분명 투자금 이상의 수익이 돌아올 것이다.

## 3. 내 사전에 물 타기는 없다

주식이 하락하면 물 타기 한다는 말, 몇 번은 들어봤을 것이다. 나의 원칙은 물 타기 할 정도로 빠지면 차라리 손절매를 택하는 것이다. 물 타기를 잘해 수익으로 보상받으면 더 바랄 것이 없겠지만 반대로 비중을 높였는데 추가 하락한다면 어떻게 할 것인가? 답은 없다. 비자발적인 장기투자가 되는 것이다.

주식은 '연속성'이라는 특징이 있다. 가려는 방향으로 계속 움직이는 성질이 있단 뜻이다. 하락하는 주식은 추가로 하락할 확률이 높다. 하락하는 종목에 추가로 매수하기보다는 상승 추세의 종목이나 시장 주도주로 갈아타는 것이 손실을 복구하고 수익으로 향하는 최선의 방법이다.

Chapter04

# 승률 90%
# 매매 기법

주식 투자로 성공하기 위해서는 반드시 높은 승률의 매매 기법이 필요하다. 세 번의 깡통 이후 얻은 성공적인 투자 계기가 된 것이 수급 매매였다. 수급 매매는 승률이 높고 매매 근거가 명확하다. 뇌동 매매나 손절을 하지 못해 계좌가 망가질 확률도 낮다. 실제 판단과 대응은 개인의 몫이다. 철저한 원칙을 정하고 경험을 쌓아간다면 수급 매매는 주식 시장에서 살아남는 훌륭한 무기가 되어줄 것이다.

다음 장부터 본격적으로 원금 대비 매달 100% 수익률 달성을 가능케 한 수급 매매의 비법에 대해 다루고자 한다.

Part
02

--------------

승률 90%
수급 매매 기법

Chapter01

# 시황을 읽어라

## 1. 미국·유럽 증시 확인

미국이 기침을 하면 한국은 감기몸살을 앓는다는 말이 있다. 그만큼 국내 주식 시장의 규모는 협소하다. 외국인 투자자들의 자금력에 흔들리는 게 당연하다. 미국과 유럽의 증시 상황은 외국인 투자자들의 당일 포지션 결정의 중요한 근거다. 따라서 현명한 투자자라면 장이 시작되기 전 미국 및 주요 유럽 국가들의 증시를 먼저 확인할 것이다. 만약 어떤 이슈나 사건으로 장이 하락 혹은 상승했다면 그 이슈가 단발성인지 아니면 중·장기적으로 시장에 영향을 미칠지도 판단해 그에 따른 전략을 수립해야겠다.

미국과 아시아, 유럽 주요국의 증시 확인은 '키움 HTS 0725창'에서 조회가 가능하다.

:: 2-1/ 키움 HTS 0725창

[0725] 해외증시 - 해외주요지수

전일금융시장정리 | 장중변동데이터 | 해외주요지수 | 지수/업종현재가 | 등락률현황 | 미국지수선물 | 해외DR시세 | 세계주요지수

주요국 | 아메리카 | 아시아 | 유럽

연 속

◆ 해외지수선물 10분 지연, 니케이/동경/대만 20분 지연, 홍콩/상해/미국(S&P,나스닥) 15분 지연, 미국(CME) 10분 지연, 원달러 5분 지연정보 입니다.
그 외에 해외지수는 종가로 제공됩니다.(미국 다우존스 지수 포함)

| 국가 | 지수 | 현재가 | 전일대비 | 등락률 | 시가 | 고가 | 저가 | 1개월전대비 | 3개월전대비 | 현지시간 |
|---|---|---|---|---|---|---|---|---|---|---|
| 한국 | 종합(KOSPI) | 1,985.80 ▼ | 7.28 | -0.37% | 1,992.76 | 1,993.34 | 1,982.50 | 1.71% | 0.19% | 시외종료 |
| 한국 | 종합(KOSDAQ) | 624.56 ▲ | 7.48 | 1.21% | 620.65 | 625.20 | 620.06 | 14.39% | | 시외종료 |
| 미국 | 다우존스 산업지수 | 18,214.42 ▼ | 10.15 | -0.06% | 18,224.41 | 18,239.43 | 18,157.07 | 4.76% | 2.17% | 02/26 16:33 |
| 미국 | 나스닥 종합 | 4,987.89 ▲ | 20.75 | 0.42% | 4,969.27 | 4,989.11 | 4,955.51 | 6.54% | 4.19% | 02/26 17:16 |
| 미국 | S&P500 | 2,110.74 ▼ | 3.12 | -0.15% | 2,113.91 | 2,113.91 | 2,103.76 | 4.00% | 1.83% | 02/26 16:33 |
| 미국 | 필라델피아 반도체지수 | 716.67 ▲ | 4.68 | 0.66% | 716.08 | 718.87 | 712.96 | 7.00% | 4.85% | 02/26 17:15 |
| 미국 | 다우존스 인터넷 | 297.18 ▲ | 2.76 | 0.94% | 294.19 | 298.71 | 294.19 | 10.59% | 7.72% | 02/26 16:20 |
| 미국 | 아멕스컴퓨터/하드웨어 | 684.00 ▲ | 2.47 | 0.36% | 682.05 | 688.13 | 681.43 | 4.05% | -0.89% | 02/26 17:11 |
| 미국 | 다우존스 가전 | 1,079.42 ▼ | 0.14 | -0.01% | 1,082.84 | 1,093.55 | 1,077.58 | 30.33% | 21.87% | 02/26 16:40 |
| 미국 | 아멕스 네트워킹지수 | 375.93 ▲ | 1.33 | 0.36% | 374.81 | 377.22 | 374.38 | 8.10% | 7.28% | 02/26 17:39 |
| 미국 | 메릴린치 무선통신 HOLDRS | 41.88 | 0 | 0% | 41.88 | 41.88 | 41.88 | 0% | 0% | 02/26 23:59 |
| 미국 | 골드만 소프트웨어지수 | 193.58 ▼ | 0.10 | -0.05% | 193.68 | 194.51 | 192.78 | 0% | 0% | 06/26 16:49 |
| 미국 | 아멕스 생명공학지수 | 3,914.12 ▼ | 5.17 | -0.13% | 3,914.62 | 3,923.06 | 3,862.10 | 4.08% | 13.92% | 02/26 17:39 |
| 미국 | S&P 소매업 지수 | 1,121.45 ▼ | 4.95 | -0.44% | 1,125.56 | 1,127.65 | 1,119.35 | 9.66% | 12.41% | 02/26 16:00 |
| 미국 | 다우존스 자동차제조 | 334.78 ▼ | 2.52 | -0.75% | 335.94 | 336.95 | 334.22 | 8.05% | 3.90% | 02/26 16:40 |
| 미국 | 다우존스 화학 | 558.45 ▼ | 4.97 | -0.88% | 563.42 | 563.42 | 556.71 | 6.90% | 2.79% | 02/26 16:40 |

## 2. 주식장 중 체크사항

장 중에는 중국과 일본 등 아시아 주요국 증시와 미국의 야간선물 시장이 어떻게 움직이고 있는지를 수시로 확인하며 대외적 악재를 점검하도록 하자. 특히 외국인 투자자들의 선물 시장 움직임이 중요하다. '전강후약' 장인지 아니면 '전약후강' 장인지를 신중히 관찰한 다음 시황에 맞는 대응전략을 세우고 매매에 임해야 하겠다.

시황을 무시하고 독단적으로 매매하는 것이 가장 위험하다. '섶을 지고 불로

들어가는 것'과 같다. 주식 투자로 돈을 잃고 싶은 게 아니라면 개별주의 움직
임에만 초점을 곤두세우지 말고 시장 전체의 흐름을 읽기 위한 노력을 반드시
수반해야 한다.

주식장 중 외국인 투자자의 포지션 및 중국과 일본 증시는 '키움 HTS 0200
창'에서 조회가 가능하다.

## :: 2-2 / 키움 HTS 0200창

| [0200] 시장종합 | | | | | | | |

| 조회일시 | KOSPI 등락 | 상승 415 (↑ 4) | 하락 388 (↓ 2) | 보합 59 | 차익순매수 (백만) | -30,017 | |
| 2015/02/27 | KOSDAQ등락 | 상승 636 (↑ 19) | 하락 367 (↓ 3) | 보합 51 | 비차익순매수(백만) | -236,186 | 조회 |

| 구분 | 지수 | 대비 | 등락률 | 거래량(천) | 거래대금(M) |
|---|---|---|---|---|---|
| KOSPI종합 | 1,985.80 | ▼ 7.28 | -0.37% | 424,547 | 5,675,034 |
| KOSPI100 | 1,890.27 | ▼ 12.08 | -0.64% | 63,416 | 3,504,274 |
| KOSPI200 | 251.46 | ▼ 1.47 | -0.58% | 80,294 | 3,844,901 |
| KOSPI배당 | 3,282.29 | ▼ 20.11 | -0.61% | 14,976 | 799,545 |
| KOSDAQ종합 | 624.56 | ▲ 7.48 | 1.21% | 503,343 | 2,946,335 |
| KOSTAR | 1,265.14 | ▲ 19.22 | 1.54% | 16,648 | 585,069 |
| KRX100 | 4,050.63 | ▼ 21.57 | -0.53% | 56,669 | 3,642,538 |
| 변동성지수 | 11.11 | ▼ 0.24 | -2.11% | | |

| 종류 | 구분 | 현재가 | 대비 | 등락률 | 시간 |
|---|---|---|---|---|---|
| 해외증시 [장중] | S&P500선물 | 2,106.50 ▼ | 3.40 | -0.16% | 02/27 22:06 |
| | NASDAQ선물 | 4,458.00 ▼ | 3.75 | -0.08% | 02/27 21:02 |
| | 니케이225 | 18,797.94 ▲ | 12.15 | 0.06% | 02/27 15:00 |
| | 상해종합 | 3,310.30 ▲ | 11.94 | 0.36% | 02/27 15:01 |
| | Weighted | 9,622.10 ▲ | 77.44 | -0.80% | 02/26 13:35 |
| 해외증시 [전일] | DOWJONES | 18,214.42 ▼ | 10.15 | -0.06% | 02/26 16:33 |
| | S&P500 | 2,110.74 ▼ | 3.12 | -0.15% | 02/26 16:33 |
| | NASDAQ | 4,987.89 ▲ | 20.75 | 0.42% | 02/26 17:16 |
| | 필, 반도체 | 716.67 ▲ | 4.68 | 0.66% | 02/27 16:15 |
| 환율금리 [장중] | 원/달러 | 1,098.40 ▲ | 1.20 | 0.11% | 02/27 15:30 |
| | 엔/달러 | 119.22 ▲ | 0.24 | 0.20% | 02/26 23:40 |
| | 국고채3년 | 2.03 | | | 02/27 15:30 |
| | CD [91일] | 2.10 | | | 02/27 15:30 |
| 상품 | WTI 유가 | 48.17 ▼ | 2.82 | -5.53% | 02/26 16:00 |
| | 금 | 1,210.10 ▲ | 8.60 | 0.72% | 02/26 12:30 |

| 구분 | 현재가 | 대비 | 등락률 | 거래량 | 미결제약정 |
|---|---|---|---|---|---|
| F 201503 | 252.10 ▼ | 0.65 | -0.26% | 110,695 | 108,088 |
| C 201503 252.5 | 1.61 ▲ | 0.48 | 22.97% | 104,070 | 21,538 |
| P 201503 252.5 | 2.01 ▲ | 0.16 | 8.65% | 83,210 | 14,243 |
| 스타F 201503 | 1,247.00 | | | | |
| 변동성 F 201503 | 11.90 ▼ | 0.25 | -2.06% | 57 | 266 |
| 야간 F 201503 | 252.00 ▼ | 0.10 | -0.04% | 1,468 | 107,931 |

\* 해외증시/상품 해당국가시간기준, 환율금리 한국시간기준

| 투자자매매동향 | 거래소 | 코스닥 | 선물 | | 콜옵션 | | 풋옵션 | | 스타선물 | 주식선물 |
|---|---|---|---|---|---|---|---|---|---|---|
| 금액(억원) | 순매수 | 순매수 | 순매수 | 총누적 | 순매수 | 총누적 | 순매수 | 총누적 | 순매수 | 순매수 |
| 개인 | 841 | -896 | 478 | -8,694 | -24 | -143 | 1 | -147 | | 56 |
| 외국인 | 808 | 467 | 120 | 35,967 | 22 | 140 | | 76 | | 3 |
| 기관계 | -1,638 | 520 | -376 | -28,234 | -1 | 19 | -1 | 94 | | -59 |
| 금융투자 | -1,522 | -46 | 1,760 | -25,586 | -1 | 21 | -1 | 98 | | -81 |
| 투신 | -373 | 146 | -1,755 | -4,022 | | -2 | | 1 | | 31 |
| 은행 ▼ | 141 | 8 | -207 | -297 | | -1 | | -3 | | |

| 증시주변 | 고객예탁금 (백만원) | 매수금 (백만원) | 신용잔고 (백만원) | 선물예수금 (백만원) |
|---|---|---|---|---|
| 2015/02/27 | 16,555,174 (-1,091,0) | 142,599 (+11,168) | 5,749,815 (+23,043) | 7,014,744 (+55,895) |

**38**    '키움 HTS 0728창'에서는 주식장 중 미국 야간선물 시장의 지수를 확인할 수 있다.

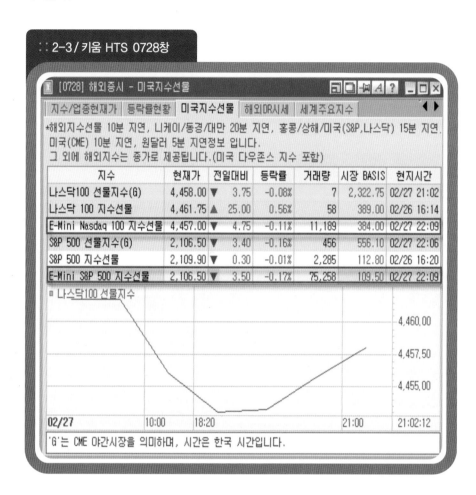

:: 2-3 / 키움 HTS 0728창

# 종목 선정

## 1. 코스닥 중·소형주 공략
### : 시가총액·유통 가능 물량 확인

개인적으로 대형주 매매는 되도록 피한다. 호재가 나왔더라도 대형주는 상대적으로 움직임이 둔감하다. 그만큼 데이트레이딩 접근에 한계가 있다. 시세 탄력성이 약해 1%의 소소한 수익을 내기도 버겁다. 물론 몇 억 원 이상의 자금을 운영하고 있는 투자자라면 대형주 매매가 유리할 수도 있겠다.

하지만 대다수의 개미 투자자들은 기껏 몇 백만 원에서 몇 천만 원 정도가 운용하는 자금의 전부다. 큰돈을 투자하고 오랫동안 보유하고 있을 정신적·경제적 여유가 없다. 데이트레이딩을 통한 당일 차익을 획득하기 위해서는 보통 시가총액 5,000억 원 미만, 유통 가능 물량 5,000만 주 내외의 종목을 공략하는 편이 효율적이다.

## 2. 정배열·신고가·상승 모멘텀이 있는 종목 공략

정배열이란 이동평균 5일선, 20일선, 60일선이 위에서부터 순차적으로 배열된 상태를 말한다. 주가는 투자자들의 평균매수가보다 높게 책정되기에 정배열을 보이는 주식은 대다수 투자자들을 수익구간에 머물게 해준다. 반대로 역배열 상태의 종목은 설령 수급이 유입되어 주가가 올랐어도 바닥구간에서 매수했던 차익 실현 물량과 손실을 감수하면서도 해당 주식을 보유하고 있던 투자자들의 본절 매도나 손절 매도 물량이 나오기에 상승이 더디다.

정배열 종목과 신고가를 달리는 종목이 매물 압박이 적다. 그만큼 수급 유입 시 급등이 잦다. '달리는 말에 올라타라'는 주식 격언이 있다. 오랜 시간 많은 경험을 쌓았던 투자자들이 한 말임을 명심하자.

주가가 상승하기 위해서는 상승 모멘텀이 있어야 한다. 앞으로 더 오르리란 기대감 없이 누구도 그 주식을 매입하지 않을 것이기 때문이다. 상승 모멘텀이 존재하고, 덧붙여 외국인·기관 투자자들의 수급까지 유입된다면? 개인 투자자들의 매수 심리를 자극해 주가는 더욱 가파르게 상승한다.


## 3. 성장 중인 회사 매매
### : 매출액·영업이익 흑자 기업

수많은 개인 투자자들이 실체 없는 테마주 매매로 깡통계좌를 경험하곤 한다. 몇 년 전 작전세력들이 한참 기승을 부렸을 때에도 말도 안 되는 루머들이 돌았었다. 일부 개인 투자자들이 이런 루머만 믿고 단기간에 몇 배씩 상승하는 종목에 중간에 들어가려다 갑작스런 급락을 맞았었다. 이후 아예 매도 기회조

차 빼앗긴 채 연속 점 하한가를 경험했다. 며칠 만에 깡통계좌가 된 이들이 수두룩했다. 기업 실적과 무관하게 세력들의 농간으로 상승했던 주식들이었기에 잠깐의 급등 후 원래 자리를 찾아가는 것이 당연한 과정이었다.

어떤 종목에 투자할지를 결정할 때 해당 기업의 재무제표 분석 및 기업의 성장성 등을 반드시 점검해봐야 한다. 특히 매출액과 영업이익이 매해 성장하고 있는지, 향후 업황이 어떨 것인지를 확인하는 과정은 기본 중 기본이다. 적자를 내고 있는 기업이라면 절대 매매하지 않는 것이 원칙이다. 예외는 있다. 흑자로 전환되고 있는 턴어라운드 기업이라면 매매해도 좋다. 한창 신사업 개발 중이라거나 중국이나 개발도상국 등 새로운 시장에 진출할 전망이나 계획 등. 이런 종목에 수급까지 유입된다면 적극 공략해야겠다.

단타 매매더라도 흑자 기업 위주로 매매하며 저평가된 가치주를 적극적으로 찾도록 하자. 대형주보다 중·소형주에서 이런 보석이 발견될 때가 많다. 개인적으로는 시가총액 5,000억 원 미만의 종목을 선호한다. 유동성도 풍부하기에 성장 가능성만 있다면 장기적 안목에서 꾸준한 상승을 기대해볼 수 있기 때문이다.


## 4. 외국인·기관 투자자의 매집
### : 연속성과 대량 매집


외국인·기관 투자자들이 개인 투자자들에 비해 정보력 면에서나 자금력 측면에서나 월등히 앞서 있음은 부인할 수 없다. 이들의 움직임을 예의주시하다 적기에 매매만 잘해도 매달 원금 대비 100% 수익을 충분히 달성할 수 있다. 주가가 오르는 데에는 다 그만한 이유가 있다.

외국인·기관·세력 투자자들은 개인 투자자들이 모르는 정보를 먼저 알고 미리 주가를 매집한다. 기업의 실적 개선이나 신사업 진출 등의 호재 정보들을 예로 들 수 있다. 개인 투자자들은 아무래도 이런 메이저 세력에 비교해 정보력이 뒤처지기 마련이다.

수급 매매를 지향하는 이유기도 하다. 수급 주체를 확인하고 대량 수급이 유입되거나 연속성 있게 외국인·기관 투자자들이 매집하는 종목을 공략하는 과정에서 호재성 뉴스가 나오며 주가가 급등하는 경우를 수없이 봤다. 설사 숨겨진 호재가 없다손 하더라도 외국인·기관 투자자들이 매수하는 종목들은 전면에 드러나진 않아도 주가를 관리해주는 세력이 있다. 시장이 하락하더라도 확실히 덜 밀린다. 시장 반등 시 급등이 나올 확률도 높다.

세력에 기생하는 방법도 시장에서 살아남기 위한 한 가지 전략이다. 주식 시장에는 개인의 고집과 아집이 전혀 도움이 되지 않는다. 일부러 실패를 경험할 이유는 없다. 수급 매매는 험난하고 고된 주식 시장에서 개인 투자자를 끝까지 살아남게 해주는 에이스 카드다. 의미 있는 수급을 찾고 매매에 활용하기 위해 꾸준히 노력한다면 당신도 왕관을 쓸 수 있다.

## 5. 거래량·거래대금·유동성이 풍부한 종목 공략

분산 투자는 단타 매매의 독이 될 수도 있다. 실시간으로 대응해야 하는 단타 매매의 특성상 백화점식 매매는 종목의 집중도를 떨어뜨리기 마련이다. 시장 급락이라도 온다면 상황은 더욱 악화된다. 언제나 '선택과 집중'을 가슴에 새기자. 그 첫째가 종목 선정이다. 하루 거래대금과 거래량이 고작 몇 억 원,

몇 만 주에 그치는 종목들은 일단 관심에서 삭제해야겠다.

거래량과 거래대금을 기준으로 시장의 관심이 쏠려 있는 상위 10~20개 종목만을 관심 종목에 편입시키는 방법으로 종목을 관리하고 있는 나는 거래량, 거래대금이 많고 유동성이 활발하다는 것 자체가 시장의 관심이 쏠려 있다는 증거라고 생각한다. 내가 사고 싶을 때 사고, 팔고 싶을 때 팔 수 있는 종목을 누가 마다하겠는가. 호가창이 얇아 수익이 났는데도 익절하기 힘들고, 손절하려 해도 호가 상태가 불량해 물량 정리가 힘든 종목들은 가능하면 피하자. 유동성이 풍부해야 메이저 세력들도 관심을 갖고 매집을 시작할 것이다.

## 6. 시장 주도주 공략 핵심노트

 **시장 주도주 고르는 방법**

1. 매출액과 영업이익률이 매년 개선되는 업종
2. 정부 정책 수혜주

---

중국 미세먼지 수혜 – 위닉스, KC그린홀딩스, 오공, 웰크론, 케이엠
백열전구 퇴출 LED 반사이익 – 서울반도체, 루멘스, 사파이어테크놀러지
닭고기 업황 회복 – 이지바이오, 하림, 하림홀딩스, 마니커
전자결제주 – KG모빌리언스, KG이니시스, 다날, 한국사이버결제
중국 소득수준 향상 – 리홈쿠첸, 삼익악기, 산성엘엔에스, 아모레퍼시픽
리모델링·증축 수혜 – 하츠, 벽산, 한솔홈데코, 에넥스, 현대리바트, 한샘
부동산 경기 회복 – 성신양회, 유진기업, 대우건설, GS건설, 현대건설
바이오·헬스케어 – 셀트리온, 씨티씨바이오, 바이넥스, 메디포스트, 인바디
모바일게임 – 컴투스, 게임빌, 조이시티, 엔씨소프트, 웹젠, 넥슨지티
핀테크 관련 – 다음카카오, NAVER, 아모텍, 이니텍, 안랩, SGA

3. 외국인·기관 투자자들이 꾸준히 매수하는 종목

4. 거래량, 거래대금이 증가하는 종목

5. 선진국·글로벌 시장 트렌드 파악

6. 기업가치가 저평가된 종목에 테마가 형성되었는가

7. 재무가 우수한 업체에 '끼'가 있는가

8. 시세 초입의 골든크로스, 정배열, 상승 추세

9. 업황이 턴어라운드되고 있는 업체

10. 대표이사 마인드, 연구·개발에 투자 중인 기업

# 수급
# 실전매매 기법

## 1. 거래량 분석

종목을 분석할 때 지나치게 복잡한 접근은 피하는 게 좋다. 복잡한 기법은
실전에 대입하기 어렵다. 혼자만의 소설을 쓰게 될 가능성도 높아 일관성 있는
매매도 어려워진다. 현재 주가와 거래량의 연계분석도 마찬가지다.

'양봉에서는 거래량 증가, 음봉에서는 거래량 감소' 종목이 좋다. 양봉에서
의 거래량 증가는 세력의 매수, 저항 매물대 돌파, 손 바꿈 등을 의미한다. 음
봉에서의 거래량 증가는 세력의 이탈, 지지라인 이탈 등을 뜻하기에 투심이 망
가져 추가 하락을 예고한다.

다음 차트들은 거래량 분석 예시 차트들이다. 양봉 거래량 증가구간은 빨간
박스, 음봉 거래량 감소구간은 파란 박스로 표시했다.

:: 2-4 / ① 블루콤

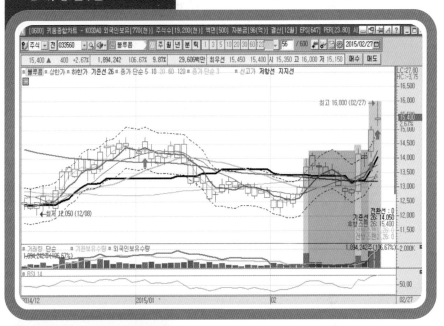

:: 2-5 / ② 세운메디칼

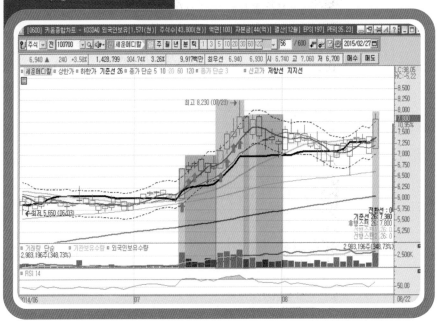

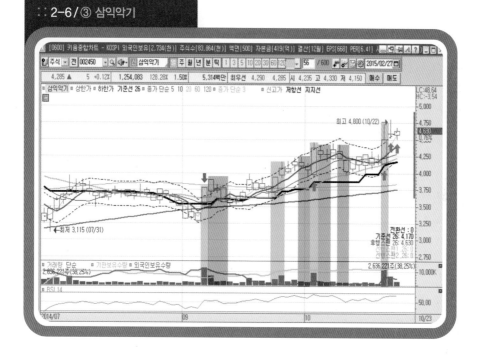

## 2. 수급 W바닥

　하락한 종목에서 거래량이 늘어나며 단기 쌍바닥을 찍고 이어서 상승 추세로 전환하는 대표적이며 확률 높은 패턴이다. 전 저점(최근 가장 낮은 지점)을 지지하는 것과 전 저점을 이탈했다고 해도 바닥권에서 거래량을 동반한 상승이면 무탈하다. 고가권에서도 자주 나오는 패턴이다.

　매집 주체인 외국인·기관 투자자들의 주포 이탈이 없는 자리에서 횡보한 후 저항과 지지를 이용해 매매 타점을 잡으면 된다.

## 매수 타점

1. 저항과 지지
2. 라운드 피겨
3. 최근 전 고점 돌파
4. 외국인·기관 투자자들의 수급 주체와 매수 확인
5. 전일 두 배 이상 거래량 동반
6. 3·3·4 분할 매수

## 매도 타점

1. 수급 주체 이탈 확인
2. 지속적인 연속 매수는 홀딩
3. 자신만의 매매 원칙

다음 차트들을 보며 수급 W바닥의 매수 타점을 살펴보자.

:: 2-7 / ① 위닉스-1

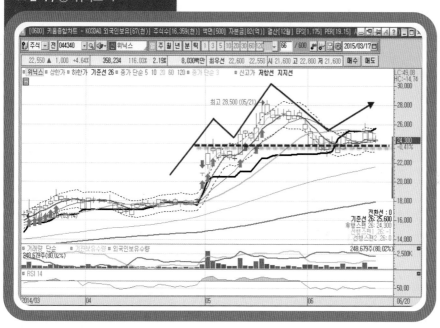

:: 2-8 / ① 위닉스-2

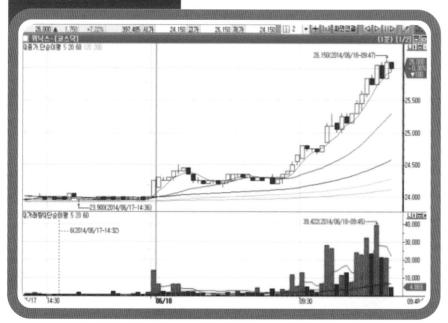

[0796] 투자자별 매매동향 - 종목별투자자

투자자별매매종합 | 시간대별투자자 | 당일추이 | 일별동향/그래프 | 순매수추이 | 업종별투자자순매수 | 당일매매현황 | 투자자별누적순매수 | 투자자별일별매매 | 종목별투자자

044340 위닉스 2015/03/17 ☐금액 ☐수량 ●순매수 ☐매수 ☐매도 ●천주 ☐단주 ☐전일비 ●등락률 투자구분 안내 단위:백만원,주단 조회 연속 차

2015/02/17 ~ 2015/03/17 누적순매수 -249,388 +40,623 +201,624 +9,586 +4,890 +84,699 +3,000 +11,890 +4,523 +59,609 +23,427 +2,616 +4,529

| 일자 | 현재가 | 등락률 | 거래량 | 개인 | 외국인 | 기관계 | 금융투자 | 보험 | 투신 | 기타금융 | 은행 | 연기금등 | 사모펀드 | 국가 | 기타법인 | 내외국인 |
|---|---|---|---|---|---|---|---|---|---|---|---|---|---|---|---|---|
| 14/06/18 | 25,150 | 3.71% | 1,003,325 | -8,562 | -30,951 | +40,838 | +4,764 | -11,769 | -1,709 | +6,995 | +5,472 | +27,956 | -4,328 | +13,457 | +580 | -1,905 |
| 14/06/17 | 24,250 | 2.11% | 281,128 | -17,245 | -1,553 | +18,898 | -5,862 | +39,755 | -11,995 | | +80 | | -3,080 | | | -100 |
| 14/06/16 | 23,750 | -2.66% | 253,805 | +24,711 | -6,288 | -18,923 | -8,726 | +339 | -3,555 | | +19 | | | | +100 | +400 |
| 14/06/13 | 24,400 | -1.81% | 290,771 | +42,617 | -24,191 | -18,262 | -18,134 | -93 | | | -35 | | | | | -164 |
| 14/06/12 | 24,850 | 7.58% | 818,012 | -40,484 | +28,933 | +9,657 | -2,541 | +512 | +11,686 | | | | | | +2,119 | -225 |
| 14/06/11 | 23,100 | -3.95% | 263,082 | -13,570 | +6,590 | +8,146 | -2,685 | +10,925 | -62 | | -32 | | | | -1,835 | +669 |
| 14/06/10 | 24,050 | -1.84% | 293,198 | +30,817 | -21,772 | -10,205 | | +520 | -110 | | | | -10,615 | | +1,000 | +160 |
| 14/06/09 | 24,500 | 4.48% | 575,987 | -22,502 | +11,100 | +11,409 | -15,700 | +3,833 | -2,296 | -428 | | +26,000 | | | +1,000 | -1,007 |
| 14/06/03 | 23,450 | -4.29% | 310,753 | +11,246 | +3,255 | -13,559 | -5,001 | +10,300 | -6,517 | -1,000 | -4,341 | -7,000 | | | -1,250 | +306 |
| 14/06/02 | 24,500 | 2.30% | 560,706 | -16,981 | +22,329 | -4,677 | -2,616 | -48 | +969 | | +81 | -3,063 | | | -1,827 | +1,156 |
| 14/05/30 | 23,950 | -6.26% | 653,862 | +3,166 | +62,067 | -64,510 | +11,536 | -32,100 | -10,621 | | -15,445 | -14,095 | +1,941 | -5,712 | -768 | +45 |
| 14/05/29 | 25,550 | -5.02% | 681,341 | +128,932 | +2,872 | -131,722 | -29,765 | -8,031 | -101,653 | | -3,103 | +4,080 | | +6,750 | -253 | +181 |
| 14/05/28 | 26,900 | -0.19% | 196,242 | +6,235 | +1,719 | -7,340 | -7,000 | -63 | | | -277 | | | | -1,100 | +486 |
| 14/05/27 | 26,950 | 1.51% | 333,311 | -6,148 | +3,425 | +5,617 | | | -464 | | +92 | +2,704 | +3,285 | | -2,794 | -100 |
| 14/05/26 | 26,550 | -2.39% | 447,934 | -10,187 | +6,335 | +2,379 | -4,579 | +10,574 | -8,169 | | +1,880 | +56 | +2,617 | | +884 | +589 |
| 14/05/23 | 27,200 | 0.74% | 326,398 | -27,320 | -10,275 | +41,903 | -3,221 | +23,639 | -6,313 | | +4,958 | -104 | +14,797 | +8,147 | -4,993 | +685 |
| 14/05/22 | 27,000 | 1.12% | 391,810 | +3,222 | -2,151 | -1,221 | -486 | +103 | -787 | | -51 | | | | +166 | -16 |
| 14/05/21 | 26,700 | -1.48% | 518,286 | +22,487 | -12,022 | -3,621 | -17,567 | +5,915 | -2,099 | -150 | -1,953 | +11,378 | -189 | +1,050 | -5,380 | -1,464 |
| 14/05/20 | 27,100 | -0.55% | 712,086 | +44,743 | -38,982 | -3,901 | -15,330 | +785 | -1,560 | -50 | +50 | +12,244 | | | -40 | -560 |
| 14/05/19 | 27,250 | 6.24% | 1,719,439 | -12,838 | +15,971 | -4,167 | +14,431 | -516 | -23,655 | | +2,226 | -3,401 | +5,598 | +1,150 | +700 | +334 |

:: 2-10 / ① 위닉스-4

## 위닉스, 위니맥스 합병으로 실적 개선 기대

한화투자증권은 18일 위닉스(044340)에 대해 제습기, 에어워셔 등을 주력 상품으로 파는 위니맥스와의 합병은 큰 호재라고 진단했다. 목표주가는 제시하지 않았다.

위닉스는 올해 8월 1일부터 위니맥스와 1:35.0424123의 비율로 합병한다. 김희성 연구원은 "위니맥스의 작년 매출액은 전년 대비 153.2% 늘어난 1,719억 원, 영업이익은 580.5% 증가한 141억 원, 당기순이익은 482.8% 늘어난 85억 원"이라면서 "위니맥스와의 합병으로 수익이 커질 것으로 기대한다"고 말했다.

김 연구원은 "특히나 올해에는 오프라인 매장뿐 아니라 홈쇼핑 등의 판매 채널을 통해 제습기 관련 매출이 큰 폭으로 늘어날 전망"이라면서 "외에도 해외로 공기청정기를 수출하고 에어워셔 및 스파클링 머신 등 신제품이 출시되면서 중·장기적으로 실적 개선이 계속 이어질 것"이라고 예상했다. 김 연구원은 다만 "위닉스와 위니맥스가 올 8월 합병하기 때문에 이와 관련한 긍정적인 효과는 내년쯤 본격적으로 드러날 전망"이라고 덧붙였다.

기사 출처: 조선경제(2014.06.18.)

## :: 2-11 / ② 로만손-1

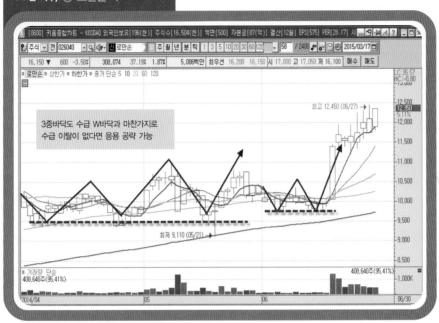

3중바닥도 수급 W바닥과 마찬가지로
수급 이탈이 없다면 응용 공략 가능

최고 12,450 (06/27)

최저 9,110 (05/21)

408,640주 (95,41%)

## :: 2-12 / ② 로만손-2

| 일자 | 현재가 | 등락률 | 거래량 | 개인 | 외국인 | 기관계 | 금융투자 | 보험 | 투신 | 기타금융 | 은행 | 연기금등 | 사모펀드 | 국가 | 기타법인 | 내외국인 |
|---|---|---|---|---|---|---|---|---|---|---|---|---|---|---|---|---|
| 14/06/19 | 11,400 | 14.46% | 1,337,461 | -200,140 | +52,805 | +141,265 | -2,010 | +20,700 | +51,100 | | +2,200 | +78,275 | -9,000 | | +1,900 | +4,170 |
| 14/06/18 | 9,960 | 0% | 72,676 | -28,300 | +2,300 | +6,000 | | | | | | +6,000 | | | +20,000 | |
| 14/06/17 | 9,960 | 1.43% | 104,099 | -3,463 | -1,118 | +4,581 | +17,731 | -30,882 | +17,732 | | | | | | | |
| 14/06/16 | 9,820 | -0.81% | 104,928 | -5,553 | +10,227 | -7,976 | -11,920 | | | | -5,096 | +9,040 | | | +403 | +2,899 |
| 14/06/13 | 9,900 | -1.00% | 71,592 | +2,900 | -4,810 | +4,500 | | | | | -500 | +5,000 | | | -2,455 | -135 |
| 14/06/12 | 10,000 | 0% | 64,060 | -8,707 | +6,168 | -514 | | | | | -514 | | | | | +3,053 |
| 14/06/11 | 10,000 | -0.99% | 144,091 | -3,706 | -5,680 | +1,937 | -11,990 | | | | -7,273 | +21,200 | | | +37 | |
| 14/06/10 | 10,100 | 0.50% | 61,396 | -735 | +15 | +80 | | | -7,367 | | | +7,447 | | | +540 | |
| 14/06/09 | 10,050 | 3.18% | 78,178 | -21,925 | +21,125 | | | | | | | | | | +800 | |
| 14/06/05 | 9,740 | -3.08% | 150,938 | +787 | -967 | | | | | | | | | | | +180 |
| 14/06/03 | 10,050 | 0.50% | 122,397 | -20,308 | +158 | +20,000 | | | | | | +20,000 | | | | +150 |
| 14/06/02 | 10,000 | -1.96% | 96,378 | +4,402 | +17,000 | +17,000 | | | +17,000 | | | | | | -108 | |
| 14/05/30 | 10,200 | -1.92% | 68,006 | -29 | +439 | | | | | | | | | | -400 | -10 |
| 14/05/29 | 10,400 | 2.46% | 230,437 | -8,113 | +10,364 | -1,661 | | | | | -1,661 | | | | -600 | +10 |
| 14/05/28 | 10,150 | -4.69% | 252,757 | +15,563 | +4,370 | -19,933 | -7,070 | | -12,863 | | | | | | -230 | |
| 14/05/27 | 10,650 | 0.47% | 188,517 | -21,716 | -3,710 | +25,656 | +6,595 | | +17,795 | | -175 | | +1,441 | | | |
| 14/05/26 | 10,600 | 2.91% | 418,478 | -53,673 | -5,393 | +63,507 | +15,576 | +7,639 | +33,036 | | -802 | | +5,022 | +3,036 | -4,286 | |
| 14/05/23 | 10,300 | 0.49% | 163,867 | -1,770 | -730 | +2,500 | | | +2,500 | | | | | | | |
| 14/05/22 | 10,250 | 5.24% | 525,921 | -57,690 | +8,250 | +50,838 | +8,429 | | +25,288 | | -755 | +17,876 | | | | -1,398 |
| 14/05/21 | 9,740 | -0.10% | 143,692 | -21,239 | +7,017 | +14,222 | +250 | | +6,254 | | | | +7,718 | | | |

:: 2-13 / ③ 경인양행-1

중기 W바닥 안에서
단기 W바닥이 형성되기도 함

최고 6,720 (06/20)

:: 2-14 / ③ 경인양행-2

| 일자 | 현재가 | 등락률 | 거래량 | 개인 | 외국인 | 기관계 | 금융투자 | 보험 | 투신 | 기타금융 | 은행 | 연기금등 | 사모펀드 | 국가 | 기타법인 | 내외국인 |
|---|---|---|---|---|---|---|---|---|---|---|---|---|---|---|---|---|
| 14/06/19 | 6,580 | 4.94% | 1,090,497 | -99,313 | -15,688 | +110,178 | -18,647 | +91,759 | +64,319 | | -2,829 | -7,961 | -16,463 | | +3,144 | +1,679 |
| 14/06/18 | 6,270 | -2.03% | 268,904 | +10,953 | -8,859 | -2,587 | +3,500 | +2,571 | | | | -8,658 | | | -1,500 | +1,993 |
| 14/06/17 | 6,400 | 2.24% | 560,051 | +27,707 | -27,621 | +2,389 | +21,096 | -5,333 | +3,000 | | -2,677 | -13,697 | | | -2,192 | -283 |
| 14/06/16 | 6,260 | 1.95% | 622,242 | -28,675 | -4,382 | +30,379 | | +36,818 | +500 | | -2,522 | -6,967 | +2,550 | | +300 | +2,378 |
| 14/06/13 | 6,140 | -0.32% | 990,502 | +139,953 | -83,249 | -63,349 | -63,581 | | | | +232 | | | | | +6,645 |
| 14/06/12 | 6,160 | 0.49% | 487,399 | -16,221 | -32,232 | +44,318 | +6,974 | +1,386 | +11,000 | | | +20,708 | +4,250 | | -1,500 | +5,635 |
| 14/06/11 | 6,130 | 5.98% | 1,102,986 | +25,229 | -66,357 | +52,071 | +14,906 | +39,056 | +7,652 | | | -9,543 | | | +1,901 | -12,844 |
| 14/06/10 | 5,730 | 6.31% | 485,496 | -41,651 | -18,626 | +60,291 | | -34,268 | +10,488 | | +535 | | | +15,000 | | -14 |
| 14/06/09 | 5,390 | -0.55% | 303,970 | +96,082 | -84,737 | +3,205 | +2,000 | +1,205 | | | | | | | -14,550 | |
| 14/06/05 | 5,420 | 0.93% | 314,092 | -15,050 | -38,359 | +52,009 | +9,991 | +750 | | | | +41,268 | | | | +1,400 |
| 14/06/03 | 5,370 | 0% | 172,705 | +2,088 | -2,074 | -14 | -14 | | | | | | | | | |
| 14/06/02 | 5,370 | -3.24% | 293,781 | -18,569 | -8,481 | +17,050 | +16,950 | | | | +100 | | | | | +10,000 |
| 14/05/30 | 5,550 | -1.25% | 438,076 | +36,990 | -46,990 | +10,000 | +10,000 | | | | | | | | | |
| 14/05/29 | 5,620 | 0.72% | 350,549 | +54,300 | -54,470 | +170 | | | | | +170 | | | | | |
| 14/05/28 | 5,580 | 2.95% | 345,607 | -15,035 | -11,960 | | | | | | | | | | +27,000 | -5 |
| 14/05/26 | 5,420 | 2.65% | 275,068 | -39,590 | +36,570 | +3,000 | | | | | | +3,000 | | | | +20 |
| 14/05/26 | 5,280 | -2.76% | 422,805 | -16,970 | +35,400 | -15,900 | | | | | | -15,900 | | | | -2,530 |
| 14/05/23 | 5,430 | 0.37% | 245,883 | -50,630 | +55,520 | -3,600 | -3,600 | | | | | | | | -1,320 | +30 |
| 14/05/22 | 5,410 | -2.70% | 291,827 | -17,710 | +28,660 | -10,950 | +1,920 | | | | | -12,870 | | | | |
| 14/05/21 | 5,560 | 0.91% | 291,569 | -28,240 | +57,920 | -29,680 | | +1,970 | | | | -31,650 | | | | |

:: 2-15 / ④ 이스타코-1

특정 가격라인이
지속·지지되는 W바닥의 예

최고 5,450 (05/30)

최저 1,760 (02/12)

:: 2-16 / ④ 이스타코-2

| 일자 | 현재가 | 등락률 | 거래량 | 개인 | 외국인 | 기관계 | 금융투자 | 보험 | 투신 | 기타금융 | 은행 | 연기금등 | 사모펀드 | 국가 | 기타법인 | 내외국인 |
|---|---|---|---|---|---|---|---|---|---|---|---|---|---|---|---|---|
| 14/04/29 | 3,050 | -3.33% | 1,454,917 | -65,120 | +59,030 | | | | | | | | | | +30 | +6,060 |
| 14/04/28 | 3,155 | -2.62% | 1,094,226 | -10,320 | +2,560 | | | | | | | | | | | +7,760 |
| 14/04/25 | 3,240 | 0.93% | 1,112,868 | -73,260 | +83,630 | | | | | | | | | | | -10,370 |
| 14/04/24 | 3,210 | 0.78% | 1,966,921 | -152,940 | +148,130 | | | | | | | | | | | +4,810 |
| 14/04/23 | 3,185 | -1.55% | 1,665,341 | -59,640 | +62,730 | | | | | | | | | | -100 | -2,990 |
| 14/04/22 | 3,235 | 5.37% | 4,829,717 | -206,970 | +211,660 | | | | | | | | | | +4,700 | -9,390 |
| 14/04/21 | 3,070 | 1.99% | 2,206,244 | -168,880 | +174,640 | | | | | | | | | | -7,200 | +1,440 |
| 14/04/18 | 3,010 | -2.27% | 3,898,009 | -180,898 | +176,730 | -2 | -2 | | | | | | | | +2,300 | +1,870 |
| 14/04/17 | 3,080 | -8.88% | 4,937,506 | -231,350 | +226,970 | | | | | | | | | | | +4,380 |
| 14/04/16 | 3,380 | 2.89% | 10,962,479 | -617,890 | +616,620 | | | | | | | | | | -5,560 | +6,830 |
| 14/04/15 | 3,285 | -4.92% | 3,780,793 | -35,170 | -45,880 | | | | | | | | | | +7,500 | +3,210 |
| 14/04/14 | 3,455 | 0% | 1,316,708 | -77,234 | +74,730 | | | | | | | | | | +1,500 | +1,004 |
| 14/04/11 | 3,455 | -2.40% | 3,549,884 | +198,720 | -197,180 | | | | | | | | | | +2,000 | -3,540 |
| 14/04/10 | 3,540 | 3.21% | 3,520,599 | +50,920 | -55,010 | -10 | -10 | | | | | | | | +5,540 | -1,440 |
| 14/04/09 | 3,430 | 2.24% | 4,444,327 | -476,790 | +476,540 | | | | | | | | | | +1,500 | -1,250 |
| 14/04/08 | 3,355 | -1.61% | 5,163,769 | +40,430 | -45,330 | | | | | | | | | | -20 | +4,920 |
| 14/04/07 | 3,410 | -3.81% | 2,453,022 | +246,150 | -244,940 | -20 | -20 | | | | | | | | -1,860 | +670 |
| 14/04/04 | 3,545 | 3.50% | 5,712,061 | +63,500 | -63,010 | | | | | | | | | | +4,500 | -4,990 |
| 14/04/03 | 3,425 | -2.00% | 2,216,139 | +234,160 | -236,630 | | | | | | | | | | -820 | +3,290 |
| 14/04/02 | 3,495 | 2.73% | 3,079,719 | -7,955 | +9,300 | -5 | -5 | | | | | | | | | -1,340 |

:: 2-17 / ⑤ 산성앨엔에스-1

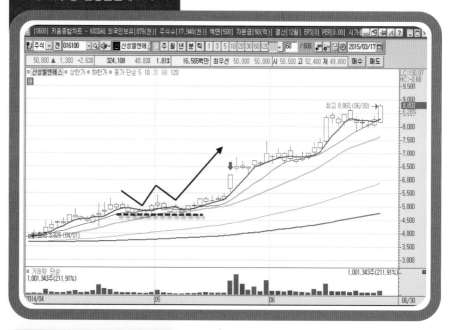

:: 2-18 / ⑤ 산성앨엔에스-2

[0796] 투자자별 매매동향 - 종목별투자자

| 일자 | 현재가 | 등락률 | 거래량 | 개인 | 외국인 | 기관계 | 금융투자 | 보험 | 투신 | 기타금융 | 은행 | 연기금등 | 사모펀드 | 국가 | 기타법인 | 내외국인 |
|---|---|---|---|---|---|---|---|---|---|---|---|---|---|---|---|---|
| 누적순매수 | | | | -452,541 | +445,406 | +29,484 | -92,307 | +119,268 | -21,660 | -1,940 | -12,399 | -50,105 | +87,601 | +972 | -33,025 | +10,676 |
| 14/05/22 | 6,190 | 14.84% | 3,190,858 | -211,610 | +60,467 | +109,796 | +3,320 | | +57,149 | | -7,337 | +56,664 | | | +21,100 | +20,247 |
| 14/05/21 | 5,390 | 1.70% | 420,941 | -1,635 | -11,442 | +4,337 | | | | | +4,337 | | | | +9,000 | -260 |
| 14/05/20 | 5,300 | 1.53% | 322,747 | -25,377 | -15,568 | +41,462 | +38,462 | | | | +3,000 | | | | -530 | +13 |
| 14/05/19 | 5,220 | 0.58% | 390,427 | +9,500 | -30,760 | | | | | | | | | | +23,000 | -1,740 |
| 14/05/16 | 5,190 | -1.70% | 440,762 | +55,591 | -35,090 | -38,000 | -38,000 | | | | | | | | +15,500 | +1,999 |
| 14/05/15 | 5,280 | 4.55% | 431,743 | +6,913 | -17,725 | -2,000 | | | | | -2,000 | | | | +13,350 | -538 |
| 14/05/14 | 5,030 | 0.60% | 260,721 | -8,723 | +9,924 | | | | | | | | | | -1,000 | -201 |
| 14/05/13 | 5,020 | 5.35% | 205,559 | -24,794 | +23,705 | +2,000 | | | | | +2,000 | | | | -911 | |
| 14/05/12 | 4,765 | -2.36% | 167,595 | -21,105 | +9,605 | +10,000 | +10,000 | | | | | | | | +1,500 | |
| 14/05/09 | 4,880 | -0.71% | 133,601 | +4,764 | -8,675 | | | | | | | | | | +3,911 | |
| 14/05/08 | 4,915 | 0.82% | 273,900 | -21,402 | +17,402 | +4,000 | +4,000 | | | | | | | | | |
| 14/05/07 | 4,875 | -4.97% | 366,267 | +31,800 | -32,850 | | | | | | | | | | +1,050 | |
| 14/05/02 | 5,130 | 2.19% | 961,747 | +13,364 | -3,864 | -29,000 | -29,000 | | | | | | | | +20,500 | -1,000 |
| 14/04/30 | 5,020 | 3.29% | 443,583 | +26,250 | -26,850 | -4,000 | | | -4,000 | | | | | | +4,600 | |
| 14/04/29 | 4,860 | 0.10% | 201,011 | -5,453 | +1,453 | -4,000 | | | -4,000 | | | | | | +8,000 | |
| 14/04/28 | 4,855 | 4.41% | 304,455 | -36,923 | +36,923 | -5,000 | -5,000 | | | | | | | | +5,000 | |
| 14/04/25 | 4,650 | -3.13% | 396,737 | -66,287 | +51,087 | +10,000 | +10,000 | | | | | | | | +5,200 | |
| 14/04/24 | 4,800 | -3.13% | 329,507 | -1,259 | +26,335 | -24,876 | -24,876 | | | | | | | | -200 | |
| 14/04/23 | 4,955 | -2.27% | 383,548 | -5,741 | +4,741 | | | | | | | | | | +1,000 | |
| 14/04/22 | 5,070 | 0.40% | 526,106 | -1,423 | +713 | | | | | | | | | | | +710 |

수급 주도주는 시세 초입에서 하루나 이틀 정도의 조정을 보인다. 조정 시 거래량이 감소되는 음봉을 '수급 음봉'이라 한다. 모든 주도주는 일단 한번 눌림을 받고 이어 2차 랠리를 펼친다. 이때가 매수 타점이다.

### 🔑 수급 1·2 음봉 조건

1. 거래량과 거래대금이 풍부할 것
2. 외국인·기관 투자자들의 수급 연속성
3. 눌림을 줄 때 거래량 감소
4. 상승 모멘텀 지속
5. 중·소형주, 대장주

### 🔑 매수 타점

1. 수급 주체를 보며 종가 베팅
2. 조정 시 음봉 분할 매수
3. 수급 주체의 이탈 여부 확인

## 매도 타점

1. 시가 갭 상승 후 이탈 시 매도를 먼저 확인한 후 재매수
2. 라운드 피겨 확인 후 매도
3. 수급 주체 매수 시 홀딩
4. 수급 주체 이탈 시 매도

다음은 수급 1·2 음봉의 실전매매 차트들이다. 공략 포인트는 파란 박스로 표시했다.

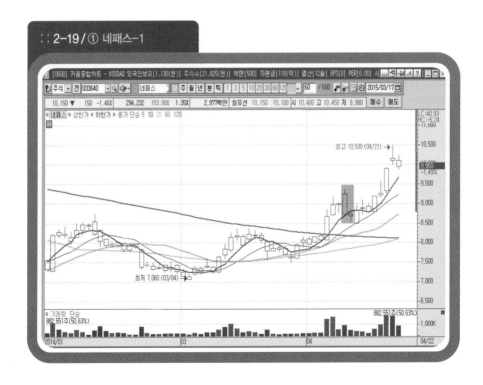

:: 2-19 / ① 네패스-1

## :: 2-20 / ① 네패스-2

[0796] 투자자별 매매동향 - 종목별투자자

투자자별매매종합 | 시간대별투자자 | 당일추이 | 일별동향/그래프 | 순매수추이 | 업종별투자자순매수 | 당일매매현황 | 투자자별누적순매수 | 투자자별일별매매 | 종목별투자자

033640 네패스 2015/03/17 금액 수량 순매수 매수 매도 천주 단주 전일비 등락률 투자자구분 안내 단위:백만원,단주 조회 연속 차

| 일자 | 현재가 | 등락율 | 거래량 | 개인 | 외국인 | 기관계 | 금융투자 | 보험 | 투신 | 기타금융 | 은행 | 연기금등 | 사모펀드 | 국가 | 기타법인 | 내외국인 |
|---|---|---|---|---|---|---|---|---|---|---|---|---|---|---|---|---|
| 2015/02/17 ~ 2015/03/17 | | | 누적순매수 1,026,758 | +318,669 | +674,621 | +12,052 | +352,749 | +73,328 | +92,500 | -6,322 | +64,684 | +66,055 | +19,575 | +32,656 | | +812 |
| 14/04/23 | 10,100 | 1.51% | 964,573 | -918 | +13,195 | -11,357 | -34,689 | | -18,360 | +4,590 | +27,102 | +10,000 | | | | +1,080 |
| 14/04/22 | 9,950 | -1.49% | 882,551 | +160,704 | -144,092 | -17,112 | -16,081 | | -16,031 | | | +15,000 | | | | +500 |
| 14/04/21 | 10,100 | 2.12% | 1,743,239 | -12,504 | -28,965 | +29,706 | +34,855 | +23,784 | -18,580 | | | +20,000 | -21,775 | -8,578 | +11,296 | +467 |
| 14/04/18 | 9,890 | 6.80% | 1,757,814 | -215,521 | +101,822 | +108,293 | +13,854 | +23,115 | +10,000 | +5,172 | +51,217 | +4,935 | | | +2,196 | +3,210 |
| 14/04/17 | 9,260 | 0.76% | 957,214 | +31,500 | -63,280 | +29,750 | +72,116 | -3,000 | -19,689 | | | -2,140 | -17,537 | | +2,190 | -160 |
| 14/04/16 | 9,190 | 4.55% | 614,272 | -37,496 | +9,560 | +18,989 | +9,910 | | +14,079 | | | -5,000 | | | +9,000 | -53 |
| 14/04/15 | 8,790 | -1.12% | 250,269 | +17,547 | -18,187 | +40 | | | +40 | | | | | | +1,000 | -400 |
| 14/04/14 | 8,890 | 0.68% | 363,713 | +13,725 | -14,291 | -7,898 | | | -7,898 | | | | | | +7,544 | +920 |
| 14/04/11 | 8,830 | 1.73% | 420,643 | -25,026 | +11,849 | +16,150 | +2,213 | | +13,937 | | | | | | -2,975 | +2 |
| 14/04/10 | 8,680 | -0.46% | 497,664 | -14,289 | +15,438 | -599 | -599 | | | | | | | | -550 | |
| 14/04/09 | 8,720 | -3.11% | 913,831 | +142,241 | -61,782 | -94,464 | -55,000 | | -27,308 | | -2,156 | | | | +4,375 | -370 |
| 14/04/08 | 9,000 | 0.33% | 556,340 | -7,639 | -3,897 | +9,118 | +9,163 | | -45 | | | | | | +2,400 | +18 |
| 14/04/07 | 8,970 | 3.46% | 1,649,623 | +8,215 | -7,521 | -1,729 | -5,992 | -9,729 | +13,992 | | | | | | +900 | +135 |
| 14/04/04 | 8,670 | 7.43% | 1,495,453 | -160,996 | +67,090 | +105,895 | +71,689 | | +37,116 | | | | -2,910 | | -11,988 | -1 |
| 14/04/03 | 8,070 | -0.98% | 292,177 | +27,101 | -38,851 | +8,443 | +4,918 | | +3,525 | | | | | | +2,907 | +407 |
| 14/04/02 | 8,150 | 2.26% | 293,799 | -39,270 | +36,052 | -881 | | | -813 | -68 | | | | | +2,100 | +1,999 |
| 14/04/01 | 7,970 | -0.50% | 229,745 | +44,487 | -19,619 | -25,171 | +500 | | -503 | | | | +500 | -25,668 | +302 | +1 |
| 14/03/31 | 8,010 | 0.75% | 251,777 | +15,317 | -35,843 | +20,526 | | | -2,000 | | +24,526 | -2,000 | | | +2,661 | +2,290 |
| 14/03/28 | 7,950 | 4.47% | 187,548 | -39,318 | +17,969 | +16,398 | -2 | -1,041 | +17,441 | | | | | | | |
| 14/03/27 | 7,610 | -1.17% | 193,273 | +331 | -1,002 | +671 | +750 | | -79 | | | | | | | |

## :: 2-21 / ② 일진머티리얼즈-1

## :: 2-22 / ② 일진머티리얼즈-2

[0796] 투자자별 매매동향 - 종목별투자자

| 투자자별매매종합 | 시간대별투자자 | 당일추이 | 일별동향/그래프 | 순매수추이 | 업종별투자자순매수 | 당일매매현황 | 투자자누적순매수 | 투자자별일별매매 | 종목별투자자 |

020150 일진머티리얼즈 2015/03/17 ○금액 ●수량 ●순매수 ●매수 ●매도 ●천주 ●단주 ●전일비 ●등락률 투자자구분 안내 단위:백만원,단주 조회 연속 차

2015/02/17 ~ 2015/03/17 누적순매수 +94,909 +107,205 -198,307 -21,160 +22,725 -44,158 -4,000 -47,800 -100,193 -287 -3,434 -4,246 +43

| 일자 | 현재가 | 등락률 | 거래량 | 개인 | 외국인 | 기관계 | 금융투자 | 보험 | 투신 | 기타금융 | 은행 | 연기금등 | 사모펀드 | 국가 | 기타법인 | 내외국인 |
|---|---|---|---|---|---|---|---|---|---|---|---|---|---|---|---|---|
| 14/02/19 | 12,400 | 5.08% | 882,034 | -88,920 | +27,600 | +56,000 | -400 | +290 | +13,030 | | | +30,090 | +12,990 | | +4,820 | +300 |
| 14/02/18 | 11,800 | 0.43% | 280,009 | -6,160 | +28,480 | +2,210 | +50 | -40 | +800 | | | | +3,960 | -2,560 | -20,440 | -2,090 |
| 14/02/17 | 11,750 | 0% | 315,205 | -29,330 | +16,020 | +6,220 | +20 | -10 | +6,210 | | | | | | +5,000 | +2,090 |
| 14/02/14 | 11,750 | 1.73% | 598,754 | -23,220 | +23,640 | +850 | | +20 | +840 | | | | | -10 | | -1,470 |
| 14/02/13 | 11,550 | 4.52% | 751,437 | -31,260 | -10,470 | +40,490 | -190 | +150 | +220 | | | +390 | +30 | +39,890 | +1,970 | -730 |
| 14/02/12 | 11,050 | -1.34% | 533,275 | -31,580 | +28,000 | +770 | -140 | +130 | +360 | | | +360 | +30 | +30 | | +2,810 |
| 14/02/11 | 11,200 | 8.74% | 980,896 | -48,082 | +12,770 | +38,792 | +5,820 | +7,430 | +15,282 | | | +330 | +9,900 | +30 | -670 | -2,810 |
| 14/02/10 | 10,300 | -0.96% | 204,578 | +45,710 | -21,850 | -23,780 | | | -24,470 | | | +330 | | | | -80 |
| 14/02/07 | 10,400 | 2.46% | 218,145 | +18,680 | -7,880 | -10,550 | -420 | +160 | -16,280 | | | +330 | +6,890 | -1,230 | | -250 |
| 14/02/06 | 10,150 | 0.50% | 159,350 | +10,510 | -13,220 | +450 | -220 | +160 | +440 | | | +330 | -260 | | | +2,260 |
| 14/02/05 | 10,100 | 0.50% | 206,930 | +11,848 | -1,980 | +2,522 | -500 | +514 | +2,078 | | | +330 | +110 | -10 | -12,000 | -390 |
| 14/02/04 | 10,050 | -2.90% | 293,799 | +2,830 | -1,990 | -1,230 | -800 | +100 | +10 | | | | -630 | +90 | | -390 |
| 14/02/03 | 10,350 | -3.27% | 292,794 | +19,260 | -29,900 | +10,820 | -440 | +230 | +9,610 | | | | +1,420 | | | -180 |
| 14/01/29 | 10,700 | 1.42% | 197,024 | -1,870 | +20,360 | -18,490 | -3,420 | | +370 | | | -15,440 | | | | -730 |
| 14/01/28 | 10,550 | -1.40% | 241,924 | +10,971 | -10,200 | -471 | -2,310 | +419 | +1,750 | | | +50 | -410 | +30 | | -300 |
| 14/01/27 | 10,700 | -4.04% | 347,903 | -14,250 | +14,020 | +430 | +140 | +140 | +150 | | | | | | | -200 |
| 14/01/24 | 11,150 | -1.76% | 314,621 | +13,140 | -14,100 | +290 | | +170 | +90 | | | | +30 | | | +670 |
| 14/01/23 | 11,350 | 1.34% | 505,518 | -12,970 | -480 | +20 | -60 | +20 | +60 | | | | | | +12,000 | +1,430 |
| 14/01/22 | 11,200 | 0% | 322,930 | +16,367 | -15,260 | -1,233 | -40 | -70 | -1,133 | | | | +60 | -50 | -500 | +626 |
| 14/01/21 | 11,200 | 5.16% | 556,056 | -64,140 | +66,340 | -2,500 | -2,620 | +110 | +10 | | | | | | +1,400 | -1,10 |

## :: 2-23 / ③ 대한해운-1

:: 2-24 / ③ 대한해운-2

[0796] 투자자별 매매동향 - 종목별투자자

투자자별매매종합 | 시간대별투자자 | 당일추이 | 일별동향/그래프 | 순매수추이 | 업종별투자자순매수 | 당일매매현황 | 투자자별누적순매수 | 투자자별일별매매 | 종목별투자자

005880 대한해운 2015/03/17 금액 수량 순매수 매수 매도 현주 단주 전일비 등락률 투자구분 안내 단위:백만원,단주 조회 연속 차

| 2015/02/17 ~ 2015/03/17 | | 누적순매수 | -30,338 | -137,816 | +159,273 | +19,269 | +16,816 | +140,883 | | -2,546 | +16,043 | -31,192 | | +2,646 | +6,235 |
|---|---|---|---|---|---|---|---|---|---|---|---|---|---|---|---|
| 일자 | 현재가 | 등락률 | 거래량 | 개인 | 외국인 | 기관계 | 금융투자 | 보험 | 투신 | 기타금융 | 은행 | 연기금등 | 사모펀드 | 국가 | 기타법인 | 내외국인 |
| 14/04/28 | 28,100 | 7.25% | 309,773 | -67,904 | +19,664 | +48,700 | +520 | | +17,970 | | +50 | +23,720 | +4,640 | +1,800 | +130 | -590 |
| 14/04/25 | 26,200 | -4.38% | 286,352 | +25,390 | -67,620 | +41,520 | -8,070 | +220 | | -2,040 | | +37,790 | +5,750 | +5,830 | +2,700 | -1,990 |
| 14/04/24 | 27,400 | -0.36% | 248,056 | +13,957 | -16,710 | -4,627 | -27,407 | | -2,780 | | | +19,420 | | +8,180 | +6,580 | +600 |
| 14/04/23 | 27,500 | 3.00% | 465,732 | -11,582 | -38,850 | +53,294 | +1,389 | +2,200 | +560 | | | +40,860 | | +8,290 | -4,037 | +1,170 |
| 14/04/22 | 26,700 | 5.33% | 413,568 | +65,776 | -96,720 | +39,545 | +19,885 | | +15,070 | | | -4,270 | | +8,860 | -11,901 | +3,300 |
| 14/04/21 | 25,350 | 2.22% | 248,674 | +96,161 | -121,640 | +24,843 | +5,953 | | +10 | | | +8,260 | +10,000 | +620 | -1,144 | +1,780 |
| 14/04/18 | 24,800 | 0.20% | 127,491 | +12,881 | -33,910 | +23,529 | -2,211 | | +1,100 | | | +24,640 | | | -2,720 | +220 |
| 14/04/17 | 24,750 | -0.60% | 143,153 | +26,240 | -53,150 | +26,330 | -12,890 | | | | | +39,220 | | | +580 | |
| 14/04/16 | 24,900 | 2.26% | 153,800 | -12,950 | -46,120 | +63,950 | +10,100 | +15,770 | +14,690 | | | +17,060 | +2,460 | +3,870 | -4,800 | -80 |
| 14/04/15 | 24,350 | -1.22% | 138,795 | +30,251 | -50,680 | +21,689 | -691 | | +3,010 | +3,000 | | +13,430 | | +2,940 | +190 | -1,450 |
| 14/04/14 | 24,650 | -0.40% | 94,330 | +4,900 | -6,050 | +760 | -30 | | +790 | | | | | +240 | +150 |
| 14/04/11 | 24,800 | -0.40% | 130,505 | +21,310 | -24,900 | +5,290 | -10 | | +1,200 | | | +2,050 | +2,050 | | -1,700 | |
| 14/04/10 | 24,900 | 1.22% | 298,140 | +56,560 | -72,330 | +11,450 | +8,000 | | +1,600 | | | | -130 | +1,980 | +4,270 | +50 |
| 14/04/09 | 24,600 | -2.38% | 243,819 | +68,903 | -80,986 | +11,073 | -6,577 | | +7,650 | | | +10,000 | | | +550 | +460 |
| 14/04/08 | 25,200 | 0.80% | 239,126 | +99,070 | -122,140 | +15,940 | -10,490 | | +8,380 | | | +13,060 | | +4,990 | +5,770 | +1,360 |
| 14/04/07 | 25,000 | 5.26% | 407,453 | +66,750 | -100,560 | +36,900 | -9,870 | +7,450 | +17,740 | | -8,420 | +30,000 | | | +6,840 | +70 |
| 14/04/04 | 23,750 | 0% | 302,298 | +111,687 | -133,350 | +22,663 | +1,913 | | +4,260 | | -11,910 | +20,320 | +3,000 | +5,080 | -40 | -960 |
| 14/04/03 | 23,750 | 1.06% | 161,208 | -5,665 | -22,200 | +27,485 | +575 | +6,670 | +6,910 | | | +13,330 | | | -60 | +640 |
| 14/04/02 | 23,500 | 8.29% | 522,957 | +83,991 | -125,320 | +42,199 | +44,959 | | | +2,240 | -30,000 | +14,000 | +4,590 | +6,410 | -860 | -10 |
| 14/04/01 | 21,700 | -1.59% | 90,342 | +46,160 | -46,760 | +7,470 | | | +7,470 | | | | | | -6,920 | +50 |

:: 2-25 / ④ 토비스-1

[0600] 키움종합차트 - KOSDAQ 외국인보유[4,159(천)] 주식수[16,717(천)] 액면[500] 자본금[84(억)] 결산[12월] EPS[728] PER[24.38]

주식 전 051360 토비스 주 월 년 분 틱 1 3 5 10 20 30 60 120 60 / 600 2015/03/17

17,700 ▼ 550 -3.01% 356,646 123.06% 2.13% 6,421백만 최우선 17,750 17,700 시 18,400 18,500 저 17,650 매수 매도

토비스 상한가 하한가 종가 단순 5 10 20 60 120

최고 8,950 (05/14)

최저 5,600 (02/25)

거래량 단순
2,025,763주 (221.05%)

2014/02    03    04    05    05/14

60

:: 2-26 / ④ 토비스-2

[0796] 투자자별 매매동향 - 종목별투자자

투자자별매매종합 | 시간대별투자자 | 당일추이 | 일별동향/그래프 | 순매수추이 | 업종별투자자순매수 | 당일매매현황 | 투자자별누적순매수 | 투자자별일별매매 | 종목별투자자

051360 토비스 2015/03/17 금액 수량 순매수 매수 매도 천주 단주 전일비 등락률 투자구분 안내 단위:백만원,단주 조회 연속 차

| 일자 | 현재가 | 등락률 | 거래량 | 개인 | 외국인 | 기관계 | 금융투자 | 보험 | 투신 | 기타금융 | 은행 | 연기금등 | 사모펀드 | 국가 | 기타법인 | 내외국인 |
|---|---|---|---|---|---|---|---|---|---|---|---|---|---|---|---|---|
| 2015/02/17 - 2015/03/17 | 누적순매수 | | +784,121 | -46,494 | -631,819 | -236,233 | -207,143 | -189,564 | -3,510 | -6,684 | +36,776 | -17,494 | -7,967 | -99,680 | -6,12 |
| 14/04/10 | 7,780 | 11.46% | 4,087,126 | -71,210 | +92,657 | +179,213 | +44,942 | +44,594 | -1,596 | +22,345 | +12,000 | +30,000 | | +26,928 | -201,990 | +1,330 |
| 14/04/09 | 6,980 | 0.14% | 663,859 | -101,796 | +94,536 | +39,493 | +11,600 | | +27,130 | | | | | +763 | -30,550 | -1,683 |
| 14/04/08 | 6,970 | -3.33% | 644,944 | +34,135 | +15,585 | -51,218 | -84,252 | +18,193 | | | | | | +1,750 | -252 |
| 14/04/07 | 7,210 | -1.64% | 789,044 | -45,093 | +456 | +53,626 | -27,968 | +18,052 | | | | +63,542 | | -7,657 | -1,332 |
| 14/04/04 | 7,330 | 4.12% | 2,133,509 | +81,949 | +14,137 | -107,169 | +16,290 | | -67,175 | -17,700 | | -12,841 | -8,043 | -17,700 | -1,543 | +12,626 |
| 14/04/03 | 7,040 | 0.57% | 1,243,972 | +1,280 | -56,423 | +56,989 | +55,735 | | +1,254 | | | | | +1,000 | -2,846 |
| 14/04/02 | 7,000 | 4.01% | 2,167,335 | -83,535 | -31,642 | +88,740 | +54,794 | +7,414 | -26,663 | | +3,722 | +14,473 | +35,000 | +35,448 | -9,011 |
| 14/04/01 | 6,730 | 6.83% | 1,364,621 | -67,525 | -13,766 | +41,101 | +13,405 | | +20,963 | | | +6,733 | | +50,727 | -10,537 |
| 14/03/31 | 6,300 | 0.32% | 356,664 | +31,424 | -45,111 | +18,699 | +18,699 | | | | | | | -5,000 | -12 |
| 14/03/28 | 6,280 | 3.29% | 404,263 | -33,228 | +5,876 | +26,950 | +26,950 | | | | | | | +402 | |
| 14/03/27 | 6,080 | -2.09% | 514,092 | -15,250 | +2,439 | | | | | | | | | +12,900 | +11 |
| 14/03/26 | 6,210 | 1.47% | 629,451 | -34,573 | +35,352 | | | | | | | | | | -779 |
| 14/03/25 | 6,120 | -5.99% | 1,297,510 | +13,425 | -6,802 | +300 | +300 | | | | | | | -26,000 | +19,077 |
| 14/03/24 | 6,510 | -1.96% | 688,623 | +23,999 | -22,082 | | | | | | | | | -637 | -1,280 |
| 14/03/21 | 6,640 | 2.00% | 1,020,222 | -16,729 | +15,719 | | | | | | | | | +1,000 | +10 |
| 14/03/20 | 6,510 | -4.69% | 1,390,467 | +3,423 | -15,861 | | | | | | | | | +10,000 | +2,438 |
| 14/03/19 | 6,830 | -0.15% | 1,464,733 | +12,179 | -13,157 | | | | | | | | | +500 | +478 |
| 14/03/18 | 6,840 | -5.00% | 3,467,734 | +240,971 | +19,935 | -11,132 | -9,132 | | -13,000 | | | +11,000 | | -250,630 | +856 |
| 14/03/17 | 7,200 | 3.15% | 1,446,523 | +121,723 | -14,621 | -102,000 | | | -80,000 | | | -2,000 | -20,000 | -5,080 | -22 |
| 14/03/14 | 6,980 | 4.80% | 1,896,510 | +240,383 | -14,057 | -227,000 | -71,000 | | -160,000 | | | +4,000 | | +1,030 | -35? |

:: 2-27 / ⑤ 리홈쿠첸-1

:: 2-28 / ⑤ 리홈쿠첸-2

[0796] 투자자별 매매동향 - 종목별투자자

투자자별매매종합 | 시간대별투자자 | 당일추이 | 일별동향/그래프 | 순매수추이 | 업종별투자자순매수 | 당일매매현황 | 투자자별누적순매수 | 투자자별일별매매 | 종목별투자자

014470 리홈쿠첸 2015/03/17 금액 수량 순매수 매수 매도 현주 단주 전일비 등락률 투자자구분 안내 단위:백만원,단주 조회 연속 차

2015/02/17 ~ 2015/03/17 누적순매수 +602,874 -433,862 -141,066 +65,343 -193,256 +99,312 +3,498 +39,533 -106,801 -38,763 -9,932 -16,462 -11,48...

| 일자 | 현재가 | 등락률 | 거래량 | 개인 | 외국인 | 기관계 | 금융투자 | 보험 | 투신 | 기타금융 | 은행 | 연기금등 | 사모펀드 | 국가 | 기타법인 | 내외국인 |
|---|---|---|---|---|---|---|---|---|---|---|---|---|---|---|---|---|
| 14/04/22 | 12,200 | 5.63% | 2,513,393 | +27,821 | +119,174 | -151,122 | -140,760 | | -13,086 | | -258 | | | +2,982 | +4,151 | -24 |
| 14/04/21 | 11,550 | 0% | 609,082 | -20,377 | +15,831 | +8,351 | +4,284 | +590 | -181 | | +258 | | +3,400 | | -4,778 | +973 |
| 14/04/18 | 11,550 | -0.86% | 1,125,181 | -104,936 | +108,902 | +16,514 | -13,000 | +20,000 | +4,704 | | | | | +4,810 | -22,000 | +1,520 |
| 14/04/17 | 11,650 | -3.32% | 1,555,940 | +25,585 | -28,410 | +21,213 | +449 | -11,000 | +9,892 | | | +16,000 | +4,872 | +1,000 | -9,223 | -9,115 |
| 14/04/16 | 12,050 | 2.99% | 2,457,778 | -218,899 | +148,301 | +82,113 | -41,977 | +36,402 | +20,688 | | | +67,000 | | | -10,587 | -928 |
| 14/04/15 | 11,700 | -1.68% | 1,422,059 | -54,399 | +3,128 | +54,997 | +7,702 | | +23,079 | | | | | +24,216 | -4,861 | +1,135 |
| 14/04/14 | 11,900 | 3.03% | 2,121,866 | -210,601 | +164,548 | +44,402 | -25,000 | +35,000 | +27,077 | | | | +7,325 | | +332 | +1,319 |
| 14/04/11 | 11,550 | -1.28% | 2,965,511 | -9,819 | +37,460 | -15,559 | -8,259 | | -12,880 | | | +3,000 | | +2,580 | -9,003 | -3,079 |
| 14/04/10 | 11,700 | 9.86% | 4,795,166 | -398,734 | +440,262 | +2,550 | -22,432 | -650 | +5,018 | | | +10,000 | +8,114 | +2,500 | -44,716 | +638 |
| 14/04/09 | 10,650 | -3.18% | 1,392,121 | -15,579 | +51,844 | -48,898 | -49,000 | +17,049 | +45,897 | | | -50,000 | | -12,844 | +12,000 | +633 |
| 14/04/08 | 11,000 | -2.65% | 1,033,930 | +83,579 | -55,554 | -25,693 | -1,940 | -20,530 | -15,223 | | | | +5,000 | +2,700 | -3,856 | +1,524 |
| 14/04/07 | 11,300 | 2.26% | 1,270,440 | +9,332 | -32,009 | +32,480 | -5,000 | +43,281 | -8,501 | | | | | +2,700 | -9,500 | -303 |
| 14/04/04 | 11,050 | -0.90% | 1,642,578 | -70,002 | +4,786 | +18,663 | -23,300 | +48,000 | -14,895 | +5,128 | | | +970 | +2,700 | +51,946 | -5,393 |
| 14/04/03 | 11,150 | 3.24% | 3,229,867 | -250,156 | +297,710 | +27,614 | +693 | +4,860 | +18,421 | | | | | +4,140 | -500 | -76,300 | +1,132 |
| 14/04/02 | 10,800 | 7.46% | 6,749,201 | +19,726 | -43,719 | +19,345 | -88,059 | -4,000 | -5,439 | | | +105,000 | +3,343 | +500 | +13,053 | -8,405 |
| 14/04/01 | 10,050 | 3.61% | 1,659,695 | +21,210 | -186,691 | +168,363 | +82,560 | +60,200 | +22,123 | | | +25,000 | -21,520 | | +7,593 | -10,475 |
| 14/03/31 | 9,700 | 1.46% | 1,218,880 | +3,046 | +20,410 | -21,964 | +11,000 | -12,740 | +39 | | | | -20,263 | | | -1,492 |
| 14/03/28 | 9,560 | -2.45% | 1,532,976 | +46,790 | -64,656 | +17,114 | +22,000 | | -15,796 | | +5,639 | +3,971 | +1,300 | | -1,699 | +2,451 |
| 14/03/27 | 9,800 | 2.08% | 2,191,600 | +101,988 | -78,853 | -23,641 | -23,641 | | | | | | | | +100 | +406 |
| 14/03/26 | 9,600 | 4.92% | 3,144,416 | -114,254 | +19,033 | +90,403 | +59,545 | +3,750 | +28,608 | | | | | -1,500 | +7,000 | -2,18... |

## 4. 수급 시세 초입

수급 시세 초입이란 외국인·기관 투자자들이 갑작스런 업황 변동이나 정부 정책, 우리가 모르는 호재를 알고 선취매해 첫 대량 수급이 유입되는 초기를 뜻한다. 차트에서 찾자면 바닥에서 횡보하던 종목의 거래량이 실린 첫 양봉 자리고, 시장 주도주에 주로 발생하는 현상이다. 따라서 비중 베팅을 통해 단기간에 높은 수익을 올릴 수 있다.

거래량은 아무리 강한 세력도 속일 수 없다. 외국인·기관 투자자들도 조짐이 보이던 종목을 다시 공략하는 특징이 있다. 단기 악재가 없고 재무가 양호한 종목의 주봉 및 월봉을 살피는 게 바람직하다. 예전의 주가 움직임을 살피

는 것은 이후의 주가 예측에도 많은 도움을 준다.

## 시장 주도주 특성

1. 실적과 영업이익 개선
2. 경영권 분쟁이나 신사업 추진
3. 정부 정책 수혜 발표
4. 저평가 펀드 선취매
5. 독보적인 상승 모멘텀
6. 악재 해소, 불확실성 제거

## 시세 초입 특징

1. 끼가 있는 테마 엮임

    예시) 사물인터넷, 중국 관련, 바이오·제약 등

2. 외국인·기관 투자자들의 대량 매수

    – 초기 소량 매수 후 점차 양이 늘어남

3. 정배열, 골든크로스, 거래량 증가, 이평선 돌파

    – 역배열도 관계없음(단, 거래량 증가는 체크 필요)

4. 5일선을 타고 계단식 상승 지속
5. 호재성 기사 지속

## ㅇㅑ 매수 타점

1. 전일 대비 거래량 두 배 이상 증가
2. 최근 전 고점을 강하게 돌파 매수
3. 외국인·기관 투자자들의 매수 확인
4. 당일 고점 돌파 후 역망치형 마감 시 종가 베팅
   - 썩은 매물을 소화한 것이기에 좋은 징조
5. 수급 이탈 없을 시 다음날 시가 베팅 가능
6. 횡보 시 정찰병 분할 매수 가능(급작스런 급등)

## ㅇㅑ 매도 타점

1. 주포의 이탈이 없을 때까지 홀딩
   - 외국인·기관 투자자들의 주포 확인
2. 단기간에 20% 이상 급등 후 오버 슈팅 매도
   - 매도 후 눌림목에 재진입
3. 외국인·기관 투자자들의 매도세 포착 후 매도
4. 전일 저항대 이탈 시 매도

    다음은 수급 시세 초입을 보여주는 실전매매 차트들이다. 수급 시세 초입 첫 양봉을 분홍색 박스로 표시했다.

:: 2-29 / ① 남선알미늄-1

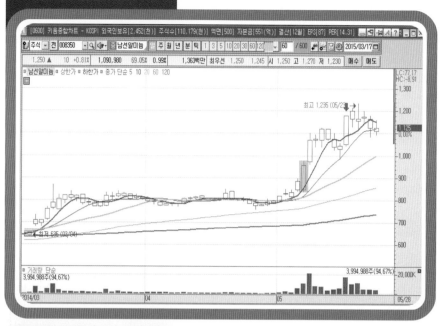

:: 2-30 / ① 남선알미늄-2

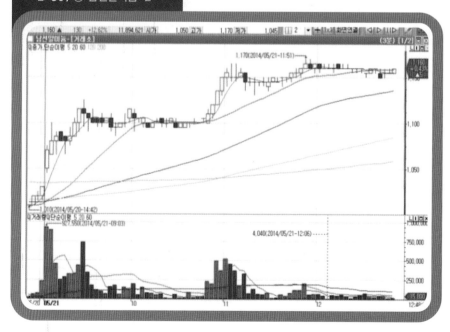

:: 2-31 / ① 남선알미늄-3

[0796] 투자자별 매매동향 - 종목별투자자

투자자별매매종합 | 시간대별투자자 | 당일추이 | 일별동향/그래프 | 순매수추이 | 업종별투자자순매수 | 당일매매현황 | 투자자별누적순매수 | 투자자별일별매매 | 종목별투자자

008350 남선알미늄 | 2015/03/17 | 금액 수량 | 순매수 매수 매도 | 천주 단주 | 전일비 등락률 | 투자자구분 안내 | 단위:백만원,단주 | 조회 연속 차...

| 일자 | 현재가 | 등락률 | 거래량 | 개인 | 외국인 | 기관계 | 금융투자 | 보험 | 투신 | 기타금융 | 은행 | 연기금등 | 사모펀드 | 국가 | 기타법인 | 내외국인 |
|---|---|---|---|---|---|---|---|---|---|---|---|---|---|---|---|---|
| 2015/02/17~2015/03/17 | | 누적순매수 | | -130,259 | -365,073 | +538,597 | | +219,856 | +209,920 | +10,055 | | +18,766 | | | -21,966 | -21,295 |
| 14/05/21 | 1,180 | 14.56% | 16,890,148 | -63,570 | -39,840 | +80,820 | -95,000 | +20,000 | +95,820 | | | | | +60,000 | +24,140 | -1,500 |
| 14/05/20 | 1,030 | -0.96% | 5,301,901 | -448,760 | +199,320 | +251,990 | +162,990 | +10,000 | +20,000 | | | | +30,000 | +29,000 | -14,950 | +12,400 |
| 14/05/19 | 1,040 | -3.26% | 4,267,607 | +253,420 | +153,090 | -329,070 | -150,000 | | +17,000 | | | -196,070 | | | -67,250 | -10,190 |
| 14/05/16 | 1,075 | -4.02% | 3,617,539 | +359,190 | -121,900 | +18,970 | +2,970 | | +16,000 | | | | | | -259,250 | +2,990 |
| 14/05/15 | 1,120 | 4.19% | 7,233,715 | -130,980 | +91,090 | -10 | -10 | | | | | | | | +43,000 | -3,100 |
| 14/05/14 | 1,075 | 0.47% | 8,013,937 | +213,380 | -115,320 | -30 | -30 | | | | | | | | -13,790 | -84,240 |
| 14/05/13 | 1,070 | 11.81% | 21,099,064 | -331,370 | -272,590 | +160,000 | | | +265,950 | | | | | | +119,440 | +58,570 |
| 14/05/12 | 957 | 12.85% | 10,626,401 | -777,210 | +410,040 | +294,720 | | | +294,720 | | | | | | +27,000 | +45,380 |
| 14/05/09 | 848 | 3.92% | 5,768,906 | -17,590 | -122,210 | | | | | | | | | | +130,030 | +9,770 |
| 14/05/08 | 816 | -1.69% | 1,168,699 | +60,020 | -80,020 | +20,000 | +20,000 | | | | | | | | +8,300 | +250 |
| 14/05/07 | 830 | 1.34% | 2,261,619 | -26,860 | -45,410 | +10,000 | +10,000 | | | | | | | | | |
| 14/05/02 | 819 | 3.54% | 921,482 | -82,410 | +42,410 | +40,000 | +40,000 | | | | | | | | | |
| 14/04/30 | 791 | -0.25% | 314,173 | +32,593 | -6,590 | -3 | -3 | | | | | | | | -26,000 | |
| 14/04/29 | 793 | 1.67% | 579,626 | +6,050 | -6,050 | | | | | | | | | | | |
| 14/04/28 | 780 | 0.52% | 247,459 | +46,490 | -46,470 | -20 | -20 | | | | | | | | | |
| 14/04/25 | 776 | -1.15% | 614,607 | +29,290 | -30,340 | -10 | -10 | | | | | | | | | +1,060 |
| 14/04/24 | 785 | -2.00% | 692,331 | +69,390 | -69,390 | | | | | | | | | | | |
| 14/04/23 | 801 | -0.25% | 606,910 | +64,770 | -52,460 | | | | | | | | | | -940 | -11,370 |
| 14/04/22 | 803 | 0.12% | 622,107 | -19,430 | +18,490 | | | | | | | | | | +940 | |
| 14/04/21 | 802 | -3.37% | 1,015,637 | +83,070 | -57,010 | | | | | | | | | | -27,060 | +1,00 |

:: 2-32 / ② 에넥스-1

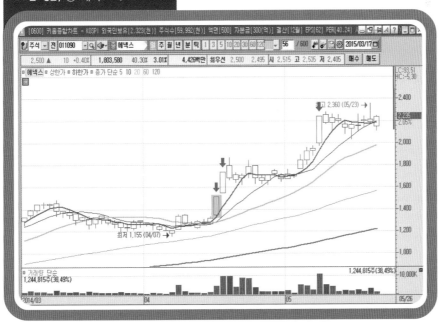

## :: 2-33 / ② 에넥스-2

[0796] 투자자별 매매동향 - 종목별투자자

투자자별매매종합 | 시간대별투자자 | 당일추이 | 일별동향/그래프 | 순매수추이 | 업종별투자자순매수 | 당일매매현황 | 투자자별누적순매수 | 투자자별일별매매 | 종목별투자자

011090 에넥스 2015/03/17 ○금액◉수량 ◉순매수○매수○매도 ○천주◉단주 ○전일비◉등락률 투자자구분 안내 단위:백만원,단주 조회 연속 차

2015/02/17 ~ 2015/03/17 누적순매수 1,810,095 -183,386 2,234,696 +46,557 -138,418 1,045,036 -75,252 +12,334 1,021,539 +756,223 -433,323 -222,739 -18,47

| 일자 | 현재가 | 등락률 | 거래량 | 개인 | 외국인 | 기관계 | 금융투자 | 보험 | 투신 | 기타금융 | 은행 | 연기금등 | 사모펀드 | 국가 | 기타법인 | 내외국인 |
|---|---|---|---|---|---|---|---|---|---|---|---|---|---|---|---|---|
| 14/04/30 | 1,675 | -2.90% | 1,352,381 | -50,530 | -16,110 | +33,630 | -5,000 | +26,010 | | | +12,830 | | | | +34,800 | -2,000 |
| 14/04/29 | 1,725 | 0.88% | 1,407,146 | +74,950 | -150,020 | +62,320 | | +38,260 | | | +24,060 | | | | +12,050 | +700 |
| 14/04/28 | 1,710 | 3.01% | 1,557,107 | -18,070 | -16,850 | +25,020 | +5,000 | +20,020 | | | | | | | +12,700 | -2,800 |
| 14/04/25 | 1,660 | -1.48% | 1,384,180 | -91,200 | +47,090 | +34,090 | +20,000 | +14,090 | | | | | | | +12,000 | -1,980 |
| 14/04/24 | 1,685 | -5.60% | 3,610,138 | +81,785 | -68,040 | -8,246 | -55,000 | +160,640 | -61,016 | +66,560 | | +22,040 | -200,000 | +58,530 | -8,870 | +3,371 |
| 14/04/23 | 1,785 | 4.39% | 8,498,136 | +582,657 | -139,040 | -432,026 | -50,000 | +60,850 | | | +27,090 | +16,650 | -516,456 | +29,840 | -31,500 | +19,909 |
| 14/04/22 | 1,710 | -0.29% | 8,817,211 | 1,402,030 | +480,000 | 2,120,490 | -35,000 | +253,399 | +79,010 | | | +285,612 | 1,090,000 | +447,469 | 4,000,470 | -2,050 |
| 14/04/21 | 1,715 | 1.78% | 4,068,491 | +140,325 | -223,800 | +86,502 | -5,008 | +13,240 | | | | | | +78,270 | -418 | -2,610 |
| 14/04/18 | 1,685 | -3.16% | 9,568,348 | +940,906 | -726,477 | -144,167 | -74,997 | | -65,700 | | | | | -3,470 | -82,882 | +12,620 |
| 14/04/17 | 1,740 | 14.85% | 9,591,753 | 1,209,920 | 1,178,096 | +110,914 | -8,246 | | | | | -139,950 | | +259,110 | -79,510 | +420 |
| 14/04/16 | 1,515 | 14.77% | 4,507,809 | -835,610 | +799,480 | +86,550 | +1,515 | +50,000 | +6,360 | | | +2,650 | | +22,550 | -47,930 | -2,500 |
| 14/04/15 | 1,320 | 3.94% | 1,088,418 | -140,440 | +8,530 | +25,000 | +25,000 | | | | | | | | +106,910 | |
| 14/04/14 | 1,270 | -1.55% | 591,120 | +96,040 | -84,480 | | | | | | | | | | +2,440 | -14,000 |
| 14/04/11 | 1,290 | 2.79% | 979,998 | +16,480 | +1,800 | -58,990 | -90,000 | +31,010 | | | | | | | +26,710 | +14,000 |
| 14/04/10 | 1,255 | -1.57% | 733,080 | -12,130 | +21,930 | -15,000 | -15,000 | | | | | | | | +5,200 | |
| 14/04/09 | 1,275 | -4.85% | 1,801,725 | +102,930 | -11,430 | -107,000 | -105,000 | | | | -2,000 | | | | +15,000 | +500 |
| 14/04/08 | 1,340 | 13.08% | 5,192,757 | -61,340 | +110,450 | -14,500 | +56,400 | | | | +2,000 | | | -72,900 | -40,110 | +5,500 |
| 14/04/07 | 1,185 | -2.07% | 1,039,026 | +122,340 | +72,570 | -153,910 | -25,000 | | -128,910 | | | | | | -41,000 | |
| 14/04/04 | 1,210 | -0.82% | 396,950 | -14,590 | +61,690 | | | | | | | | | | -50,000 | +2,900 |
| 14/04/03 | 1,220 | -3.17% | 648,708 | -11,160 | +18,560 | -10,000 | -10,000 | | | | | | | | +2,000 | +60? |

## :: 2-34 / ③ 현대비앤지스틸-1

[0600] 키움종합차트 - KOSPI 외국인보유[976](천) 주식수[15,079](천) 액면[5,000] 자본금[754(억)] 결산[12월] EPS[1,945] PER[7.84]

주식 전 004560 현대비앤지스 일 주 월 년 틱 1 3 5 10 20 30 60 120 84 / 600 2015/03/17

15,250 ▲ 150 +0.99% 60,183 64.38% 0.40% 914백만 최우선 15,250 15,200 시 15,300 고 15,450 저 15,000 매수 매도

현대비앤지스틸 상한가 하한가 종가 단순 5 10 20 60 120

최고 25,400 (05/12) →

23,400 / -1.27%

최저 14,200 (01/10)

거래량 단순 92,055주 (57.80%)

## :: 2-35 / ③ 현대비앤지스틸-2

| 일자 | 현재가 | 등락률 | 거래량 | 개인 | 외국인 | 기관계 | 금융투자 | 보험 | 투신 | 기타금융 | 은행 | 연기금등 | 사모펀드 | 국가 | 기타법인 | 내외국인 |
|---|---|---|---|---|---|---|---|---|---|---|---|---|---|---|---|---|
| 2014/02/28 ~ 2014/05/12 누적순매수 | | | | -381,006 | -69,547 | +407,223 | -6,977 | +279,390 | +17,363 | -2,070 | +1,300 | +80,960 | +43,027 | -5,770 | +44,310 | -98 |
| 14/02/03 | 15,000 | -1.64% | 63,474 | -7,255 | -1,480 | +8,995 | -1,355 | +3,560 | +6,780 | | | | | | -250 | |
| 14/01/29 | 15,250 | 2.35% | 52,863 | -8,310 | -990 | +7,970 | +7,690 | | +280 | | | | | | +1,060 | +270 |
| 14/01/28 | 14,900 | 0.68% | 49,540 | -12,480 | -880 | +15,440 | | | -170 | | | +15,000 | +610 | | -2,080 | |
| 14/01/27 | 14,800 | -1.33% | 52,001 | -27,940 | -2,850 | +30,860 | +7,530 | +8,020 | +410 | | | +14,000 | +900 | | | -70 |
| 14/01/24 | 15,000 | 0% | 33,150 | -12,460 | +2,820 | +10,000 | | | | | | +10,000 | | | -360 | |
| 14/01/23 | 15,000 | -3.23% | 37,655 | +2,720 | -130 | -1,300 | | | -1,380 | +80 | | | | | -1,290 | |
| 14/01/22 | 15,500 | 0.65% | 54,551 | -14,731 | -3,530 | +10,786 | -3,620 | | +11,536 | +2,870 | | | | | +7,205 | +270 |
| 14/01/21 | 15,400 | 2.67% | 58,606 | -12,850 | -8,295 | +19,610 | +9,530 | | +4,380 | +700 | | | +5,000 | | +1,285 | +250 |
| 14/01/20 | 15,000 | -2.28% | 62,846 | +5,273 | +1,100 | +437 | -3 | | +440 | | | | | | +110 | -6,920 |
| 14/01/17 | 15,350 | 2.33% | 136,411 | -39,639 | -710 | +38,269 | +7,439 | +19,170 | | +5,660 | | +6,000 | | | +2,280 | -200 |
| 14/01/16 | 15,000 | 0.33% | 55,703 | -8,032 | -9,528 | +17,580 | -330 | | +17,910 | | | | | | | -20 |
| 14/01/15 | 14,950 | 1.01% | 35,729 | -4,640 | +3,270 | +1,370 | -80 | | +1,450 | | | | | | | |
| 14/01/14 | 14,800 | -1.66% | 65,160 | +6,740 | -2,490 | -3,800 | -5,000 | | -1,200 | | | | | | -450 | |
| 14/01/13 | 15,050 | 4.51% | 146,449 | -10,150 | -2,610 | +12,740 | | | +2,580 | | | +10,160 | | | | +20 |
| 14/01/10 | 14,400 | 1.05% | 51,151 | -11,830 | +1,230 | +10,400 | +250 | | +10,150 | | | | | | -30 | +230 |
| 14/01/09 | 14,250 | 0.71% | 124,795 | -12,340 | -2,840 | +15,680 | | | +7,680 | | | +8,000 | | | | -500 |
| 14/01/08 | 14,150 | 6.39% | 180,901 | +46,830 | -7,530 | -37,510 | | | +30 | -5,540 | | -32,000 | | | -1,790 | |
| 14/01/07 | 13,300 | 3.50% | 45,000 | -5,810 | +1,000 | +4,810 | | | | | | +8,000 | -3,190 | | | |
| 14/01/06 | 12,850 | 1.18% | 30,453 | -1,400 | -5,600 | +7,000 | | | | | | +7,000 | | | +220 | |
| 14/01/03 | 12,700 | -0.78% | 27,513 | -8,083 | -1,000 | +8,863 | +2,393 | | -2,030 | | | +8,500 | | | +220 | |

## :: 2-36 / ③ 현대비앤지스틸-3

| 일자 | 현재가 | 등락률 | 거래량 | 개인 | 외국인 | 기관계 | 금융투자 | 보험 | 투신 | 기타금융 | 은행 | 연기금등 | 사모펀드 | 국가 | 기타법인 | 내외국인 |
|---|---|---|---|---|---|---|---|---|---|---|---|---|---|---|---|---|
| 2014/02/28 ~ 2014/05/12 누적순매수 | | | | -381,006 | -69,547 | +407,223 | -6,977 | +279,390 | +17,363 | -2,070 | +1,300 | +80,960 | +43,027 | -5,770 | +44,310 | -98 |
| 14/05/12 | 23,750 | 3.71% | 313,701 | +35,170 | -15,450 | -9,310 | -12,560 | +17,130 | -13,060 | -250 | -1,200 | | | +630 | -10,410 | |
| 14/05/09 | 22,900 | 3.39% | 115,883 | -1,136 | -1,480 | +2,196 | -2,804 | +3,260 | | | -2,000 | +2,760 | +350 | | +420 | |
| 14/05/08 | 22,150 | -0.67% | 74,399 | -2,445 | -16,755 | +19,710 | -4,260 | +13,740 | +1,080 | -130 | | | +9,280 | | -510 | |
| 14/05/07 | 22,300 | 2.76% | 115,400 | -4,740 | -10,650 | +14,890 | -3,330 | +19,450 | +1,280 | | | -3,000 | +490 | | +500 | |
| 14/05/02 | 21,700 | 0.23% | 25,816 | +3,560 | -4,060 | +2,500 | +880 | +240 | +930 | | | | +450 | | -2,000 | |
| 14/04/30 | 21,650 | 0.70% | 58,892 | -22,090 | -2,000 | +26,480 | +3,990 | +20,400 | +1,620 | | -2,500 | | +2,970 | | -2,390 | |
| 14/04/29 | 21,500 | 0.94% | 80,598 | -15,020 | -5,130 | +21,150 | +1,930 | +22,390 | -1,480 | -190 | -1,500 | | | | -1,000 | |
| 14/04/28 | 21,300 | 1.91% | 126,659 | -12,298 | -1,620 | +17,728 | +68 | +17,480 | +4,100 | | | | +8,660 | | -2,600 | -1,200 |
| 14/04/25 | 20,900 | 2.20% | 76,917 | -27,240 | +1,030 | +25,310 | -770 | +18,940 | -820 | | | | +5,230 | +2,730 | +1,000 | -100 |
| 14/04/24 | 20,450 | -3.08% | 87,310 | +28,013 | -11,540 | -16,893 | -10,273 | | -4,430 | | | | -2,190 | | -580 | +1,000 |
| 14/04/23 | 21,100 | 0.48% | 45,440 | -3,850 | -5,080 | +7,110 | | -210 | +4,860 | -130 | | +3,330 | +400 | -1,140 | +1,820 | |
| 14/04/22 | 21,000 | 0.24% | 32,571 | -3,629 | -3,150 | +6,729 | -11 | +5,040 | +700 | | | +1,000 | | | +50 | |
| 14/04/21 | 20,950 | 1.45% | 41,580 | -15,088 | -90 | +10,538 | +58 | +8,400 | +880 | | | +1,200 | | | +4,640 | |
| 14/04/18 | 20,650 | -1.43% | 75,711 | -6,028 | +4,530 | +638 | +858 | -70 | | -150 | | | | | +860 | |
| 14/04/17 | 20,950 | -2.56% | 100,947 | +17,740 | -6,580 | -15,030 | -10,520 | +4,260 | -8,770 | | | | | | +3,870 | |
| 14/04/16 | 21,500 | 2.38% | 103,238 | -31,893 | -4,190 | +37,303 | -190 | +44,560 | -8,387 | | | +4,100 | -2,780 | | -1,220 | |
| 14/04/15 | 21,000 | 0% | 105,435 | -2,922 | -9,890 | +15,245 | -2,345 | +22,590 | -2,500 | | | | -2,500 | | -2,433 | |
| 14/04/14 | 21,000 | 4.48% | 169,208 | -30,303 | +2,130 | +28,640 | -10 | +23,200 | +5,450 | | | | | | -467 | |
| 14/04/11 | 20,100 | 2.55% | 118,200 | -25,849 | -1,780 | +25,948 | -82 | +24,650 | +1,380 | | | | | | +2,480 | -800 |
| 14/04/10 | 19,600 | -0.25% | 87,664 | +800 | -2,940 | +2,140 | -60 | | -7,800 | | | +10,000 | | | | |

:: 2-37 / ③ 현대비앤지스틸-4

**현대비앤지스틸, 작년 영업이익 459억⋯ 전년 대비 161.3%↑**

현대비앤지스틸은 작년 영업이익이 459억 3,361만 원으로 전년 대비 161.3% 증가
했다고 29일 공시했다. 같은 기간 매출액은 6,967억 2,092만 원으로 6.8% 감소했고
당기순이익은 295억 5,503만 원으로 159.9% 증가했다.

기사 출처: 뉴스핌(2014.01.29.)

:: 2-38 / ④ 하림홀딩스-1

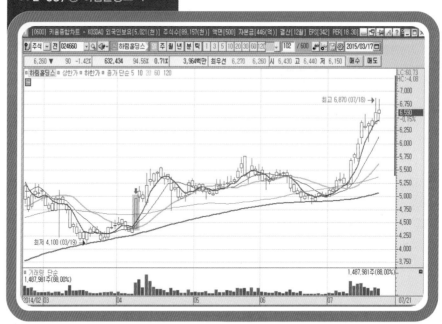

## :: 2-39 / ④ 하림홀딩스-2

[0796] 투자자별 매매동향 - 종목별투자자

투자자별매매종합 | 시간대별투자자 | 당일추이 | 일별동향/그래프 | 순매수추이 | 업종별투자자순매수 | 당일매매현황 | 투자자별누적순매수 | 투자자별일별매매 | 종목별투자자

024660 하림홀딩스 2015/03/17 ○금액 ○수량 ●순매수 ○매수 ○매도 ○천주 ●단주 ○전일비 ●등락률 투자자구분 안내 단위:백만원,단주 조회 연속 차

| 2015/02/17 ~ 2015/03/17 | | 누적순매수 | +254,554 | -502,082 | +202,380 | +36,100 | | +82,282 | | | | | | | +83,998 | +38,463 | +6,68 |
| 일자 | 현재가 | 등락률 | 거래량 | 개인 | 외국인 | 기관계 | 금융투자 | 보험 | 투신 | 기타금융 | 은행 | 연기금등 | 사모펀드 | 국가 | 기타법인 | 내외국인 |
|---|---|---|---|---|---|---|---|---|---|---|---|---|---|---|---|---|
| 14/04/23 | 5,170 | 0.98% | 983,607 | +37,733 | +57,679 | -32,169 | -32,158 | | | | | | -11 | | -60,797 | -2,446 |
| 14/04/22 | 5,120 | -3.94% | 1,574,701 | -79,719 | +104,989 | -6,536 | +7,006 | | -13,542 | | | | | | -20,400 | +1,666 |
| 14/04/21 | 5,330 | -0.93% | 596,877 | +7,064 | +35,926 | +8,000 | | | +8,000 | | | | | | -53,000 | +2,010 |
| 14/04/18 | 5,380 | 0.19% | 1,072,899 | -106,870 | +121,325 | +5,162 | | | +5,162 | | | | | | -20,002 | +384 |
| 14/04/17 | 5,370 | -1.29% | 1,302,924 | +173,441 | -55,328 | -22,544 | -20,544 | | -2,000 | | | | | | +360 | -95,929 |
| 14/04/16 | 5,440 | 0.18% | 1,396,296 | +18,162 | +28,760 | -39,504 | -10,353 | -29,151 | | | | | | | -11,053 | +3,635 |
| 14/04/15 | 5,430 | 2.07% | 1,798,411 | -220,917 | +235,492 | +10,000 | +25,000 | -15,000 | | | | | | | -25,119 | +544 |
| 14/04/14 | 5,320 | 2.11% | 3,177,118 | +251,786 | +58,591 | -288,700 | -40,000 | -189,800 | -42,900 | | | | -3,000 | -13,000 | -20,880 | -797 |
| 14/04/11 | 5,210 | 5.15% | 4,693,553 | -297,402 | +215,135 | +33,664 | +33,866 | | -202 | | | | | | +47,138 | +1,465 |
| 14/04/10 | 4,955 | -0.70% | 1,764,232 | +40,619 | -21,111 | +26,000 | +26,000 | | | | | | | | -42,804 | -2,704 |
| 14/04/09 | 4,990 | 0.60% | 3,526,227 | +37,976 | -46,499 | -9,503 | -19,000 | | +9,497 | | | | | | +16,490 | +1,536 |
| 14/04/08 | 4,960 | 14.95% | 2,836,020 | +21,436 | +62,620 | -103,456 | -82,752 | | -14,684 | | | | -6,020 | | +19,296 | +104 |
| 14/04/07 | 4,315 | -2.15% | 197,391 | +28,686 | -42,521 | +5,238 | +5,238 | | | | | | | | +9,160 | -563 |
| 14/04/04 | 4,410 | 0.92% | 219,278 | -28,587 | +27,204 | -517 | | | -517 | | | | | | +1,900 | |
| 14/04/03 | 4,370 | -2.56% | 421,855 | +82,475 | -72,427 | +187 | +3,900 | | -3,713 | | | | | | -10,395 | +160 |
| 14/04/02 | 4,485 | -0.44% | 390,549 | +27,591 | -25,839 | +1,771 | +3,200 | | -1,429 | | | | | | -1,023 | -2,500 |
| 14/04/01 | 4,505 | 1.46% | 691,328 | -28,599 | -23,471 | -1,963 | +70 | | -2,033 | | | | | | +54,003 | +30 |
| 14/03/31 | 4,440 | 0.68% | 424,168 | -45,266 | -34,972 | +15,748 | +16,500 | -300 | -452 | | | | | | +64,190 | +300 |
| 14/03/28 | 4,410 | -0.11% | 806,046 | +210,977 | -228,064 | +16,622 | +17,195 | | -573 | | | | | | +360 | +105 |
| 14/03/27 | 4,415 | 4.50% | 635,470 | -31,809 | -48,252 | +50,108 | +50,257 | | -149 | | | | | | +31,040 | -1,08 |

## :: 2-40 / ⑤ 경인양행-1

## :: 2-41 / ⑤ 경인양행-2

[0796] 투자자별 매매동향 - 종목별투자자

투자자별매매종합 | 시간대별투자자 | 당일추이 | 일별동향/그래프 | 순매수추이 | 업종별투자자순매수 | 당일매매현황 | 투자자별누적순매수 | 투자자별일별매매 | 종목별투자자

012610 경인양행 2015/03/17 금액 수량 순매수 매수 매도 천주 단주 전일비 등락률 투자자구분 안내 단위:백만원,단주 조회 연속 차트

| 일자 | 현재가 | 등락률 | 거래량 | 개인 | 외국인 | 기관계 | 금융투자 | 보험 | 투신 | 기타금융 | 은행 | 연기금등 | 사모펀드 | 국가 | 기타법인 | 내외국인 |
|---|---|---|---|---|---|---|---|---|---|---|---|---|---|---|---|---|
| 2015/12/17 ~ 2015/03/17 누적순매수 | | | | +244,720 | -24,614 | -240,994 | -3,613 | +1,388 | -55,236 | | | -575 | -20,832 | -162,126 | +24,536 | -3,708 |
| 14/04/23 | 5,530 | -1.25% | 606,085 | -82,340 | -5,230 | +85,000 | +2,250 | | | | | +67,190 | +10,380 | +5,180 | -930 | +3,500 |
| 14/04/22 | 5,600 | 4.09% | 638,041 | -91,760 | +7,380 | +80,700 | -1,300 | | +2,250 | | | +65,510 | | +14,240 | +180 | +3,500 |
| 14/04/21 | 5,380 | 0.75% | 555,696 | -33,220 | -13,670 | +46,670 | -8,930 | +3,510 | | | | +52,090 | | | +140 | +80 |
| 14/04/18 | 5,340 | -0.93% | 1,080,436 | -268,610 | +189,470 | +84,160 | | | +2,250 | | | +59,940 | | +21,970 | -1,020 | -4,000 |
| 14/04/17 | 5,390 | 1.32% | 541,184 | -141,520 | +98,690 | +42,780 | | | +1,800 | | | +29,590 | | +11,390 | +20 | +30 |
| 14/04/16 | 5,320 | 5.14% | 906,283 | -152,980 | -250 | +151,950 | | | +3,780 | | | +121,950 | +2,230 | +23,990 | -12,750 | +14,030 |
| 14/04/15 | 5,060 | 2.12% | 718,277 | -67,200 | -4,560 | +71,760 | | | | | | +30,730 | | +41,030 | | |
| 14/04/14 | 4,955 | 0.51% | 1,047,395 | +35,010 | -70,760 | +37,170 | -500 | | | | | +37,670 | | | -1,420 | |
| 14/04/11 | 4,930 | 9.19% | 1,995,933 | +33,283 | +1,910 | +11,880 | +500 | +14,840 | +17,710 | | | -21,170 | | | -43,060 | -4,013 |
| 14/04/10 | 4,515 | 1.57% | 284,150 | -17,360 | -13,090 | +30,450 | | | | | | +21,290 | +9,160 | | | |
| 14/04/09 | 4,445 | 0.34% | 161,432 | -40,210 | -7,060 | +43,270 | | | | | | +34,000 | | +9,270 | | +4,000 |
| 14/04/08 | 4,430 | -1.01% | 172,530 | -6,520 | | +16,810 | | | | | | +16,810 | | | | |
| 14/04/07 | 4,475 | 1.47% | 395,686 | +42,590 | -15,450 | -14,940 | | | | | | -14,940 | | | | -12,200 |
| 14/04/04 | 4,410 | 0.11% | 156,130 | -1,520 | +1,520 | | | | | | | | | | | |
| 14/04/03 | 4,405 | 0.80% | 288,342 | +10,220 | -9,220 | | | | | | | | | | | -1,000 |
| 14/04/02 | 4,370 | 2.94% | 301,008 | -36,560 | +23,960 | | | | | | | | | | | +12,600 |
| 14/04/01 | 4,245 | 0.24% | 152,711 | -25,960 | +12,380 | +13,380 | | | | | | +13,380 | | | | +200 |
| 14/03/31 | 4,235 | -0.24% | 63,354 | -9,440 | +3,390 | +6,050 | | | | | | +6,050 | | | | |
| 14/03/28 | 4,245 | 0.24% | 88,542 | -1,820 | +870 | +950 | | | | | | | +950 | | | |
| 14/03/27 | 4,235 | -0.59% | 49,159 | -3,060 | -1,660 | +4,720 | | | | | | +4,720 | | | | |

## :: 2-42 / ⑥ 동국S&C-1

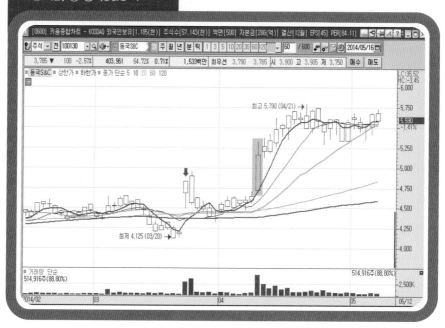

## :: 2-43 / ⑥ 동국S&C-2

[0796] 투자자별 매매동향 - 종목별투자자

투자자별매매종합 | 시간대별투자자 | 당일추이 | 일별동향/그래프 | 순매수추이 | 업종별투자자순매수 | 당일매매현황 | 투자자별누적순매수 | 투자자별일별매매 | 종목별투자자

100130 ▾ 🔍 동국S&C | 2015/03/17 | ○금액 ⦿수량 | ⦿순매수 ○매수 ○매도 | ⦿천주 ○단주 | ○전일비 ⦿등락률 투자자구분 안내 | 단위:백만원,단주 | 조회 연속 차

2015/02/17 ~ 2015/03/17 누적순매수 -52,323 +150,709 -500 -500 -99,177 +1,291

| 일자 | 현재가 | 등락률 | 거래량 | 개인 | 외국인 | 기관계 | 금융투자 | 보험 | 투신 | 기타금융 | 은행 | 연기금등 | 사모펀드 | 국가 | 기타법인 | 내외국인 |
|---|---|---|---|---|---|---|---|---|---|---|---|---|---|---|---|---|
| 14/05/07 | 5,500 | -1.96% | 312,180 | +25,432 | -48,967 | +23,275 | -6,000 | +86 | -3,668 | | | +32,857 | | | | +200 |
| 14/05/02 | 5,610 | 0.72% | 634,659 | +1,658 | -69,775 | +68,117 | -10,000 | +15,572 | +37,166 | +9,038 | | | +50,000 | -33,659 | | |
| 14/04/30 | 5,570 | 4.31% | 753,042 | -196,051 | +47,269 | +137,383 | +10,000 | | +39,880 | | | +56,847 | +70,000 | -39,344 | +8,640 | +2,759 |
| 14/04/29 | 5,340 | -4.13% | 492,147 | +65,389 | -26,746 | -34,338 | -9,728 | | -17,100 | | | | | -7,510 | -4,305 | |
| 14/04/28 | 5,570 | -0.54% | 565,025 | +110,667 | -74,820 | -34,877 | | -2,447 | +9,237 | | | | | -41,667 | -1,070 | +100 |
| 14/04/25 | 5,600 | 2.75% | 755,150 | -129,785 | -30,786 | +160,336 | -19,192 | | +10,661 | | | +93,539 | +30,000 | +45,328 | +1,874 | -1,639 |
| 14/04/24 | 5,450 | -2.33% | 1,134,299 | -7,348 | -14,781 | +32,915 | | | -28,127 | | | +61,042 | | | -10,726 | -60 |
| 14/04/23 | 5,580 | -2.28% | 738,545 | +36,873 | -68,006 | +19,082 | | | +19,082 | | | | | | +12,051 | |
| 14/04/22 | 5,710 | 4.01% | 1,099,882 | -175,296 | +134,101 | +42,702 | -9,607 | | +95 | | -1,690 | +53,904 | | | +459 | -1,966 |
| 14/04/21 | 5,490 | -1.96% | 878,390 | +56,364 | -37,094 | | | | | | | | | -19,180 | | -90 |
| 14/04/18 | 5,600 | 0% | 724,890 | -84,932 | +22,847 | +57,845 | -154 | | +7,632 | | | +50,367 | | | +5,000 | -760 |
| 14/04/17 | 5,600 | -0.88% | 729,692 | -19,529 | -43,987 | +8,336 | | | +8,334 | | | | +2 | | +55,257 | -7 |
| 14/04/16 | 5,650 | 2.91% | 1,684,072 | -271,973 | +23,687 | +196,139 | +25,000 | | +6,881 | | -1,875 | +121,422 | +44,711 | | -15,722 | +67,869 |
| 14/04/15 | 5,490 | 0.18% | 1,244,802 | -100,248 | +19,102 | +86,256 | | -2,644 | -638 | | | +75,393 | -10,030 | +24,375 | -1,000 | -4,110 |
| 14/04/14 | 5,480 | 2.62% | 2,100,091 | -205,359 | +23,863 | +182,591 | -8,997 | -12 | +18,571 | | | +135,025 | | +38,004 | -2,025 | +930 |
| 14/04/11 | 5,340 | 1.14% | 1,573,640 | -148,103 | +59,499 | +52,905 | -1,039 | | +50,379 | +3,565 | | | | | +34,810 | +889 |
| 14/04/10 | 5,270 | 2.13% | 2,476,421 | -27,020 | -49,217 | +120,768 | +22,968 | | +8,872 | | | +38,928 | +50,000 | | -45,561 | +1,030 |
| 14/04/09 | 5,160 | 11.03% | 4,477,971 | -329,092 | +131,283 | +265,021 | +41,387 | | +17,634 | | | +206,000 | | | -66,283 | -929 |
| 14/04/08 | 4,645 | 0.87% | 552,926 | -25,948 | -77,852 | +100,000 | +25,000 | | | | | | +75,000 | | +3,800 | |
| 14/04/07 | 4,605 | 0.11% | 508,047 | -40,951 | -42,663 | +80,378 | | | -90,263 | | | +123,151 | | +47,490 | +2,566 | +620 |

## :: 2-44 / ⑦ 한솔홈데코-1

:: 2-45 / ⑦ 한솔홈데코-2

[0796] 투자자별 매매동향 - 종목별투자자

투자자별매매종합 | 시간대별투자자 | 당일추이 | 일별동향/그래프 | 순매수추이 | 업종별투자자순매수 | 당일매매현황 | 투자자별누적순매수 | 투자자별일별매매 | 종목별투자자

025750 한솔홈데코 2015/03/17 ○금액 ○수량 ○순매수 ○매수 ○매도 ○천주 ○단주 ○전일비 ○등락률 투자자구분 안내 단위:백만원 단주 조회 연속 차

| 일자 | 현재가 | 등락률 | 거래량 | 개인 | 외국인 | 기관계 | 금융투자 | 보험 | 투신 | 기타금융 | 은행 | 연기금등 | 사모펀드 | 국가 | 기타법인 | 내외국인 |
|---|---|---|---|---|---|---|---|---|---|---|---|---|---|---|---|---|
| 2015/02/17 | | 2015/03/17 | 누적순매수 | 1,293,304 | -679,603 | 1,918,757 | +75,004 | 1,356,263 | +764,999 | +54,031 | | +56,187 | -360,270 | +18,288 | -45,745 | +117,276 | -63,12 |
| 14/04/11 | 2,505 | 14.91% | 25,445,843 | 1,197,809 | +546,470 | +603,859 | -192,330 | +467,371 | +1,138 | | | +303,890 | -100,000 | +123,790 | -50,780 | +96,260 |
| 14/04/10 | 2,180 | 4.81% | 15,639,128 | -479,795 | +359,500 | +129,305 | -43,473 | -1,229 | -95,723 | | | | +100,100 | +169,630 | +14,120 | -23,130 |
| 14/04/09 | 2,080 | -0.24% | 2,455,061 | -233,620 | +55,730 | +179,790 | -23,036 | -615 | +20,061 | | | | | +183,360 | -2,600 | +700 |
| 14/04/08 | 2,085 | 1.71% | 2,872,486 | +165,817 | -1,350 | -164,667 | -163,020 | | -1,647 | | | | | | | +200 |
| 14/04/07 | 2,050 | -3.07% | 2,037,111 | -114,385 | +115,090 | +1,555 | -32,670 | | -1,005 | | | | | +35,230 | | -2,260 |
| 14/04/04 | 2,115 | -0.94% | 2,910,101 | -218,394 | -112,340 | +330,734 | -13,372 | +818 | -2,742 | | | +346,030 | | | | +230 |
| 14/04/03 | 2,135 | 1.67% | 3,095,876 | -90,483 | +123,330 | -43,077 | -42,620 | +1,067 | -1,524 | | | | | | | |
| 14/04/02 | 2,100 | -1.64% | 2,804,955 | +110,118 | -19,310 | -83,368 | -3,993 | | -685 | | | | -78,690 | | -10,820 | +3,380 |
| 14/04/01 | 2,135 | 0.47% | 3,066,506 | -131,341 | +132,270 | -2,129 | -23,290 | +7,930 | +13,231 | | | | | | -230 | +1,430 |
| 14/03/31 | 2,125 | -0.93% | 5,713,185 | -95,070 | +624,180 | -534,980 | -531,010 | | -3,970 | | | | | | +3,000 | +2,870 |
| 14/03/28 | 2,145 | -0.69% | 4,825,925 | +110,494 | -4,560 | -119,314 | -47,000 | +2,259 | -83,873 | | | | | +9,300 | +13,940 | -560 |
| 14/03/27 | 2,160 | 0.23% | 5,296,753 | +157,905 | +76,370 | +73,505 | +31,988 | | +7,107 | | | +34,410 | | | -680 | +8,710 |
| 14/03/26 | 2,155 | 1.65% | 7,527,869 | +186,310 | +74,700 | -270,570 | -30,020 | -29,580 | -25,450 | | | +54,930 | -240,450 | | +6,600 | -270 |
| 14/03/25 | 2,120 | 1.68% | 17,060,898 | -284,527 | -147,080 | +589,657 | +405,442 | +2,275 | +145,060 | +21,700 | | +15,180 | | | +570 | -158,620 |
| 14/03/24 | 2,085 | 14.88% | 23,742,326 | 1,240,394 | +573,540 | +559,294 | +331,050 | | +170,469 | +7,600 | +47,485 | +2,690 | | | -54,960 | +162,520 |
| 14/03/21 | 1,815 | 1.40% | 4,033,726 | +16,970 | -8,070 | -17,900 | -30,070 | +4,020 | +8,150 | | | | | | +5,600 | +3,400 |
| 14/03/20 | 1,790 | -0.28% | 1,227,763 | -138,624 | +101,150 | +37,474 | -31,001 | +1,775 | +66,700 | | | | | | | |
| 14/03/19 | 1,795 | -1.37% | 1,169,167 | -63,326 | +3,700 | +51,626 | -10,000 | -63 | -3,771 | | | +65,460 | | | | +8,000 |
| 14/03/18 | 1,820 | 1.39% | 1,828,458 | -233,293 | -61,430 | +295,123 | +483 | -3 | -817 | | | +215,460 | +80,000 | | | -400 |
| 14/03/17 | 1,795 | 0.28% | 2,723,557 | +37,330 | -101,770 | +65,490 | -84,510 | | | | | +150,000 | | | | -1,05 |

:: 2-46 / ⑧ 리노스-1

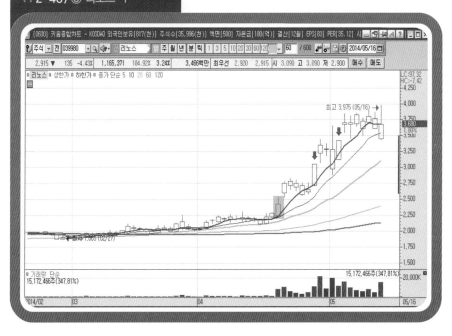

:: 2-47 / ⑧ 리노스-2

[0796] 투자자별 매매동향 - 종목별투자자

| 일자 | 현재가 | 등락률 | 거래량 | 개인 | 외국인 | 기관계 | 금융투자 | 보험 | 투신 | 기타금융 | 은행 | 연기금등 | 사모펀드 | 국가 | 기타법인 | 내외국인 |
|---|---|---|---|---|---|---|---|---|---|---|---|---|---|---|---|---|
| 14/05/16 | 3,680 | 1.80% | 15,172,466 | +954,727 | +114,699 | | +100,000 | | | -100,000 | | | | | 1,100,000 | +30,574 |
| 14/05/15 | 3,615 | -4.87% | 4,362,238 | +16,114 | -14,726 | | | | | | | | | | | -1,388 |
| 14/05/14 | 3,800 | 5.26% | 8,013,626 | +60,019 | -61,360 | | | | | | | | | | | +1,341 |
| 14/05/13 | 3,610 | -2.17% | 5,836,444 | -108,261 | +44,514 | +56,361 | +55,000 | | | | +1,361 | | | | | +7,386 |
| 14/05/12 | 3,690 | -0.27% | 6,885,248 | +74,994 | -109,868 | +62,081 | +62,055 | | | | +26 | | | | -25,000 | -2,207 |
| 14/05/09 | 3,700 | 0% | 9,734,865 | +304,287 | -167,277 | -137,525 | -117,055 | | | | -20,470 | | | | | +515 |
| 14/05/08 | 3,700 | 8.03% | 16,017,405 | +135,271 | -151,412 | +107 | | | | | +107 | | | | -24,880 | +40,914 |
| 14/05/07 | 3,425 | 14.93% | 11,334,858 | -384,305 | +380,464 | +7,552 | +5,000 | | | | +2,552 | | | | -5,710 | +1,999 |
| 14/05/02 | 2,980 | -9.42% | 19,888,739 | -71,285 | +37,556 | +22,970 | +2,500 | | | | +20,470 | | | | +3,052 | +7,707 |
| 14/04/30 | 3,290 | -1.79% | 8,598,797 | +182,797 | -39,803 | -116,673 | -7,500 | -22,500 | -37,717 | | +1,455 | -8,534 | -24,898 | -16,979 | -25,182 | -1,139 |
| 14/04/29 | 3,350 | 9.84% | 21,557,657 | +147,822 | -37,632 | -100,122 | | -22,499 | -67,615 | | -1,475 | -8,533 | | | -2,040 | -8,028 |
| 14/04/28 | 3,050 | 14.88% | 10,621,781 | +71,426 | -42,576 | -26,385 | | | | | -26,385 | | | | -17,000 | +14,535 |
| 14/04/25 | 2,655 | 2.91% | 4,557,529 | -61,106 | -63,053 | +126,409 | | +22,980 | +84,700 | | | +1,750 | | +16,979 | -2,250 | |
| 14/04/24 | 2,580 | -4.27% | 2,713,327 | -15,138 | +50,649 | -35,511 | -8,461 | -9,436 | | | | -6,564 | -11,050 | | | |
| 14/04/23 | 2,695 | -0.92% | 4,249,079 | +31,947 | -34,727 | | | | | | | | | | +2,720 | +60 |
| 14/04/22 | 2,720 | -1.09% | 5,891,793 | +41,904 | -63,402 | | | | | | | | | | +22,000 | -502 |
| 14/04/21 | 2,750 | 13.17% | 10,286,874 | -42,650 | -1,696 | +124,356 | | +31,455 | +65,041 | | +27,860 | | | | -68,825 | -11,185 |
| 14/04/18 | 2,430 | 8.97% | 8,042,055 | -21,267 | +31,088 | +14,103 | | | | | +14,103 | | | | -25,199 | +1,275 |
| 14/04/17 | 2,230 | 0% | 882,697 | +107,279 | -74,819 | -34,500 | | | -34,500 | | | | | | +2,040 | |
| 14/04/16 | 2,230 | 5.44% | 1,072,487 | -21,119 | +25,168 | | | | | | | | | | | -4,04 |

## 5. 수급 미사일

그동안 소외받던 '끼' 있는 종목이 바닥권에서 외국인·기관 투자자들의 대량 매수로 인해 단기간에 30% 이상 급등하는 현상이다. 당일 조정으로 마무리되며 대차, 공매도의 숏 커버링과의 연계도 염두에 두어야 한다.

## 매수 타점

1. 전일 대비 거래량 증가
2. 최근 이유 없는 하락과 횡보
3. 외국인·기관 투자자들의 매수 확인, (시세 초입) 원투
4. 3·3·4 분할 매수, 비중 조절, 종가 베팅
5. 강력한 상승 모멘텀 확인

## 매도 타점

1. 외국인·기관 투자자들의 연속 매수 확인 홀딩
2. 상승 추세 전환으로 두 자릿수 수익률
3. 미국 선물지수 확인과 증시 하락 체크
   (저점 매수, 고점 매도 등의 수량 늘리기)
4. 3·3·4 분할 매도, 비중 조절, 일괄 매도

다음은 상승 모멘텀과 수급 유입 등의 요인으로 단기간에 급등한 수급 미사일 실전매매 차트들이다. 수급 미사일 급등구간은 빨간 화살표로 표시했다.

:: 2-48 / ① 한국사이버결제-1

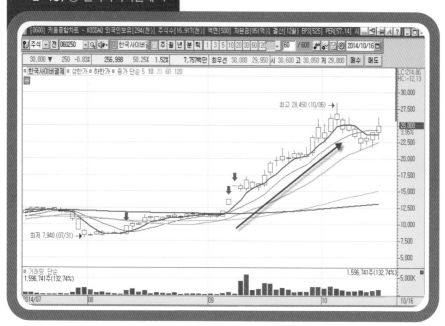

:: 2-49 / ① 한국사이버결제-2

| 일자 | 현재가 | 등락률 | 거래량 | 개인 | 외국인 | 기관계 | 금융투자 | 보험 | 투신 | 기타금융 | 은행 | 연기금등 | 사모펀드 | 국가 | 기타법인 | 내외국인 |
|---|---|---|---|---|---|---|---|---|---|---|---|---|---|---|---|---|
| 2015/02/17□ 2015/03/17□ | | 누적순매수 | -88,981 | +18,476 | +89,145 | +97,096 | -51,687 | -2,460 | +1,150 | +6,654 | +47,388 | -2,058 | -6,938 | -15,878 | -2,762 |
| 14/08/28 | 11,700 | 1.30% | 270,825 | -27,734 | +13,463 | +12,790 | +35,070 | -402 | -21,878 | | | | | | -1,185 | +2,666 |
| 14/08/27 | 11,550 | 0% | 279,003 | -18,068 | -28,228 | +27,158 | +24,552 | | +2,606 | | | | | | +18,430 | +708 |
| 14/08/26 | 11,550 | 3.59% | 305,725 | -49,739 | +12,108 | +33,445 | +28,370 | -304 | +5,379 | | | | | | +2,450 | +1,736 |
| 14/08/25 | 11,150 | 0.45% | 235,355 | -41,019 | +3,596 | +37,083 | +34,596 | | +9,487 | | -7,000 | | | | +340 | |
| 14/08/22 | 11,100 | 0% | 692,398 | +42,052 | -3,235 | -32,931 | -30,000 | | +13,448 | | | -16,379 | | | -6,076 | +190 |
| 14/08/21 | 11,100 | 0.45% | 368,612 | -2,912 | -20,824 | +19,592 | +2,000 | | +17,592 | | | | | | +4,120 | +24 |
| 14/08/20 | 11,050 | 4.25% | 496,686 | -17,219 | +6,154 | +26,106 | +30,000 | -262 | +35,723 | | | -35,595 | | -3,760 | -15,041 | |
| 14/08/19 | 10,600 | -3.64% | 573,353 | -19,871 | +10,798 | +8,827 | +12,235 | -5,755 | +44,854 | | | -32,618 | | -9,889 | -200 | +446 |
| 14/08/18 | 10,990 | 0.46% | 348,346 | -13,314 | -11,873 | +20,817 | +37,169 | -70 | +8,230 | | | -21,952 | | -2,560 | -2,286 | +4,370 |
| 14/08/14 | 10,950 | 8.96% | 1,242,055 | -71,263 | -14,042 | +87,591 | | -3,750 | +98,341 | | -7,000 | | | | -2,286 | |
| 14/08/13 | 10,050 | 3.61% | 801,522 | -151,770 | -24,671 | +165,105 | +36,372 | -243 | +27,318 | +42,100 | | | +6,913 | +52,645 | +11,336 | |
| 14/08/12 | 9,700 | -0.92% | 1,630,991 | +76,101 | -32,251 | -38,648 | -47,148 | -1,500 | +10,000 | | | | | | -5,300 | +98 |
| 14/08/11 | 9,790 | 14.91% | 1,211,670 | -117,190 | +8,314 | +100,336 | +46,873 | -14,975 | +5,000 | +35,000 | | +28,438 | | | -600 | -60 |
| 14/08/08 | 8,520 | -2.07% | 135,322 | -14,868 | +4,052 | -192 | -192 | | | | | | | | +11,000 | +8 |
| 14/08/07 | 8,700 | 0.93% | 292,740 | +1,267 | -12,068 | -370 | | | -370 | | | | | | +11,000 | +171 |
| 14/08/06 | 8,620 | 2.62% | 403,345 | -8,007 | -6,162 | -5,584 | | -3,264 | | | | -2,320 | | | +20,171 | -418 |
| 14/08/05 | 8,400 | -4.11% | 772,448 | -75,445 | -33,434 | +19,102 | +17,180 | -14,525 | | +24,717 | | | -624 | -7,709 | +89,655 | +212 |
| 14/08/04 | 8,760 | 4.91% | 692,399 | -93,889 | +25,923 | +5,083 | +7,530 | -7,597 | -22,850 | +28,000 | | | | | +63,274 | -391 |
| 14/08/01 | 8,350 | -0.60% | 1,352,706 | +385,452 | -327,260 | -26,305 | +64,387 | -96,565 | -45,127 | +58,000 | | | | -7,000 | -32,887 | +1,000 |
| 14/07/31 | 8,400 | -8.70% | 1,975,977 | +306,008 | -49,899 | -189,990 | +153,298 | -310,446 | -32,842 | | | | | | -65,929 | -19 |

76

[특징주] 한국사이버결제, NHN엔터 지분 취득에 '上'

한국사이버결제가 NHN엔터테인먼트의 지분 취득 소식에 상한가로 치솟았다. 4일 오전 9시 14분 현재 한국사이버결제는 가격제한폭(15.00%)까지 오른 1만 3,800원에 거래되고 있다. NHN엔터테인먼트는 4일 한국사이버결제 주식 510만 주(지분 30.15%)를 구주 매입 및 3자 배정 유상증자 등을 통해 641억 9,000만 원에 취득하기로 했다고 공시했다. 취득 예정일은 오는 11월 28일이다. 목적은 전자상거래 사업 강화 및 투자다. NHN엔터테인먼트도 3.57%로 강세다.

기사 출처: 한국경제(2014.09.04.)

## :: 2-52 / ② 컴투스-2

[0796] 투자자별 매매동향 - 종목별투자자

투자자별매매종합 | 시간대별투자자 | 당일추이 | 일별동향/그래프 | 순매수추이 | 업종별투자자순매수 | 당일매매현황 | 투자자별누적순매수 | 투자자별일별매매 | 종목별투자자

078340 컴투스 2015/06/30 금액 수량 순매수 매수 매도 천주 단주 전일비 등락률 투자자구분 안내 단위:백만원,단주 조회 연속 차

| 일자 | 현재가 | 등락률 | 거래량 | 개인 | 외국인 | 기관계 | 금융투자 | 보험 | 투신 | 기타금융 | 은행 | 연기금등 | 사모펀드 | 국가 | 기타법인 | 내외국인 |
|---|---|---|---|---|---|---|---|---|---|---|---|---|---|---|---|---|
| 2015/02/17 - 2015/03/17 누적순매수 | | | | -582,454 | +322,922 | +258,449 | +476 | +32,825 | +113,100 | +1,043 | -4,003 | +50,124 | +59,078 | +5,800 | +895 | +18 |
| 14/07/07 | 92,000 | 15.00% | 1,654,244 | -5,276 | -11,325 | +16,772 | -30,060 | +3,522 | +14,568 | | +19 | -1,876 | +24,938 | +5,661 | -490 | +319 |
| 14/07/04 | 80,100 | 5.82% | 1,277,248 | -12,143 | -4,824 | +19,742 | +28,974 | | +2,181 | +684 | +14 | | -12,111 | | -3,414 | +639 |
| 14/07/03 | 75,600 | 1.34% | 2,451,040 | +78,113 | -11,960 | -55,871 | +634 | +8,656 | -18,208 | -3,183 | -152 | -25,295 | -18,323 | | -8,701 | -1,581 |
| 14/07/02 | 74,600 | 13.03% | 1,174,381 | -16,746 | +1,840 | +15,990 | +9,456 | +20,475 | -5,792 | -130 | -1,850 | -10,465 | +8,738 | +1,469 | -747 | -337 |
| 14/07/01 | 66,000 | 1.38% | 336,928 | -36,553 | +22,068 | +14,527 | +1,456 | | +7,464 | | +869 | -4,000 | +8,738 | | -98 | +56 |
| 14/06/30 | 65,100 | 3.17% | 603,670 | +58,264 | -34,380 | +255 | -9,203 | +11,800 | -1,684 | -170 | | -294 | -194 | | -23,591 | -548 |
| 14/06/27 | 63,100 | 7.68% | 440,284 | -39,913 | +24,679 | +18,619 | -5,399 | +22,383 | +839 | +800 | -519 | +417 | +98 | | -67 | -3,318 |
| 14/06/26 | 58,600 | -1.51% | 343,405 | +12,521 | -15,036 | +5,934 | -6,758 | +8,500 | +4,192 | | | | | | -3,394 | -25 |
| 14/06/25 | 59,500 | 3.30% | 518,069 | +14,538 | -32,044 | +29,096 | +3,936 | +8,208 | +8,058 | | | +4,000 | +3,884 | | -8,025 | -2,565 |
| 14/06/24 | 57,600 | 1.59% | 450,143 | +26,896 | -38,801 | +15,409 | +3,195 | -4,115 | +19,352 | -200 | -50 | -2,500 | -263 | | -1,214 | -2,290 |
| 14/06/23 | 56,700 | 4.04% | 383,586 | +4,956 | -25,873 | +20,804 | +23,543 | -1,334 | -3,113 | | | -79 | | +1,787 | | +64 | +49 |
| 14/06/20 | 54,500 | 3.81% | 603,067 | +2,550 | -4,702 | +7,928 | -9,078 | -382 | +16,407 | -530 | -65 | -3,279 | +4,855 | | -5,572 | -204 |
| 14/06/19 | 52,500 | 1.16% | 332,399 | +17,205 | -15,556 | +1,237 | +1,432 | | -126 | | +987 | -1,056 | | | -1,086 | -1,800 |
| 14/06/18 | 51,900 | -0.76% | 355,786 | +68,757 | -41,834 | -25,854 | -12,903 | -17,162 | +20,949 | +450 | +19 | -17,207 | | | -700 | -369 |
| 14/06/17 | 52,300 | 4.18% | 620,673 | -41,022 | +19,723 | +25,811 | +32,959 | +2,692 | +203 | +530 | -1,723 | -7,000 | -1,250 | | -1,727 | -2,785 |
| 14/06/16 | 50,200 | 0.80% | 698,638 | +64,000 | -31,657 | -44,578 | -24,360 | -16,849 | +10,590 | -400 | +100 | -15,615 | +1,956 | | +11,436 | +799 |
| 14/06/13 | 49,800 | -0.40% | 263,286 | +25,531 | -19,060 | -9,566 | -8,095 | -221 | -497 | -200 | -200 | | | -353 | +16,748 | -13,653 |
| 14/06/12 | 50,000 | 1.94% | 578,562 | -30,084 | -11,520 | +42,666 | +30,380 | | +12,498 | -100 | -81 | | | -31 | -2,145 | +1,083 |
| 14/06/11 | 49,050 | 5.94% | 599,384 | -86,881 | +12,879 | +79,801 | +23,423 | -20,610 | +56,028 | -50 | -4,919 | -2,000 | +27,929 | | -5,583 | -216 |
| 14/06/10 | 46,300 | 2.21% | 548,828 | -11,675 | -29,494 | +38,219 | +32,001 | | +14,488 | +1,000 | -1,759 | -7,221 | -290 | | -1,910 | +4,86 |

## :: 2-53 / ② 컴투스-3

### [특징주] 컴투스, 연이은 게임 흥행에 실적 급증 기대… '강세'

컴투스(078340)가 연이은 게임 흥행에 따른 호실적 기대감에 강세다. 25일 오전 9시 3분 현재 컴투스는 전 거래일 대비 1.04% 상승한 5만 8,200원에 거래되고 있다. 52주 신고가를 또 다시 썼다.

정대호 LIG투자증권 연구원은 "컴투스 게임이 연이어 해외에서 흥행하고 있어 본격적인 이익 레버리지가 기대된다"면서 "2분기 영업이익은 전년 대비 504% 증가한 122억 원, 연간 영업이익은 전년보다 425% 성장한 406억 원을 기록할 것"으로 분석했다. 이 같은 실적 모멘텀이 주가를 끌어 올릴 수 있을 것으로 보인다며 목표주가를 종전 4만 4,000원에서 8만 원으로 상향 조정했다.

그는 "서머너즈워가 국내외 합산해 하루 동안 벌어들이는 돈이 2억 원 중·후반으로 추정된다"면서 "글로벌 론칭 이후 아시아권을 중심으로 흥행 중이며 전 세계 매출 100위권 내 국가가 50여 곳에 달한다"고 말했다.

기사 출처: 이데일리(2014.06.25.)

:: 2-54 / ③ 기가레인-1

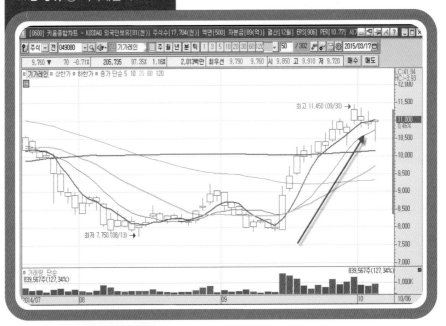

:: 2-55 / ③ 기가레인-2

## 기가레인, 신규 사업 본격화… 최근 조정은 매수 기회

유진투자증권은 17일 기가레인의 3분기 실적이 발광다이오드(LED)용 식각 장비 판매 호조 속에서 신규 제품 납품 등으로 인해 대폭 개선될 것이라고 전망했다.

투자의견 '매수'와 목표주가 1만 5,000원은 유지했다. 3분기 매출액과 영업이익은 각각 전분기 대비 29.8%, 59.3% 증가한 353억 원, 36억 원을 기록할 것으로 추정했다.

이정 유진투자증권 연구원은 "기가레인의 주력 제품인 RF통신부품사업부 실적이 스마트폰 시장 성장과 모바일통신 환경 진화에 의한 탑재량 증가, 전송 데이터량 급증에 의한 수요 확대 등으로 크게 개선되고 있다"고 말했다. 이어 "과점 체제를 구축하고 있는 RF통신부품 시장에서 기가레인은 사물인터넷 시장 성장과 함께 중·장기적으로 큰 수혜를 받으며 성장할 것"이라고 내다봤다. 이 연구원은 "올해 2분기 이후 반도체용 테스트솔루션 사업에 신규로 진입해 내년 이후엔 중·장기적 성장을 견인할 것"으로 판단했다.

기가레인의 주가는 코스피 상승에도 불구하고 환율 하락에 따라 투자심리 악화와 삼성전자의 스마트폰 판매 부진 우려 확대, 기관 매도 등으로 지난 3개월 전 대비 11.9% 하락했다. 이에 따라 최근의 주가 조정을 매수 기회로 활용할 것을 권했다.

기사 출처: 한국경제(2014.09.17.)

:: 2-57 / ④ 선데이토즈-1

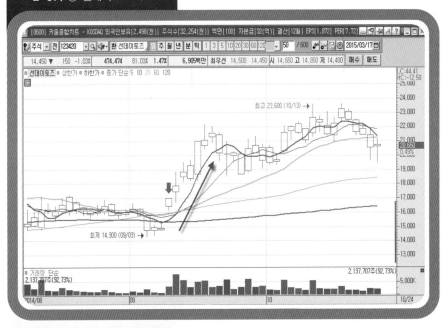

:: 2-58 / ④ 선데이토즈-2

[0796] 투자자별 매매동향 - 종목별투자자

투자자별매매종합 | 사간대별투자자 | 당일추이 | 일별동향/그래프 | 순매수추이 | 업종별투자자순매수 | 당일매매현황 | 투자자별누적순매수 | 투자자별일별매매 | 종목별투자자

123420 환 선데이토즈 | 2015/03/18 | 금액 수량 순매수 매수 매도 천주 단주 | 전일비 등락률 | 투자자구분 안내 | 단위:백만원,단주 | 조회 연속 차

2015/02/18 ~ 2015/03/18 누적순매수 -162,550 +197,333 -19,523 +1,828 -1,813 -16,756 -969 -1,813 +10,487 -25,74...

| 일자 | 현재가 | 등락률 | 거래량 | 개인 | 외국인 | 기관계 | 금융투자 | 보험 | 투신 | 기타금융 | 은행 | 연기금등 | 사모펀드 | 국가 | 기타법인 | 내외국인 |
|---|---|---|---|---|---|---|---|---|---|---|---|---|---|---|---|---|
| 14/10/02 | 19,700 | 1.03% | 1,684,414 | -76,937 | +89,297 | +6,501 | | | +6,501 | | | | | | -18,990 | +129 |
| 14/10/01 | 19,500 | -5.11% | 1,960,052 | +209,664 | -215,967 | +2,443 | | | +2,443 | | | | | | +4,594 | -734 |
| 14/09/30 | 20,550 | 1.73% | 3,205,993 | -97,366 | +129,812 | -4,549 | | | -583 | | -3,966 | | | | -3,483 | -24,414 |
| 14/09/29 | 20,200 | -1.46% | 2,809,108 | +173,540 | -165,482 | -18,468 | -10,693 | | -10,793 | | +3,000 | | | | +10,618 | +399 |
| 14/09/26 | 20,500 | 9.63% | 5,990,507 | -248,070 | +290,359 | -68,571 | -1,374 | -4,058 | -19,204 | -500 | +5,000 | | | -48,435 | -6,024 | +32,309 |
| 14/09/25 | 18,700 | -7.43% | 2,930,130 | +106,999 | -41,535 | -76,700 | -32,578 | | -50,557 | | +10,000 | | | -3,565 | +9,603 | -367 |
| 14/09/24 | 20,200 | 0.50% | 2,089,674 | +62,333 | +26,957 | -90,800 | +1,000 | +6,600 | +8,000 | | | | +1,600 | -108,000 | +1,818 | -306 |
| 14/09/23 | 20,100 | -0.49% | 5,753,778 | +22,174 | +120,283 | -152,491 | -27,729 | +8,200 | +15,486 | | | | -2,448 | -14,000 | +0,069 | +1,945 |
| 14/09/22 | 20,200 | -6.26% | 3,330,019 | +178,538 | +25,488 | -210,410 | -36,185 | | +11,525 | | +3,250 | | | -194,000 | -6,744 | -360 |
| 14/09/19 | 21,550 | 2.13% | 2,881,505 | +38,696 | +197,497 | -234,249 | -12,214 | -3,766 | -13,551 | | -4,718 | | | -200,000 | -3,059 | +1,113 |
| 14/09/18 | 21,100 | 0.48% | 5,280,744 | +24,313 | +131,602 | -152,877 | +45,176 | | +605 | -500 | -2,058 | | +3,900 | -200,000 | +2,212 | -5,250 |
| 14/09/17 | 21,000 | 14.13% | 4,947,840 | -165,611 | +80,070 | +72,172 | +72,172 | +1,555 | +13,211 | -14,909 | -30 | | +8,071 | | +13,790 | -1,550 |
| 14/09/16 | 18,400 | -2.39% | 2,847,651 | -171,069 | +193,449 | -20,966 | -21,305 | | -61 | | | | | | -2,089 | +665 |
| 14/09/15 | 18,850 | 5.60% | 5,636,083 | -225,651 | +214,404 | -33,461 | -12,567 | | +16,182 | -1,200 | -954 | | +32,000 | | -22,613 | +399 |
| 14/09/12 | 17,850 | 5.00% | 7,860,533 | -531,159 | +328,903 | +131,124 | +14,023 | | +114,190 | +414 | -123 | | +2,620 | | +62,838 | +8,294 |
| 14/09/11 | 17,000 | 14.86% | 3,032,205 | -77,035 | +120,202 | -5,229 | -3,300 | -2,068 | +139 | | | | | | -17,217 | -12,993 |
| 14/09/05 | 14,800 | -1.00% | 715,481 | +10,675 | -1,910 | -4,305 | -2,000 | -1,908 | +1,603 | | -2,000 | | | | -3,846 | -614 |
| 14/09/04 | 14,950 | 1.36% | 826,316 | -19,878 | +15,127 | +13,416 | -1,440 | +2,463 | +2,567 | | | | +9,825 | | -8,614 | -51 |
| 14/09/03 | 14,750 | -6.94% | 2,034,347 | +70,479 | -23,929 | -36,157 | -1,770 | +492 | -38,763 | +498 | | | +3,386 | | -11,635 | +1,242 |
| 14/09/02 | 15,850 | -1.55% | 744,257 | +30,042 | -11,726 | -15,095 | -46,802 | +6,026 | | | +3,248 | | +22,433 | | -3,200 | -2... |

## :: 2-59 / ④ 선데이토즈-3

### 선데이토즈, 해외 시장 진출 통해 고성장

11일 미래에셋증권은 선데이토즈(123420)에 대해 연내 해외 시장에 애니팡 시리즈를 출시하면서 고성장세를 이어갈 것으로 예상된다며 투자의견 '매수'와 목표가 3만 원을 제시했다. 목표가는 2015년 주당순이익(EPS)에 목표주가수익비율(PER) 10배를 적용했다. 선데이토즈는 현재 1,000만 이상 다운로드 게임 3종을 보유하고 있다. 이중 애니팡 1이 3,000만 다운로드를 돌파하면서 전체 유저 수가 카카오톡에 육박하고 있다. 고훈 미래에셋증권 연구원은 "핵심 유저가 40~50대 중·장년이기 때문에 게임의 라이프 사이클이 길고 이미 확보된 3,000만 유저 대상 크로스 프로모션으로 손쉽게 차기작을 흥행시킬 수 있다는 것이 타사와의 차별화된 강점"이라고 분석했다.

현재 선데이토즈는 연내 해외에서 LINE 메신저를 통해 애니팡 시리즈를 출시할 계획이다. LINE은 글로벌 가입자 5억 명, 아시아에서만 2억 명의 유저를 확보하고 있으며, 이미 아시아권에서 '쿠키런' 등 캐주얼게임을 성공적으로 소싱 한 바 있다.

고 연구원은 "회사는 선데이토즈가 해외에서 2015년과 2016년 동안 최소 600억 원 이상의 수익을 올릴 수 있을 것으로 예상한다"며 "향후 해외 진출 성과가 가시화되면 목표 PER도 비교기업 수준으로 상향될 것"이라고 설명했다.

기사 출처: 뉴스토마토(2014.09.11.)

## :: 2-60 / ⑤ 네오위즈인터넷-1

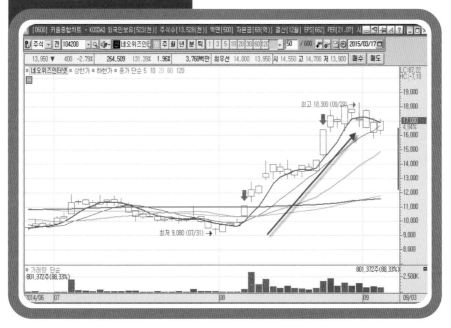

**∷ 2-61 / ⑤ 네오위즈인터넷-2**

**[0796] 투자자별 매매동향 - 종목별투자자**

투자자별매매종합 | 시간대별투자자 | 당일추이 | 일별동향/그래프 | 순매수추이 | 업종별투자자순매수 | 당일매매현황 | 투자자별누적순매수 | 투자자별일별매매 | 종목별투자자

104200 네오위즈인터넷 2015/03/18 ○금액 ○수량 ○순매수 ○매수 ○매도 ○천주 ○단주 ○전일비 ○등락률 투자구분 안내 단위:백만원·단주 조회 연속 차

| 일자 | 현재가 | 등락률 | 거래량 | 개인 | 외국인 | 기관계 | 금융투자 | 보험 | 투신 | 기타금융 | 은행 | 연기금등 | 사모펀드 | 국가 | 기타법인 | 내외국인 |
|---|---|---|---|---|---|---|---|---|---|---|---|---|---|---|---|---|
| 2015/02/18 ~ 2015/03/18 누적순매수 | | | | +808 | +123,409 | -142,645 | +74,604 | -1,694 | -287,945 | -1,415 | +14,321 | -22,892 | +82,376 | | +20,916 | -2,486 |
| 14/08/27 | 18,100 | 6.78% | 1,528,394 | -32,881 | +500 | +44,295 | -1,000 | +41,339 | +63,154 | -18,500 | -9,698 | -30,000 | | -1,000 | -9,584 | -2,330 |
| 14/08/26 | 16,950 | 2.11% | 1,009,543 | +9,928 | -6,173 | -308 | -142 | | -166 | | | | | | -3,653 | +206 |
| 14/08/25 | 16,600 | 1.22% | 2,241,107 | +17,724 | -42,254 | +39,180 | -1,202 | +36,945 | -4,872 | | | -510 | +11,319 | -2,500 | -16,104 | +1,454 |
| 14/08/22 | 16,400 | 14.69% | 1,751,455 | -50,878 | -33,667 | +82,490 | +15,239 | +12,807 | +66,934 | | | -32,195 | -126 | +19,831 | -3,265 | +5,320 |
| 14/08/21 | 14,300 | 5.54% | 686,544 | -35,176 | -6,899 | +41,779 | +30,000 | +103 | +11,107 | | | +569 | | | +1,000 | -704 |
| 14/08/20 | 13,550 | -2.52% | 432,256 | -10,849 | -14,469 | +24,362 | +5,445 | +5,329 | +3,035 | | | +5,751 | +4,802 | | +1,055 | -99 |
| 14/08/19 | 13,900 | 2.58% | 635,623 | -5,987 | +4,777 | +10,582 | +1,521 | +6,412 | +947 | | | +2,310 | -608 | | -8,372 | +1,000 |
| 14/08/18 | 13,550 | 1.88% | 696,256 | +66,848 | +16,550 | -86,363 | +380 | +15,631 | -115 | | | -102,259 | | | +2,510 | +455 |
| 14/08/14 | 13,300 | -1.48% | 1,041,857 | -5,099 | -3,753 | -2,117 | -2,078 | -17 | | | | -22 | | | +9,969 | +1,000 |
| 14/08/13 | 13,500 | -3.57% | 687,046 | +20,502 | +8,895 | -28,506 | | | +2,424 | | | -31,430 | | +500 | -718 | -173 |
| 14/08/12 | 14,000 | 4.87% | 928,319 | +21,712 | -7,784 | -17,116 | | -116 | | | | -20,000 | | +3,000 | -2,856 | +332 |
| 14/08/11 | 13,350 | 7.23% | 2,159,533 | -17,023 | +9,981 | +15,045 | +5,865 | -3,078 | +12,879 | | | -143 | -478 | | -8,093 | +90 |
| 14/08/08 | 12,450 | 2.05% | 1,314,611 | -52,717 | +17,573 | +29,486 | +15,000 | | +14,486 | | | | | | +5,845 | -187 |
| 14/08/07 | 12,200 | 9.91% | 3,235,052 | +61,238 | -10,158 | -57,535 | -55,150 | -6,043 | +3,872 | +3,000 | | -3,214 | | | +5,453 | +1,002 |
| 14/08/06 | 11,100 | 14.79% | 513,059 | +2,332 | -2,106 | -226 | | -1,859 | +1,633 | | | | | | | |
| 14/08/05 | 9,670 | -1.93% | 68,757 | +6,384 | -11,808 | +6,924 | | +6,924 | | | | | | | -1,470 | -30 |
| 14/08/04 | 9,860 | 0.92% | 57,381 | -7,579 | +2,853 | +4,727 | | +4,000 | +727 | | | | | | | |
| 14/08/01 | 9,770 | 3.17% | 72,065 | -35,433 | +6,590 | +27,243 | -2,000 | +29,201 | | | | | | +42 | +1,600 | |
| 14/07/31 | 9,470 | -0.53% | 183,722 | +10,314 | +4,581 | -20,675 | +2,030 | +12,796 | -34,028 | | -1,558 | +227 | -142 | | +5,768 | +12 |
| 14/07/30 | 9,520 | -4.70% | 189,912 | +45,437 | -6,626 | -30,088 | -4,772 | +14,118 | -34,644 | | | +1,820 | -6,610 | | -8,726 | +7 |

**∷ 2-62 / ⑤ 네오위즈인터넷-3**

## 네오위즈인터넷, 카카오뮤직의 폭발적 잠재력

　　교보증권은 6일 네오위즈인터넷(104200)에 대해 카카오뮤직이 폭발적인 성장 잠재력을 지니고 있고 음원 가격 상승에 따른 수혜도 기대된다고 밝혔다.

　　심상규 교보증권 연구원은 "카카오는 지난해 9월 카카오뮤직을 출시, 5개월 만에 1,000만 다운로드를 넘기고 지난 7월에는 1,500만 다운로드를 넘겼다"며 "국내 최대 모바일 SNS인 카카오와 연동돼 있다는 점에서 강력한 유저 기반을 보유했다"고 분석했다. 그는 "카카오뮤직이 업계 선두인 로엔을 바짝 추격하고 있지만, 아직 유료 사용자 비중이 낮아 매출액은 상대적으로 크지 않은 상태"라면서도 "데이터 부담 없이 사용 가능한 방식 등 유저 친화적 정책으로 발전해간다면 카카오뮤직은 큰 폭의 성장이 가능할 것"이라고 내다봤다.

　　이어 "카카오가 다음과의 합병을 결정함에 따라 카카오뮤직의 성장을 위한 새로운 전략들이 제시될 가능성이 커 보인다"고 판단했다. 아울러 "지난해 음원 업체들은 가격 인상을 통해서 실적 개선을 보여줬다"며 "음원 가격은 음악 전송 사용료 개정에 따라 매년 10% 정도 인상될 것으로 예상돼 이에 따른 수혜가 전망된다"고 밝혔다.

기사 출처: 이데일리(2014.08.06.)

:: 2-63 / ⑥ 아프리카TV-1

:: 2-64 / ⑥ 아프리카TV-2

| [0796] 투자자별 매매동향 - 종목별투자자 | | | | | | | | | | | | | | ①자동일자 |
| --- | --- | --- | --- | --- | --- | --- | --- | --- | --- | --- | --- | --- | --- | --- |
| 투자자별매매종합 | 시간대별투자자 | 당일추이 | 일별동향/그래프 | 순매수추이 | 업종별투자자순매수 | 당일매매현황 | 투자자별누적순매수 | 투자자별일별매매 | 종목별투자자 |
| 067160 ▼ Q 아프리카TV | 2015/03/18 ▢ ○금액 ○수량 ⊙순매수 ○매수 ○매도 ○천주 ○단주 ○전일비 ○등락률 | 투자자구분 안내 | 단위:백만원,단주 | 조회 연속 차ː |

| 2015/02/18 ~ 2015/03/18 ▢ 누적순매수 | +101,014 | +22,287 | -136,598 | -26,156 | -23,777 | -79,937 | -1,269 | | -5,104 | -355 | | +15,602 | -2,305 |
| --- | --- | --- | --- | --- | --- | --- | --- | --- | --- | --- | --- | --- | --- |
| 일자 | 현재가 | 등락률 | 거래량 | 개인 | 외국인 | 기관계 | 금융투자 | 보험 | 투신 | 기타금융 | 은행 | 연기금등 | 사모펀드 | 국가 | 기타법인 | 내외국인 |
| 14/03/21 | 25,400 | 14.93% | 2,716,131 | -79,209 | +101,587 | -24,291 | | +100 | -12,955 | -3,318 | | +309 | -1,667 | -6,530 | | +2,510 | -597 |
| 14/03/20 | 22,100 | 9.41% | 3,113,366 | +20,447 | +147,591 | -165,216 | | +1,500 | -16,101 | -132,687 | | -247 | -2,792 | -4,102 | -10,786 | +2,767 | -5,590 |
| 14/03/19 | 20,200 | 1.76% | 1,031,003 | -43,286 | +52,348 | +5,235 | | | +780 | -374 | | | +4,709 | +120 | | -15,278 | +981 |
| 14/03/18 | 19,850 | 0.51% | 942,922 | -32,528 | +11,564 | -44,226 | | | -34,790 | -1,841 | -4,314 | -2,078 | -1,203 | | | +178 | -44 |
| 14/03/17 | 19,750 | 0.77% | 2,871,094 | -16,295 | +91,517 | -57,173 | | | -4,251 | -46,659 | | +96 | +2,741 | -1,600 | -7,500 | -20,000 | +1,951 |
| 14/03/14 | 19,600 | 3.98% | 2,241,488 | -21,791 | +171,068 | -148,260 | | | -50,299 | -52,504 | | +247 | -13,845 | -15,418 | -16,441 | -3,521 | +2,504 |
| 14/03/13 | 18,850 | 14.94% | 2,100,449 | -206,216 | +374,882 | -94,092 | -14,450 | -54,225 | +5,652 | -3,131 | -600 | -12,013 | -845 | -14,480 | -74,432 | -142 |
| 14/03/12 | 16,400 | 14.69% | 1,692,777 | +26,673 | +87,049 | -112,890 | -27,892 | -21,188 | -30,409 | -3,896 | -3,185 | -781 | -13,539 | -12,000 | -2,446 | +1,614 |
| 14/03/11 | 14,300 | -1.72% | 445,282 | -78,203 | +62,587 | +18,374 | | | +17,650 | +5,527 | | +600 | | -5,403 | | -4,500 | +1,742 |
| 14/03/10 | 14,550 | 1.75% | 368,494 | +26,141 | +44,886 | -53,645 | -5,645 | | -49 | -36,583 | | | -1,151 | -10,217 | | -17,362 | -20 |
| 14/03/07 | 14,300 | 0% | 231,124 | -23,479 | +17,852 | +5,627 | | +690 | +4,385 | +171 | +381 | | | | | | |
| 14/03/06 | 14,300 | -1.72% | 328,875 | +14,976 | +12,120 | -25,512 | -5,200 | | | -18,361 | +10,650 | | | -5,261 | -7,320 | -2,900 | +1,316 |
| 14/03/05 | 14,550 | 1.39% | 301,571 | -46,819 | +3,201 | +37,168 | -3,515 | +12,577 | +10,777 | | | | +17,329 | | +6,500 | -50 |
| 14/03/04 | 14,350 | 1.06% | 506,608 | +15,693 | -15,014 | -6,496 | -8,288 | -2,582 | -13,030 | +2,000 | | +12,674 | +2,730 | | +4,998 | +819 |
| 14/03/03 | 14,200 | 5.97% | 671,938 | -46,859 | -4,905 | +64,370 | +3,890 | +29,819 | +28,216 | +2,000 | | | +445 | | -9,748 | -2,858 |
| 14/02/28 | 13,400 | 3.88% | 747,940 | -119,703 | -25,577 | +125,407 | +5,860 | +30,871 | +52,096 | | | +28,600 | +14,160 | -6,180 | +20,000 | -127 |
| 14/02/27 | 12,900 | 4.88% | 598,549 | -53,895 | +14,327 | +50,230 | -1,200 | | +11,230 | | | +40,000 | +1,000 | | -18,000 | -662 |
| 14/02/26 | 12,300 | -1.20% | 261,302 | +1,638 | -23,437 | +37,687 | +12,900 | | -5,150 | | | +14,708 | +2,979 | +12,250 | -16,438 | +550 |
| 14/02/25 | 12,450 | 2.47% | 329,431 | -55,427 | +7,087 | +47,517 | | | +36,271 | | | +6,258 | -160 | +5,148 | | +823 |
| 14/02/24 | 12,150 | -2.41% | 628,140 | -38,517 | +28,199 | +9,191 | -8,000 | +14,866 | -20,648 | | -171 | +9,004 | +10,000 | +4,140 | | +1,127 |

:: 2-65 / ⑥ 아프리카TV-3

[특징주] 아프리카TV, 외국계 기관 매수에… '신고가'

외국계 기관이 지분 5% 이상을 매수했다는 소식에 아프리카TV가 급등하고 있다. 24일 오전 9시 18분 현재 코스닥 시장에서 아프리카TV는 전일 대비 9.25% 오른 2만 7,750원에 거래되고 있다. 이날 아프리카TV는 장 중 2만 8,250원의 52주 신고가를 기록했다. 지난 21일 홍콩계 투자자문사 '티 로우 프라이스 홍콩 리미티드'는 아프리카TV 54만 2,608주(5.45%)를 장내 취득했다고 공시했다.

기사 출처: 머니투데이(2014.03.24.)

:: 2-66 / ⑦ 현대리바트-1

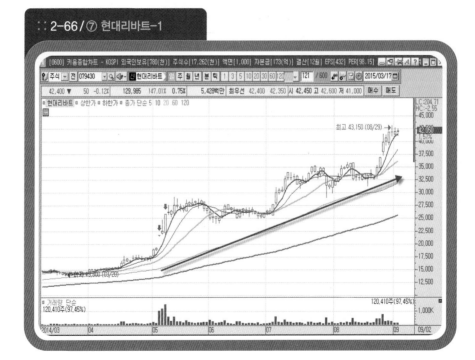

## :: 2-67 / ⑦ 현대리바트-2

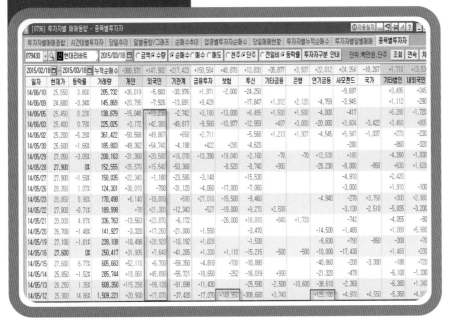

[0796] 투자자별 매매동향 - 종목별투자자

| 일자 | 현재가 | 등락률 | 거래량 | 개인 | 외국인 | 기관계 | 금융투자 | 보험 | 투신 | 기타금융 | 은행 | 연기금등 | 사모펀드 | 국가 | 기타법인 | 내외국인 |
|---|---|---|---|---|---|---|---|---|---|---|---|---|---|---|---|---|
| 누적순매수 | | | | -380,571 | +147,902 | +217,423 | +150,564 | +48,870 | +13,830 | -35,877 | +3,937 | +22,012 | +24,354 | -10,267 | +1,710 | +13,53 |
| 14/06/10 | 25,550 | 3.86% | 205,732 | +36,019 | -5,883 | -33,976 | +1,971 | -2,000 | -24,250 | | | | -9,697 | | +3,495 | +345 |
| 14/06/09 | 24,600 | -3.34% | 145,869 | +20,795 | -7,926 | -13,691 | +9,428 | | -17,847 | +1,312 | +2,120 | -4,759 | -3,945 | | +1,112 | -290 |
| 14/06/05 | 25,450 | 0.20% | 138,679 | -15,048 | +13,230 | -2,742 | +3,180 | -13,000 | +8,495 | +1,500 | -4,000 | -417 | | | +6,280 | -1,720 |
| 14/06/03 | 25,400 | 0.79% | 225,025 | +3,172 | +42,380 | -49,817 | -9,560 | -10,977 | -12,953 | +497 | +3,000 | -20,000 | +3,604 | -3,422 | +3,460 | +805 |
| 14/06/02 | 25,200 | -5.26% | 361,422 | -50,568 | +49,867 | +658 | +2,711 | | -5,568 | +1,213 | +1,937 | -4,545 | +5,947 | -1,037 | +273 | -230 |
| 14/05/30 | 26,600 | -1.66% | 185,803 | -49,362 | +54,740 | -4,198 | +422 | +280 | -4,620 | | | -280 | | | -860 | -320 |
| 14/05/29 | 27,050 | -3.05% | 200,163 | -31,360 | +20,580 | +16,070 | -13,390 | +19,040 | -2,160 | -70 | -70 | +12,530 | +190 | | -4,260 | -1,030 |
| 14/05/28 | 27,900 | 0% | 152,555 | +35,570 | +15,540 | -53,360 | | -8,520 | -8,740 | +980 | | -28,230 | -8,000 | -850 | +630 | +1,620 |
| 14/05/27 | 27,900 | -1.59% | 150,035 | +22,340 | -1,180 | -23,580 | -3,140 | | -15,530 | | | -4,910 | | | +2,420 | |
| 14/05/26 | 28,350 | 1.07% | 124,301 | +30,010 | -700 | -31,120 | -4,060 | -17,000 | -7,060 | | | -3,000 | | | +1,910 | -100 |
| 14/05/23 | 28,050 | 0.90% | 170,498 | +6,140 | -10,010 | +590 | +27,010 | -15,500 | -9,460 | | | -4,940 | -270 | +3,750 | +300 | +2,980 |
| 14/05/22 | 27,800 | -0.71% | 189,998 | +78 | +21,300 | -12,343 | +527 | -19,000 | +9,270 | +2,500 | | -3,130 | -2,510 | | -5,835 | -3,200 |
| 14/05/21 | 28,000 | 4.87% | 336,763 | -13,563 | +23,870 | -6,172 | | -26,000 | +18,010 | +840 | +1,720 | -742 | | | -4,055 | -80 |
| 14/05/20 | 26,700 | -1.48% | 141,927 | -3,320 | +17,260 | -21,000 | -1,550 | | -3,470 | | -14,500 | -1,480 | | | +1,080 | +5,980 |
| 14/05/19 | 27,100 | -1.81% | 239,108 | -10,498 | +20,920 | -10,192 | +1,028 | | -1,530 | | -9,630 | +790 | -850 | | | +70 |
| 14/05/16 | 27,600 | 0% | 250,417 | +31,905 | +7,640 | -41,205 | +1,330 | +1,110 | -15,215 | -500 | -500 | -10,000 | -17,430 | | +1,460 | +200 |
| 14/05/15 | 27,600 | 6.77% | 605,663 | +52,110 | +6,700 | -59,350 | -4,810 | +700 | -10,880 | | | -40,860 | -200 | -3,300 | -180 | +720 |
| 14/05/14 | 25,850 | -1.52% | 285,744 | +18,061 | +45,090 | -55,721 | -18,650 | -252 | -16,019 | +990 | | -21,320 | -470 | | -6,100 | -1,330 |
| 14/05/13 | 26,250 | 1.35% | 608,350 | +115,258 | -19,120 | -91,098 | -11,430 | | -25,590 | -2,500 | -10,600 | -38,610 | -2,368 | | -6,380 | +1,340 |
| 14/05/12 | 25,900 | 14.86% | 1,509,221 | +20,900 | +17,070 | -37,420 | -17,070 | +149,950 | -308,660 | +3,740 | | +125,100 | +4,970 | +4,550 | -5,360 | +4,8 |

## :: 2-68 / ⑦ 현대리바트-3

### 현대리바트, 1Q 영업이익 131억 원, 전년 대비 24배 증가

현대리바트가 비수익사업 일부를 정리하고 원가 절감에 나서면서 1분기 영업이익률을 크게 높였다. 가구 및 인테리어 수요 증가와 함께 매출도 늘었다. 7일 현대리바트는 1분기 매출이 전년 동기보다 22.3% 늘어난 1,719억 원을 기록했다고 공시했다.

리바트 관계자는 "용인 직매장 리뉴얼과 중곡, 어정 등 대형매장 오픈, 그리고 백화점 유통망 추가 입점 등 공격적인 유통망 확대가 매출 성장을 견인한 덕분에 B2C(개인소비자 상대) 매출이 20.9% 증가했다"며 "특판 부문에서 시공현장 수와 대형 거래선 등이 늘면서 B2B(기업소비자 상대) 매출은 24.3%씩 증가했다"고 설명했다.

특히 현대리바트의 영업이익은 전년 동기보다 2363.16% 급증한 131억 원, 순이익도 전년 동기 대비 772.65% 늘어난 106억 원을 기록했다. 회사 측은 "목창호 등 비수익사업을 접고 공급망을 개선하는 한편 사내 비용절감 노력과 노후설비 교체투자로 인한 생산원가 절감 효과로 영업이익률을 높일 수 있었다"고 설명했다.

기사 출처: 머니투데이(2014.05.07.)

외국인·기관 투자자들의 매수가 꾸준히 있는 종목이 하락 추세에서 상승 추세로 전환하는 지점을 뜻한다. 개인을 털기 위한 세력의 속임수로 볼 수 있다. 이유 없는 하락 후 보란 듯이 다음날 양봉으로 상승 전환하는 경우들이다.

### 매수 타점

1. 전일 대비 거래량 감소
2. 장 초반 이유 없는 하락 후 수급 주체 확인
3. 애매하면 매매 동향 확인 후 대응
4. 3·3·4 분할 매수, 비중 조절, 종가 베팅
5. 시황 체크, 코스피·코스닥 수급
6. 꼬리 공략·하락 추세에서 상승 추세 전환 신호

### 매도 타점

1. 외국인·기관 투자자들의 연속 매수 확인 홀딩
2. 상승 추세 전환으로 두 자릿수 수익률
3. 미국 선물지수 확인과 증시 하락 체크
4. 3·3·4 분할 매도, 비중 조절, 일괄 매도

다음은 수급 변곡점을 보여주는 실전매매 차트들이다. 공략 포인트를 초록색 타원으로 표시했다.

## :: 2-69 / ① 기가레인-1

## :: 2-70 / ① 기가레인-2

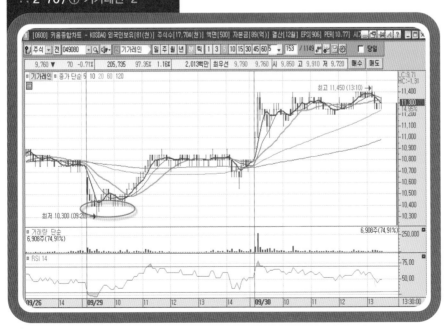

## 기가레인, 기술력 무장으로 거침없는 행보

키움증권은 26일 기가레인에 대해 "독보적인 기술력을 보유한 반도체 장비 업체로 향후 성장 잠재력이 크다"고 평가하며 기업분석을 개시했다. 투자의견은 '매수'를, 목표주가는 1만 9,000원을 제시했다. 국내 최초로 고주파 무선교신장치(RF) 부품 국산화에 성공한 기가레인은 2012년부터 삼성전자의 주요 공급자로 선정됐다. 갤럭시 스마트폰 시리즈의 돌풍에 힘입어 급성장했지만 지난해 말부터 실적이 주춤한 상황이다.

이 증권사 김병기 연구원은 "주력사업인 RF부품사업부는 올 하반기부터 실적 회복에 들어갈 것으로 전망된다"며 "전 모델을 아우르는 부품 공급 전략의 성과가 나타날 것"으로 예상했다. 시장 진입 3년 만에 글로벌 점유율 1위에 오른 LED Etcher 사업도 실적의 안전판 역할을 할 것이란 게 김 연구원의 분석이다.

그는 "경쟁사 장비 대비 뛰어난 생산수율이 핵심 경쟁력"이라며 "중화권 LED 업체들이 지난해 1분기부터 공정을 본격적으로 적용하기 시작함에 따라 기가레인의 LED Etcher 부문의 성장세는 내년까지 지속될 것"이라고 판단했다. 신규 사업도 내년부터 실적이 가시화될 것이란 전망이다. 기가레인은 현재 드라이(DRIE) 장비와 멤스프로브 카드(MEMS Probe Card) 등에 대해 양산 테스트를 진행 중이다.

김 연구원은 "DRIE 장비는 CMOS 이미지센서 제조 공정에 채택될 전망이고 향후 전력반도체의 DTI 공정, 메모리반도체의 TSV 패키징 공정 등에도 활용될 것"이라며 "디램(DRMA)용 MEMS Probe Card는 소수 해외 업체가 과점하고 있기 때문에 기가레인이 시장 진입에 성공한다면 성장 잠재력이 크다"고 설명했다.

기사 출처: 한국경제(2014.09.26.)

:: 2-72 / ② 세운메디칼-1

:: 2-73 / ② 세운메디칼-2

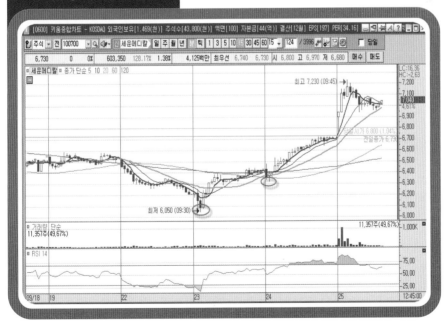

:: 2-74 / ② 세운메디칼-3

[0796] 투자자별 매매동향 - 종목별투자자

| 일자 | 현재가 | 등락률 | 거래량 | 개인 | 외국인 | 기관계 | 금융투자 | 보험 | 투신 | 기타금융 | 은행 | 연기금등 | 사모펀드 | 국가 | 기타법인 | 내외국인 |
|---|---|---|---|---|---|---|---|---|---|---|---|---|---|---|---|---|
| 누적순매수 | | | | -80,489 | -126,106 | +209,902 | -19,218 | +1,874 | +174,866 | -333 | | -5,558 | +36,196 | +22,075 | +4,079 | -7,30? |
| 14/09/25 | 6,830 | 1.94% | 3,436,014 | -29,829 | -296,199 | +321,728 | +111,670 | | +72,163 | | +1,865 | +10,000 | +126,030 | | +4,950 | -650 |
| 14/09/24 | 6,700 | 4.20% | 1,390,557 | -352,328 | -80,322 | +436,975 | +128,450 | | +288,525 | | | +20,000 | | | +40 | -4,365 |
| 14/09/23 | 6,430 | 3.54% | 956,802 | -194,021 | +26,180 | +170,572 | -1,200 | +120,046 | +4,100 | +7,626 | | +40,000 | | | -1,806 | -925 |
| 14/09/22 | 6,210 | -5.05% | 912,401 | +115,092 | -66,347 | -49,622 | +5,081 | -7,783 | -286 | -459 | | -46,175 | | | +37 | +40 |
| 14/09/19 | 6,540 | -0.15% | 502,482 | +49,658 | -48,027 | -3,231 | -6,508 | -3,555 | -23,168 | | | +30,000 | | | | +1,600 |
| 14/09/18 | 6,550 | 2.50% | 930,754 | -50,009 | -123,815 | +74,606 | | +61,504 | +4,756 | +8,921 | -575 | | | | -998 | +198 |
| 14/09/17 | 6,390 | 0.95% | 983,739 | +20,309 | -46,587 | +28,927 | -3,300 | +28,468 | +1,239 | | +2,520 | | | | -3,762 | +1,113 |
| 14/09/16 | 6,330 | -1.40% | 1,190,577 | +139,926 | -120,926 | -19,200 | -19,200 | | | | | | | | | +200 |
| 14/09/15 | 6,420 | -7.49% | 1,113,433 | +157,872 | -157,758 | +2,125 | +3,129 | | -735 | -269 | | | | | -3,950 | -1,711 |
| 14/09/12 | 6,940 | 2.66% | 2,037,475 | +179,798 | -286,143 | +100,695 | | | +3,120 | | +575 | +97,000 | | | +5,450 | +200 |
| 14/09/11 | 6,760 | -1.60% | 877,143 | +132,754 | -181,746 | +48,987 | -882 | -61 | -70 | | | +50,000 | | | -84 | +89 |
| 14/09/05 | 6,870 | 3.00% | 1,778,956 | +27,342 | -138,217 | +112,163 | -1,389 | | +13,552 | | | +100,000 | | | -2,049 | +761 |
| 14/09/04 | 6,670 | 0.15% | 2,993,564 | +181,832 | -264,000 | +84,075 | +18,195 | +22,880 | | | | +43,000 | | | -1,957 | +50 |
| 14/09/03 | 6,660 | -4.17% | 1,388,442 | +274,623 | -297,375 | +14,115 | +2,231 | +11,884 | | | | | | | +7,771 | +866 |
| 14/09/02 | 6,950 | 1.02% | 519,623 | -34,604 | +34,583 | -2,718 | +5,461 | -8,179 | | | | | | | +2,739 | |
| 14/09/01 | 6,880 | -3.23% | 819,772 | +88,473 | -125,416 | +34,448 | +7,030 | +27,418 | | | | | | | +1,795 | +700 |
| 14/08/29 | 7,110 | 0.71% | 599,234 | -1,103 | +5,485 | -4,382 | -273 | -3,992 | -117 | | | | | | | |
| 14/08/28 | 7,060 | -3.02% | 1,020,525 | +81,376 | -100,486 | +19,107 | | +12,504 | +2,028 | | | +4,575 | | | | +3 |
| 14/08/27 | 7,280 | 0% | 1,405,554 | +49,516 | -87,201 | +36,311 | -26,304 | +51,812 | +2,097 | | +2,634 | +6,072 | | | +797 | +577 |
| 14/08/26 | 7,280 | -2.67% | 1,340,440 | +109 | -66,187 | +66,948 | -18,441 | +40,511 | | | | +12,280 | +32,598 | | +2,350 | -3,220 |
| 14/08/25 | 7,480 | -4.10% | 2,955,452 | +43,099 | -85,212 | +43,015 | -88,050 | +29,665 | +18,730 | +2,670 | | +80,000 | | | -927 | +2? |

:: 2-75 / ② 세운메디칼-4

## [특징주] 세운메디칼, 정부 중국 시장 잡기 위한 지원 소식에 상승세

중국 의료 시장이 개방됨에 따라 정부에서는 의료기기 등 의료 서비스 수출과 관련 지원에 나선다는 소식에 세운메디칼이 상승세. 5일 오후 2시 10분 현재 세운메디칼은 전일 대비 130원(1.95%) 상승한 6,800원에 거래 중이다. 세운메디칼은 10년 전부터 중국 시장에 진출해 있으며 품질을 인정받아 매출이 늘고 있는 추세다.

이날 정부는 의료 서비스 수출과 관련 중국 내륙 병원 발굴, 의약·의료기기 관련 중국 측 바이어 초청 등에 대한 정부 지원을 늘린다고 밝혔다. 이를 위해 오는 10월 부산에서 열리는 '글로벌 바이오 메디컬 포럼'을 지원하고, 500억 원 규모의 중·소병원 해외 진출 지원 펀드를 설립한다.

기업들이 중국에 대한 각종 정보를 파악하기 쉽도록 관련 서비스도 확대한다. 통합 무역 정보 서비스인 '트레이드NAVI'를 통해 무역 정보를 통합·제공한다. 법률 정보는 현재 중앙법령 3,500개에 대한 정보를 지원하고 있지만 연내 지방법령을 포함해 5,000개까지 늘리기로 했다. 중국 유관 기관과 공동으로 통관 실적과 주요 온라인몰 판매 실적을 분석하는 '중국 진출 유망 데이터베이스(DB)'도 구축한다.

올해 기준 베이징 등 5개소인 수출 인큐베이터는 충칭, 정저우 등으로 확대해 현지 지원 거점을 확충한다. 또 내년에는 한국 기업 전용단지 지정 등 사업 거점을 늘리는 방안도 검토한다.

기사 출처: 이투데이(2014.09.05.)

::: 2-76 / ③ 삼익악기-1

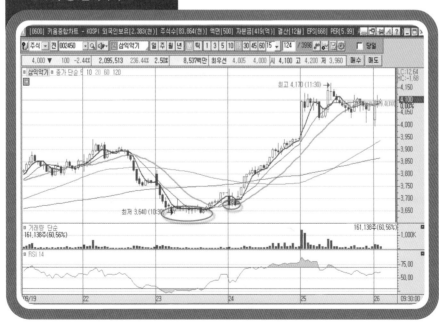

::: 2-77 / ③ 삼익악기-2

[0796] 투자자별 매매동향 - 종목별투자자

투자자별매매종합 | 시간대별투자자 | 당일추이 | 일별동향/그래프 | 순매수추이 | 업종별투자자순매수 | 당일매매현황 | 투자자별누적순매수 | 투자자별일별매매 | 종목별투자자

002450 [Q] 삼익악기  2015/03/18 ○금액 ○수량  ○순매수 ○매수 ○매도  ○천주 ○단주  ○전일비 ○등락률  투자자구분 안내   단위:백만원, 단주   조회 연속 차

| 일자 | 현재가 | 등락률 | 거래량 | 개인 | 외국인 | 기관계 | 금융투자 | 보험 | 투신 | 기타금융 | 은행 | 연기금등 | 사모펀드 | 국가 | 기타법인 | 내외국인 |
|---|---|---|---|---|---|---|---|---|---|---|---|---|---|---|---|---|
| | | | | 2015/02/18 ~ 2015/03/18 누적순매수 | -140,055 | -676,594 | +621,851 | -336,729 | +74,617 | +84,694 | -69,196 | -83,421 | +646,722 | +116,916 | +188,248 | +161,639 | +33,15? |
| 14/09/29 | 4,170 | 2.46% | 3,894,243 | -98,021 | -22,123 | +137,420 | -5,911 | +53,082 | +97,398 | -3,000 | -12,036 | +1,878 | | +6,009 | -5,783 | -11,493 |
| 14/09/26 | 4,070 | -0.25% | 2,983,654 | -76,016 | +6,110 | +60,462 | -11,209 | -46,037 | +116,635 | | +1,073 | | | | +15,420 | -5,976 |
| 14/09/25 | 4,080 | 3.42% | 7,348,797 | +76,642 | -192,226 | +205,884 | +14,443 | +42,836 | +150,130 | | -1,525 | | | | -95,126 | +4,826 |
| 14/09/24 | 3,945 | 5.91% | 4,298,637 | -563,757 | +57,278 | +494,159 | +33,179 | +197,663 | +155,888 | | | -6,139 | +54,749 | +58,819 | -289 | +12,609 |
| 14/09/23 | 3,725 | -1.06% | 2,231,345 | +142,379 | -234,296 | +137,338 | +9,024 | +70,296 | +41,831 | | +522 | +30,737 | -15,072 | | -38,848 | -6,573 |
| 14/09/22 | 3,765 | -2.33% | 3,357,101 | +432,362 | -119,911 | -304,434 | -135,782 | -243,400 | +6,959 | | +75,254 | +2,420 | -9,885 | | -19,700 | +11,678 |
| 14/09/19 | 3,855 | 2.80% | 3,255,724 | +156,619 | -231,945 | +79,830 | -105,076 | +143,034 | +50,872 | | -9,000 | | | | -4,384 | -120 |
| 14/09/18 | 3,750 | 1.08% | 5,069,188 | +326,789 | -394,168 | +56,081 | -10,000 | -6,204 | -1,054 | | +25,000 | +48,357 | -18 | | +14,730 | -3,432 |
| 14/09/17 | 3,710 | 3.34% | 1,941,900 | -142,983 | -106,682 | +243,167 | +2,211 | +165,973 | +67,411 | | | +7,572 | | | +6,322 | +176 |
| 14/09/16 | 3,590 | -0.14% | 1,277,553 | +24,357 | -31,004 | -12,172 | | -2,828 | -3,750 | -1,875 | | | -9,375 | | +24,738 | -5,919 |
| 14/09/15 | 3,595 | 0.84% | 2,953,153 | +48,263 | -48,646 | +6,367 | +119,180 | -109,731 | +18,901 | -24,804 | | +2,821 | | | -6,144 | +160 |
| 14/09/12 | 3,565 | -5.44% | 2,747,725 | +40,841 | -142,174 | +94,111 | +2,623 | +59,053 | +21,700 | +3,352 | | +7,383 | | | +668 | +6,554 |
| 14/09/11 | 3,770 | 1.07% | 2,491,261 | +97,363 | -200,855 | +98,406 | | +43,168 | | | | | | | -186 | +5,272 |
| 14/09/05 | 3,730 | -1.32% | 6,915,470 | +237,171 | -252,805 | +18,933 | -31,000 | -91,660 | -75 | | +40,739 | +100,929 | | | +8,384 | -11,683 |
| 14/09/04 | 3,780 | 14.89% | 12,896,405 | -110,253 | +223,675 | -129,930 | +242,329 | -262,959 | -43,083 | -6,150 | +93 | -8,373 | -51,787 | | +2,944 | +13,564 |
| 14/09/03 | 3,290 | -3.66% | 1,660,878 | +39,552 | -47,506 | -646 | | | -646 | | | | | | +8,100 | +500 |
| 14/09/02 | 3,415 | 2.86% | 2,051,815 | -196,462 | +419,507 | -229,235 | | -50,151 | -176,067 | | | -3,017 | | | +5,390 | +800 |
| 14/09/01 | 3,320 | -7.39% | 2,573,059 | +285,396 | -154,510 | -134,434 | -4,002 | +59,165 | -214,259 | -10,000 | +5,598 | -12,120 | +41,184 | | +4,735 | -1,187 |
| 14/08/29 | 3,505 | 0.99% | 1,114,213 | -96,217 | +18,518 | +77,899 | -6,575 | +40,236 | -1,698 | -20,000 | +14,351 | +6,593 | +44,992 | | | -200 |
| 14/08/28 | 3,550 | -3.66% | 1,466,890 | +210,935 | -83,121 | -116,844 | -4,000 | +516 | -111,362 | | | -352 | -1,646 | | -11,250 | +260 |
| 14/08/27 | 3,685 | -1.99% | 1,899,170 | +212,983 | -189,348 | +4,154 | -52,539 | +95,711 | -105,320 | +16,129 | | +32,156 | +6,060 | +11,957 | -28,000 | +211 |

## [특징주] 중국 수혜주 다음 타자는 '피아노'… 삼익악기 '방긋'

최근 국내 주식 시장에서 중국 수혜주들이 각광을 받고 있는 가운데 최근 중국 시장에서 국내 피아노 소비가 급증하고 있는 것으로 전해지고 있다. 이에 따라 삼익악기 (002450) 등 국내 피아노 업체들의 수혜도 전망되고 있다.

22일 오전 9시 47분 현재 삼익악기는 전 거래일 대비 0.52% 오른 3,875원에 거래되고 있다. 삼익악기는 지난 17일 이후 4일 연속 상승하고 있다. 올해 삼익악기는 지난해 대비 중국발 매출이 100억 원 늘어날 것으로 기대하고 있다.

업계에 따르면 삼익악기는 중국의 중고가 시장에서 17%에 달하는 높은 점유율을 차지하고 있다. 특히 중국의 피아노 보급률이 3%로 상당히 낮은 수준이다. 하지만 최근 중국 시장이 커지고 있어 삼익악기는 오는 2016년까지 매출 700억 원을 올린다는 계획이다. 증권 업계 관계자는 "중국 유아들에 대한 피아노 교육열이 높아지면서 중국 피아노 시장이 급성장하고 있다"며 "삼익악기는 중국에서 시장점유율을 지속적으로 높이고 있어 수혜가 전망된다"고 말했다.

기사 출처: 서울경제(2014.09.22.)

## :: 2-80 / ④ 삼천당제약-1

## :: 2-81 / ④ 삼천당제약-2

| [0796] 투자자별 매매동향 - 종목별투자자 |||||||||||||||
|---|---|---|---|---|---|---|---|---|---|---|---|---|---|---|
| 일자 | 현재가 | 등락률 | 거래량 | 개인 | 외국인 | 기관계 | 금융투자 | 보험 | 투신 | 기타금융 | 은행 | 연기금등 | 사모펀드 | 국가 | 기타법인 | 내외국인 |
| 14/10/16 | 11,750 | 10.33% | 2,503,678 | -39,971 | -24,939 | +70,656 | -5,000 | +40,329 | +33,772 | | +296 | | | +1,260 | +883 | -6,629 |
| 14/10/15 | 10,650 | 0% | 1,096,618 | -93,530 | +4,481 | +84,078 | | +21,218 | +37,173 | | | +25,687 | | | -439 | +5,410 |
| 14/10/14 | 10,650 | 1.91% | 1,112,770 | +9,893 | -87,873 | +75,286 | | +38,351 | +29,085 | | +4,324 | +3,526 | | | +4,194 | -1,500 |
| 14/10/13 | 10,450 | -9.13% | 1,652,398 | +74,964 | -96,511 | +24,733 | +10,288 | -984 | +10,975 | -489 | -197 | | +5,140 | | -7,586 | -4,400 |
| 14/10/10 | 11,500 | 3.14% | 1,511,146 | +11,778 | -119,975 | +111,396 | -9,546 | +14,640 | +70,952 | | | +22,120 | -1,089 | +14,319 | -4,509 | +1,310 |
| 14/10/08 | 11,150 | 12.85% | 2,114,966 | -193,983 | +97,577 | +111,411 | +6,840 | +20,378 | +52,359 | | -12,690 | +16,388 | +17,068 | +11,068 | -15,372 | +367 |
| 14/10/07 | 9,880 | -3.61% | 515,915 | -31,193 | -1,509 | +33,212 | -4,110 | +15,322 | | -683 | -557 | -13,325 | | +6,819 | -560 | +50 |
| 14/10/06 | 10,250 | 0.49% | 600,347 | -59,062 | -25,962 | +91,199 | +9,927 | | +65,171 | | -2,973 | +20,000 | -926 | | -1,881 | -4,294 |
| 14/10/02 | 10,200 | 3.76% | 792,425 | -101,362 | +29,719 | +65,574 | +19,865 | +20,000 | +12,547 | -1,313 | -5,525 | +20,000 | | | +6,840 | -771 |
| 14/10/01 | 9,830 | -0.61% | 544,917 | -19,323 | -23,889 | +51,485 | +3,600 | +10,000 | +37,018 | | | | +867 | | -11,248 | +2,975 |
| 14/09/30 | 9,890 | 2.70% | 562,279 | -122,527 | +17,459 | +115,223 | | +11,796 | +86,732 | +1,862 | +5,851 | +3,194 | +5,788 | | -9,845 | -310 |
| 14/09/29 | 9,630 | 1.46% | 628,587 | -44,555 | -53,055 | +103,357 | +8,885 | +20,415 | +59,273 | +5,257 | +1,086 | +5,111 | +3,330 | | -8,966 | +3,219 |
| 14/09/26 | 9,490 | 6.15% | 879,668 | -156,179 | -42,673 | +198,068 | | +28,947 | +152,695 | +4,117 | +1,243 | +4,062 | +7,004 | | +547 | +237 |
| 14/09/25 | 8,940 | 2.64% | 606,410 | -57,902 | -86,559 | +125,849 | | +26,957 | +24,000 | +12,905 | +10,806 | +21,254 | +14,737 | +15,190 | +18,313 | +299 |
| 14/09/24 | 8,710 | 5.45% | 370,945 | -91,212 | +8,693 | +79,011 | +260 | +12,046 | +66,725 | | | -20 | | | +3,470 | +38 |
| 14/09/23 | 8,260 | 0.24% | 203,287 | -17,099 | +9,937 | +3,516 | -1,204 | | -2,800 | +1,217 | +5,103 | | +1,000 | | +3,357 | +289 |
| 14/09/22 | 8,240 | -3.63% | 249,423 | +64,326 | -51,461 | -15,560 | -2,500 | -2,677 | -9,059 | -816 | | | -508 | | +2,612 | +83 |
| 14/09/19 | 8,550 | -0.58% | 250,893 | +69,310 | -48,951 | -20,705 | | | -20,705 | | | | | | +212 | +134 |
| 14/09/18 | 8,600 | 3.99% | 493,503 | +2,239 | -42,629 | +25,669 | -4,625 | +35,000 | -15,000 | | +15,294 | | -5,000 | | +13,843 | +878 |
| 14/09/17 | 8,270 | 0.98% | 193,993 | -8,748 | +12,091 | | | | | | | | | | +1,667 | -5,000 |
| 14/09/16 | 8,190 | -0.61% | 167,159 | +27,930 | -3,398 | -252 | | | -252 | | | | | | -23,300 | -980 |

**[퀀트 분석] 삼천당제약, 인공눈물 수요↑**

**자회사 디에이치피코리아 수혜… 종합점수 86점**

뉴지스탁 퀀트랭킹시스템을 통해 삼천당제약이 모멘텀 100점, 펀더멘탈 72점 등 종합점수 86점을 얻어 6일 유망 종목에 선정됐다. 단기 목표가는 1만 1,500원, 손절 가격은 9,000원으로 제시했다.

삼천당제약의 올해 연결 기준 매출액과 영업이익은 전년 대비 각각 13%, 31% 증가한 1,181억 원과 207억 원에 달할 것으로 전망된다. 특히 스마트폰, 태블릿PC, TV 등으로 눈이 혹사되면서 인공눈물 수요가 증가하고 있어 자회사 디에이치피코리아의 지속적 성장도 기대된다는 분석이다.

기사 출처: 이투데이(2014.10.06.)

## 7. 돌파 매매 전 고점

돌파 매매 전 고점은 최근의 저항대나 직전 고점에 거래량이 실린다. 강하게 돌파할 때 매수하는 방법이다.

### 매수 타점

1. 전일 거래량 100% 이상 증가(역배열 200% 증가)
2. 오전부터 수급 매수세 포착
3. 전 고점 돌파 매수세 확인 후 매수

## 매도 타점

1. 수급의 증가세가 늘어나지 않을 때
2. 전 고점 돌파 후 후속 매수세 부족
3. 미국 선물지수 확인과 증시 하락 체크

다음은 돌파 매매 전 고점의 실전매매 차트들이다. 일봉 차트와 분봉 차트에서 파란색 점선으로 매수 타점을 표시했다.

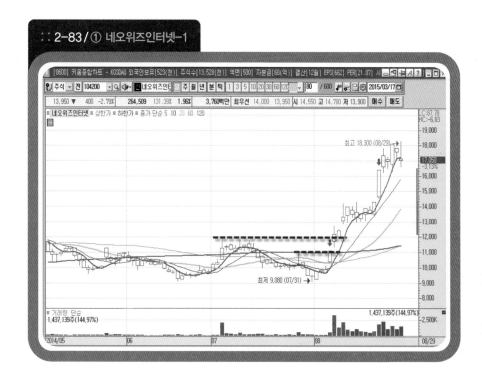

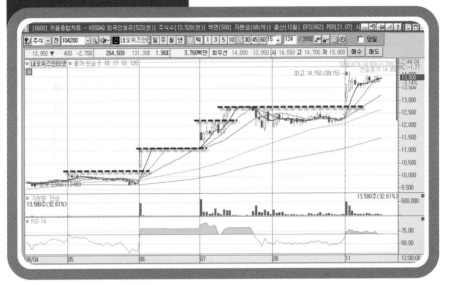

:: 2-85 / ① 네오위즈인터넷-3

## 네오위즈인터넷, 카카오뮤직 성장 가능성 크다

교보증권은 6일 네오위즈인터넷과 카카오가 함께 출시한 카카오뮤직이 큰 폭으로 성장할 가능성이 있다고 밝혔다. 이 증권사는 네오위즈인터넷에 대한 투자의견과 목표 주가는 제시하지 않았다.

심상규 교보증권 연구원은 "네오위즈인터넷과 카카오는 지난해 9월 카카오뮤직을 출시했고 지난달 1,500만 다운로드를 넘겼다"며 "국내 최대 모바일 SNS인 카카오와 연동돼 있어 강력한 유저 기반을 보유했다고 판단된다"고 말했다.

그는 "카카오뮤직의 MAU는 400만이 넘어서며 업계 선두인 로엔을 바짝 추격하고 있지만 아직 유료 사용자 비중이 낮아 매출액은 상대적으로 크지 않은 상태"라며 "카카오뮤직룸이 사용 빈도가 높은 카카오스토리 및 카카오톡과의 연계를 강화하고, 데이터 부담없는 사용이 가능한 방식 등 유저 친화적 정책으로 발전해간다면 카카오뮤직은 큰 폭의 성장이 가능할 것"이라고 예상했다. 심 연구원은 "다음과 합병하는 카카오는 카카오뮤직의 매출액을 2014년 90억 원, 2015년 160억 원으로 예상하고 있다"며 "카카오뮤직의 성장을 위한 새로운 전략들이 제시될 가능성 커 보인다"고 기대했다.

기사 출처: 머니투데이(2014.08.06.)

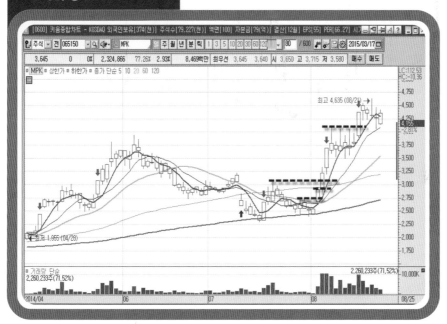

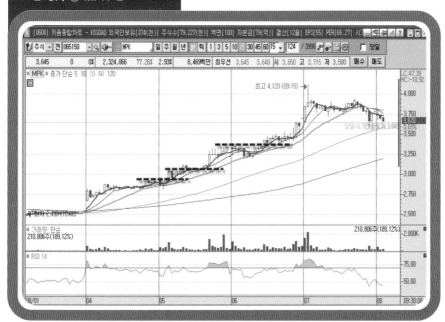

## :: 2-88 / ② MPK-3

[0796] 투자자별 매매동향 - 종목별투자자

투자자별매매종합 | 시간대별투자자 | 당일추이 | 일별동향/그래프 | 순매수추이 | 업종별투자순매수 | 당일매매현황 | 투자자별누적순매수 | 투자자별일별매매 | 종목별투자자

065150 ▼ Q MPK | 2015/03/18 ○금액○수량 ○순매수○매수○매도 ○천주○단주 ○전일비○등락률 투자자구분 안내 | 단위:백만원,단주 | 조회 연속 차.

2015/02/18 ~ 2015/03/18 누적순매수 +646,870 -208,742 -412,216 -24,635 -393,734 +192,913 +2,558 -739 -218,830 +30,251 -3,185 -22,727

| 일자 | 현재가 | 등락률 | 거래량 | 개인 | 외국인 | 기관계 | 금융투자 | 보험 | 투신 | 기타금융 | 은행 | 연기금등 | 사모펀드 | 국가 | 기타법인 | 내외국인 |
|---|---|---|---|---|---|---|---|---|---|---|---|---|---|---|---|---|
| 14/08/11 | 3,740 | 1.77% | 7,052,022 | -118,333 | +18,900 | +53,495 | -1,500 | +83,000 | -24,155 | | +10,763 | +37,320 | -18,933 | -33,000 | +41,903 | +4,035 |
| 14/08/08 | 3,675 | -3.03% | 2,782,355 | +86,202 | +5,477 | -77,598 | +54,500 | | -647 | -5,075 | | -83,232 | -43,818 | -620 | -5,000 | -9,081 |
| 14/08/07 | 3,790 | 2.43% | 9,015,440 | +44,044 | -27,174 | -22,711 | +131,823 | -32,025 | -2,413 | | | -62,096 | | -58,000 | -2,301 | +8,142 |
| 14/08/06 | 3,700 | 14.91% | 10,354,469 | -342,975 | -36,149 | +381,480 | -149,523 | +78,257 | +32,822 | +21,898 | +29,850 | +85,942 | +118,938 | +163,296 | +10,497 | -12,853 |
| 14/08/05 | 3,220 | 10.84% | 10,453,365 | -610,789 | +16,579 | +534,120 | +156,700 | | +69,401 | +16,872 | | +128,760 | +11,514 | +150,873 | +49,522 | +10,568 |
| 14/08/04 | 2,905 | 13.92% | 3,718,660 | -104,844 | -47,097 | +150,761 | +866 | | +124,146 | +7,190 | | | +18,559 | | +1,180 | |
| 14/08/01 | 2,550 | 1.19% | 426,715 | -8,151 | +8,151 | | | | | | | | | | | |
| 14/07/31 | 2,520 | -1.56% | 662,232 | -48,538 | +48,538 | | | | | | | | | | | |
| 14/07/30 | 2,560 | -3.76% | 981,479 | +29,629 | -26,518 | +2,173 | | | -2,827 | +5,000 | | | | | +727 | -6,011 |
| 14/07/29 | 2,660 | 4.31% | 1,061,760 | -32,900 | -9,736 | +36,459 | | | | | | | +36,459 | | +166 | +6,011 |
| 14/07/28 | 2,550 | -2.30% | 740,852 | -18,904 | +27,182 | | | | | | | | | | | -8,278 |
| 14/07/25 | 2,610 | 0.38% | 623,404 | -7,593 | -17,348 | +25,235 | | +27,000 | -1,765 | | | | | | +56 | -350 |
| 14/07/24 | 2,600 | -3.53% | 744,003 | +36,886 | -36,397 | -488 | | | -488 | | | | | | | -1 |
| 14/07/23 | 2,695 | -3.92% | 1,016,230 | +3,724 | -1,394 | -2,331 | | | -2,331 | | | | | | | +1 |
| 14/07/22 | 2,805 | -2.09% | 1,946,172 | +12,554 | -10,551 | +536 | | | +536 | | | | | | | -2,539 |
| 14/07/21 | 2,865 | 6.51% | 5,652,646 | -43,996 | +5,436 | +36,549 | | | +36,769 | -220 | | | | | +690 | +1,321 |
| 14/07/18 | 2,690 | -3.76% | 4,486,835 | +75,830 | -79,275 | +1,280 | | | +1,280 | | | | | | | -2,165 |
| 14/07/17 | 2,675 | 14.81% | 2,968,926 | -119,822 | +36,968 | +80,932 | -4,000 | | +73,259 | +4,224 | +7,509 | | | | +275 | +1,587 |
| 14/07/16 | 2,330 | -3.72% | 708,635 | +86,498 | -38,773 | -32,465 | -34,053 | | +1,588 | | | | | | -14,000 | -1,260 |
| 14/07/15 | 2,420 | -1.02% | 1,309,172 | +119,562 | +2,416 | -121,978 | -119,947 | | -2,031 | | | | | | | |
| 14/07/14 | 2,445 | -3.93% | 1,199,945 | +49,055 | +1,651 | -54,760 | -4,000 | | -50,760 | | | | | | | +4,054 |

## :: 2-89 / ② MPK-4

### [특징주] MPK, 강세… 상하이법인 흑자 전환 '피자 한류 이제 시작'

　MPK(065150)가 사흘째 강세다. 미스터피자가 중국 진출 2년 만에 성과를 내고 있다는 소식이 주가에 영향을 주고 있는 것으로 보인다. 5일 오전 9시 54분 MPK는 전날보다 3.79% 오른 3,015원에 거래되고 있다.

　관련 업계에 따르면 미스터피자 상하이법인은 지난해 3월 진출한 이래 처음으로 흑자로 돌아섰다. 상하이법인은 연내에 매장 30여 개를 추가로 열 계획이다. 미스터피자 인기가 매출로 이어지면서 대형 쇼핑몰에서 입점 요청도 늘고 있는 것으로 알려졌다. 지난 4월 미스터피자가 난징 골든이글백화점에 신제커우점을 열고 난 뒤 매출이 늘면서 현지 유통 및 부동산 기업에서 입점 요청을 하고 있다. 6월 미스터피자 중국 내 40개 매장 점포당 월평균 매출은 1억 2,000만 원으로 집계됐다.

기사 출처: 이데일리(2014.08.05.)

## :: 2-90 / ③ 셀트리온-1

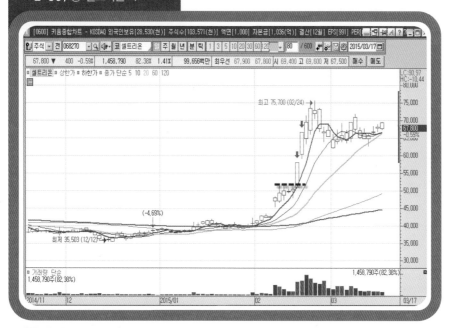

## :: 2-91 / ③ 셀트리온-2

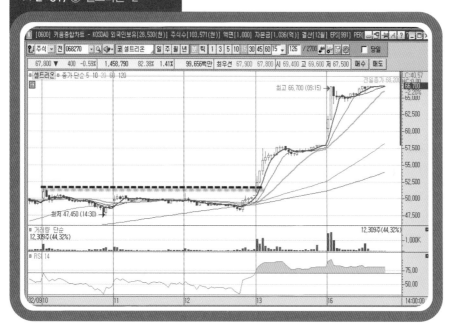

:: 2-92 / ③ 셀트리온-3

[0796] 투자자별 매매동향 - 종목별투자자

| 투자자별매매종합 | 시간대별투자자 | 당일추이 | 일별동향/그래프 | 순매수추이 | 업종별투자자순매수 | 당일매매현황 | 투자자별누적순매수 | 투자자별일별매매 | 종목별투자자 |

068270 코 셀트리온  2015/03/18  금액 수량  순매수 매수 매도  천주 단주  전일비 등락률  투자자구분 안내  단위:백만원,단주  조회 연속 차

| 2015/02/18 ~ 2015/03/18 | 누적순매수 | 2,117,047 | 1,656,239 | -393,254 | -353,829 | -93,714 | -149,794 | +1,732 | -23,317 | +279,314 | -22,373 | -31,213 | -28,906 | -38,648 |

| 일자 | 현재가 | 등락률 | 거래량 | 개인 | 외국인 | 기관계 | 금융투자 | 보험 | 투신 | 기타금융 | 은행 | 연기금등 | 사모펀드 | 국가 | 기타법인 | 내외국인 |
|------|--------|--------|--------|------|--------|--------|----------|------|------|----------|------|----------|----------|------|----------|----------|
| 15/02/27 | 65,500 | -1.95% | 3,363,450 | +346,466 | -178,917 | -166,322 | -148,999 | +13,528 | -107,943 | +435 | +323 | +71,462 | +4,838 | +34 | -5,815 | +4,588 |
| 15/02/26 | 66,800 | -1.47% | 6,690,995 | +235,522 | -324,720 | +113,204 | +43,535 | -13,338 | -43,718 | -696 | +1,531 | +8,208 | +116,788 | +894 | -12,914 | -11,092 |
| 15/02/25 | 67,800 | -5.83% | 5,177,103 | +230,296 | -34,975 | -215,271 | -57,936 | -25,343 | -29,406 | +1,501 | -3,552 | -32,633 | -54,261 | -13,641 | +23,671 | -3,721 |
| 15/02/24 | 72,000 | -2.17% | 5,704,104 | +204,866 | -198,022 | +4,340 | -52,602 | +60,526 | -6,135 | -1,000 | -1,400 | +39,050 | -31,273 | -2,826 | -9,685 | -1,499 |
| 15/02/23 | 73,600 | 13.58% | 7,696,640 | -179,031 | +76,595 | +123,635 | -3,132 | -17,490 | +76,832 | -437 | -8,666 | -30,691 | +107,325 | -106 | -10,922 | -10,277 |
| 15/02/17 | 64,800 | -2.85% | 9,534,166 | +148,062 | -109,294 | +26,425 | -57,563 | -22,274 | +17,679 | -1,384 | -21,045 | +89,940 | -1,843 | -22,915 | -39,975 | -25,218 |
| 15/02/16 | 66,700 | 15.00% | 6,840,229 | -586,767 | +467,200 | +139,093 | -34,065 | +96,849 | +100,182 | -9,426 | -5,837 | +26,913 | -98,755 | +61,222 | -30,309 | +10,793 |
| 15/02/13 | 58,000 | 14.85% | 6,289,955 | 1,432,169 | +193,970 | 1,283,027 | +95,568 | +227,578 | +284,054 | +7,056 | -1,152 | +437,973 | +187,302 | +54,648 | -46,333 | +1,500 |
| 15/02/12 | 50,500 | 1.81% | 1,772,525 | -6,999 | -60,030 | +66,555 | -39,737 | -1,339 | +54,683 | | +6,379 | -8,427 | +42,256 | +12,740 | +3,171 | -2,689 |
| 15/02/11 | 49,600 | 1.64% | 1,671,265 | -10,833 | +144,979 | -57,097 | -34,853 | +39,845 | | | +1,453 | +8,341 | +250 | +3,140 | -14,962 | +450 |
| 15/02/10 | 48,800 | -1.01% | 2,788,615 | -184,739 | -34,043 | +225,443 | +60,212 | +16,456 | +85,444 | | +3,397 | +19,053 | +20,595 | +20,545 | -11,021 | +4,360 |
| 15/02/09 | 49,300 | 4.67% | 4,058,760 | -427,882 | -53,493 | +490,206 | +157,703 | +27,166 | +183,750 | +9,171 | +1,624 | +80,665 | +9,582 | +20,545 | -6,438 | -2,253 |
| 15/02/06 | 47,100 | 11.08% | 4,867,669 | -445,837 | -98,672 | +569,911 | +116,689 | +176,442 | +142,982 | -193 | -5,074 | +92,864 | -9,563 | +55,764 | -18,094 | -7,308 |
| 15/02/05 | 42,400 | 0.1% | 391,517 | -27,727 | +15,473 | +7,403 | +31,179 | | +5,535 | | +6,500 | -31,152 | -5,859 | +1,200 | +4,562 | +299 |
| 15/02/04 | 42,400 | 1.07% | 642,246 | -73,855 | +59,507 | +9,025 | +9,879 | +1,227 | -2,189 | | +3,030 | -12,191 | +11,017 | -6,126 | -4,517 | +806 |
| 15/02/03 | 42,900 | 3.37% | 1,028,397 | -126,034 | +110,025 | +5,066 | +16,713 | +524 | +3,706 | | +11,934 | -21,700 | | -6,111 | +5,407 | +5,536 |
| 15/02/02 | 41,500 | 1.97% | 396,675 | -93,266 | +66,188 | +26,351 | +1,713 | +12,515 | +8,806 | +500 | +1,300 | +1,514 | +3 | | +2,300 | -1,573 |
| 15/01/30 | 40,700 | 1.50% | 1,228,557 | -5,667 | -37,379 | +33,192 | +26,238 | +540 | +9,232 | -1,000 | +15,613 | -17,431 | | | -1,096 | -384 |
| 15/01/29 | 40,100 | 1.26% | 336,457 | -39,257 | +46,205 | -9,821 | +4,034 | +7,000 | -1,000 | | | -19,855 | | | +4,280 | -1,407 |
| 15/01/28 | 39,600 | 0.25% | 224,071 | -8,085 | +21,261 | -14,752 | +353 | +3,000 | | | -5,905 | -12,200 | | | +1,299 | +277 |
| 15/01/27 | 39,500 | -1.25% | 331,935 | +69,139 | -39,784 | -13,563 | -8,093 | | -500 | | -4,970 | | | | -17,795 | +2,00 |

:: 2-93 / ④ 다음-1

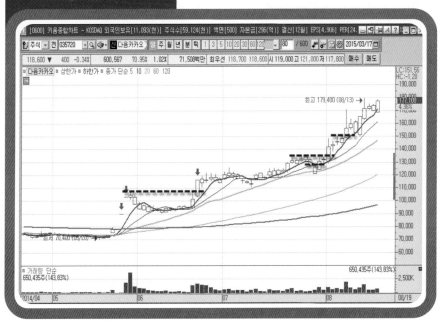

:: 2-94 / ④ 다음-2

투자자별 매매동향 - 종목별투자자 ①자동일지

별매매종합 | 시간대별투자자 | 당일추이 | 일별동향/그래프 | 순매수추이 | 업종별투자자순매수 | 당일매매현황 | 투자자별누적순매수 | 투자자별일별매매 | **종목별투자자**

다음카카오 | 2015/03/18 | ○금액 ○수량 ● 순매수 ○매수 ○매도 | ○천주 ●단주 | ○전일비 ●등락률 | 투자구분 안내 | 단위:백만원,단주 | 조회

| /18 ~ 2015/03/18 누적순매수 | 1,594,687 | -296,391 | 1,274,104 | -155,617 | -261,304 | -375,651 | +6,471 | -15,963 | -308,767 | -92,748 | -70,525 | -12,919 |
| 현재가 | 등락률 | 거래량 | 개인 | 외국인 | 기관계 | 금융투자 | 보험 | 투신 | 기타금융 | 은행 | 연기금등 | 사모펀드 | 국가 | 기타법인 |
|---|---|---|---|---|---|---|---|---|---|---|---|---|---|---|
| 148,400 | 1.85% | 555,241 | +57,671 | -89,166 | +28,370 | -8,971 | +3,827 | +3,123 | -200 | +171 | +24,918 | +3,506 | +1,995 | +1,590 |
| 145,700 | 1.60% | 792,383 | +52,818 | -25,446 | -33,623 | -18,644 | +4,343 | +1,200 | +336 | +510 | -26,397 | +4,591 | +438 | +3,236 |
| 143,400 | 1.27% | 602,367 | -837 | -62,267 | +59,595 | +6,645 | +12,466 | +13,500 | +1,206 | +2,300 | +17,397 | +3,474 | +2,607 | +3,423 |
| 141,600 | 7.52% | 978,736 | +17,666 | -95,911 | +42,616 | -12,316 | +6,982 | +18,459 | | +3,833 | +26,427 | +159 | -928 | +35,492 |
| 131,700 | 0.69% | 485,603 | -31,957 | -97,811 | +132,607 | -1,058 | +10,565 | +23,634 | -200 | -6,239 | +106,732 | -1,055 | +228 | -2,849 |
| 130,800 | 8.01% | 956,804 | +14,699 | -22,851 | +13,652 | -23,884 | +34,774 | +6,451 | | -1,684 | -14,338 | +6,588 | +5,545 | -4,906 |
| 121,100 | -5.17% | 448,278 | +592 | +16,146 | -14,832 | +27,458 | -27,646 | -2,715 | +200 | +200 | -10,080 | -1,249 | -1,000 | -1,897 |
| 127,700 | -3.04% | 303,032 | +55,354 | -4,264 | -52,019 | -4,572 | -16,681 | -24,323 | +270 | -1,519 | -3,752 | -1,442 | | +837 |
| 131,700 | -0.53% | 243,067 | +31,455 | -43,203 | +16,013 | +769 | +6,956 | +8 | +205 | +1,200 | +7,923 | +1,670 | -2,718 | -4,112 |
| 132,400 | 2.64% | 396,761 | -29,204 | -55,360 | +76,709 | -227 | -5,458 | +67,768 | | -184 | +456 | +2,728 | +170 | -3,951 |
| 129,000 | -1.53% | 336,175 | +9,266 | -35,697 | +21,027 | +6,148 | +432 | +21,696 | | -2,739 | -4,900 | -78 | +468 | +1,359 |
| 131,000 | 1.55% | 744,031 | -34,158 | -65,807 | +95,691 | -17,836 | +39,938 | +50,874 | -1,921 | +500 | +38,112 | -12,813 | -1,163 | +2,155 |
| 129,000 | 4.28% | 537,921 | -89,903 | +22,565 | +68,395 | +6,022 | +19,142 | +10,269 | +203 | +212 | +441 | +32,003 | +103 | -2,102 |
| 123,700 | 0.16% | 316,759 | -43,002 | -8,461 | +50,820 | +5,160 | +14,227 | +2,825 | -100 | -100 | +30,032 | -1,196 | -28 | +649 |
| 123,500 | 3.43% | 350,654 | -67,559 | +40,859 | +21,619 | -2,970 | +19,822 | +4,624 | | -2,658 | +153 | +1,160 | +1,488 | +1,488 |
| 119,400 | -2.53% | 352,028 | +15,778 | -9,605 | -5,899 | -1,345 | +1,749 | +95 | +603 | -4,589 | +62 | -2,275 | -199 | -273 |
| 122,500 | 3.55% | 563,516 | -29,267 | +21,020 | +6,257 | -18,166 | +19,921 | +16,699 | | -5,020 | -7,821 | +644 | | +1,895 |
| 118,300 | 0.42% | 183,828 | -30,872 | +9,487 | +22,389 | +2,161 | +9,172 | -2,367 | | +207 | +12,982 | +544 | -330 | -10 |
| 117,800 | -1.75% | 340,036 | +32,258 | -11,846 | -21,626 | -11,195 | +12,518 | +3,751 | | -10 | -8,651 | -18,039 | | +1,263 |
| 119,900 | 5.73% | 636,196 | -50,746 | +4,917 | +46,599 | +2,838 | +2,407 | +39,746 | +500 | -10,000 | +30,098 | -18,990 | | -519 |
| 113,400 | -0.61% | 464,490 | -2,168 | -33,622 | +36,859 | +8,808 | +9,335 | -8,049 | | +500 | +31,642 | -5,377 | | -1,310 |

:: 2-95 / ④ 다음-3

### LIG증권, 다음 본업보다 카카오 성장성에 주목

LIG투자증권은 30일 다음의 본업인 포털 사업의 실적보다는 10월 합병 예정인 카카오의 성장성에 주목해야 한다고 보고 매수의견과 목표주가 16만 원을 유지했다.

정대호 LIG투자증권은 "카카오는 모바일 시장 지배력을 바탕으로 사업 확장과 수익 창출에 나서고 있다"고 밝혔다. 그는 "카카오가 카카오스토리, 카카오톡 PC 버전 광고의 본격화와 기존 서비스의 광고단가 정상화를 추진 중이므로 광고 매출 성장을 이어 갈 것"이라고 전망했다. 그는 "모바일 지급결제 서비스인 '뱅크월렛 포 카카오(for kakao)'는 9월 중 출범할 것으로 예상된다"며 "최근 정부의 전자상거래 결제 간편화 방안과 관련해 이 서비스가 대안이 될 가능성도 있다"고 덧붙였다.

기사 출처: 연합뉴스(2014.07.30.)

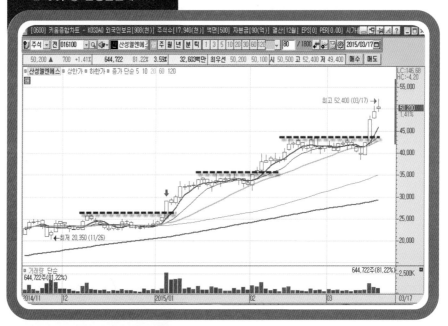

:: 2-96 / ⑤ 산성앨엔에스-1

:: 2-97 / ⑤ 산성앨엔에스-2

| 일자 | 현재가 | 등락률 | 거래량 | 개인 | 외국인 | 기관계 | 금융투자 | 보험 | 투신 | 기타금융 | 은행 | 연기금등 | 사모펀드 | 국가 | 기타법인 | 내외국인 |
|---|---|---|---|---|---|---|---|---|---|---|---|---|---|---|---|---|
| 2015/02/18 ~ 2015/03/18 누적순매수 | | | | -430,909 | +481,017 | -33,010 | -100,982 | +114,168 | -51,729 | -1,940 | -14,021 | -65,578 | +84,750 | -30,749 | +13,6% | |
| 15/03/17 | 50,200 | 1.41% | 644,722 | +21,632 | +35,611 | -62,494 | -8,675 | -5,100 | -30,123 | | -1,622 | -15,473 | -2,851 | +1,350 | +2,276 | +2,975 |
| 15/03/16 | 49,500 | 3.99% | 793,749 | -83,424 | +22,156 | +63,540 | +1,378 | -4,412 | -5,665 | -192 | -4,029 | +16,450 | +59,839 | +171 | -4,493 | +2,221 |
| 15/03/13 | 47,600 | 12.26% | 1,262,046 | -265,958 | +57,108 | +207,483 | -10,401 | +10,940 | -24,747 | -1,860 | -8,252 | +26,084 | +143,901 | +22,324 | -9,243 | +10,610 |
| 15/03/12 | 42,400 | 6.13% | 432,164 | -57,644 | +33,831 | +22,226 | -13,958 | +22,922 | +8,609 | +239 | +1,544 | +5,952 | -1,274 | -1,808 | +3,072 | -1,485 |
| 15/03/11 | 39,950 | -1.36% | 360,521 | -8,356 | +42,105 | -34,382 | -6,894 | +8,533 | +56 | +563 | -626 | -32,700 | -1,801 | -1,513 | +797 | -164 |
| 15/03/10 | 40,500 | -3.23% | 336,895 | +95,375 | -34,636 | -64,694 | -20,144 | | -13,012 | | +24 | -21,562 | -10,000 | | +2,858 | +1,097 |
| 15/03/09 | 41,850 | -2.22% | 238,620 | +57,982 | -16,021 | -42,371 | -28,885 | +14,347 | -2,121 | | +634 | | -26,345 | | +331 | +79 |
| 15/03/06 | 42,800 | 1.66% | 378,293 | +15,845 | -3,241 | -6,880 | +2,074 | | -3,244 | | -500 | | -5,210 | | -4,160 | -1,564 |
| 15/03/05 | 42,100 | -0.24% | 311,838 | -19,461 | +7,549 | +21,920 | +2,604 | +10,790 | +14,910 | -1,974 | -3,000 | +2,388 | -5,443 | +1,645 | -10,535 | +527 |
| 15/03/04 | 42,200 | 3.81% | 417,223 | -105,988 | +118,971 | -14,645 | +254 | | -953 | -275 | | -3,139 | -10,532 | | +430 | +1,232 |
| 15/03/03 | 40,650 | -1.93% | 338,423 | -40,232 | +54,206 | -7,752 | +1,113 | +6,990 | +3,056 | | -2,604 | +3,674 | -17,083 | -2,898 | -5,331 | -891 |
| 15/03/02 | 41,450 | -0.36% | 489,563 | -46,906 | +74,003 | -26,973 | +2,445 | +11,061 | -469 | | -248 | -11,433 | -30,009 | +1,680 | +269 | -393 |
| 15/02/27 | 41,600 | 1.46% | 181,551 | -61,852 | +38,569 | +22,061 | +12,309 | +2,551 | +4,742 | | -262 | +2,975 | -254 | | +2,081 | -859 |
| 15/02/26 | 41,000 | -1.09% | 426,287 | -41,394 | +44,451 | -772 | -4,737 | +9,216 | -3,215 | +1,430 | -933 | -1,392 | -3,669 | -6,946 | -2,551 | -396 |
| 15/02/25 | 41,450 | -3.60% | 360,193 | +101,442 | -45,204 | -51,541 | -14,304 | +1,271 | -14,606 | +1,226 | -894 | -14,704 | -4,319 | -5,211 | -4,817 | +120 |
| 15/02/24 | 43,000 | 4.75% | 553,885 | -29,199 | +46,579 | -18,240 | -16,285 | +7,482 | -9,217 | | +8,747 | -8,448 | | -518 | -46 | +306 |
| 15/02/23 | 41,050 | -0.48% | 247,208 | +19,402 | +12,950 | -30,958 | -10,063 | +3,495 | -15,259 | -314 | -2,000 | -5,636 | | -1,181 | -499 | -905 |
| 15/02/17 | 41,250 | -1.79% | 304,987 | +17,827 | -7,980 | -8,538 | +1,714 | +14,082 | -9,965 | -783 | | -8,614 | -199 | -4,773 | -1,188 | -121 |
| 15/02/16 | 42,000 | -0.83% | 347,817 | +1,806 | -15,713 | +12,840 | +5,715 | +7,286 | -1,101 | | +57 | | -449 | +1,332 | +171 | +896 |
| 15/02/13 | 42,350 | 0.59% | 343,339 | +15,171 | +19,767 | -36,132 | -25,083 | +3,499 | -14,345 | -654 | -3,112 | +5,101 | -562 | -976 | +2,049 | -855 |
| 15/02/12 | 42,100 | 4.73% | 863,398 | -13,592 | +1,420 | +15,246 | -3,919 | +10,547 | -6,382 | +550 | -12,742 | +471 | -777 | +27,498 | -6,774 | +3,70_ |

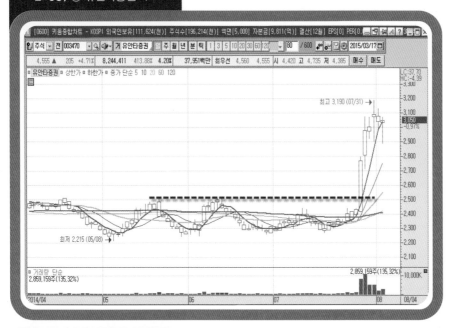

:: 2-98 / ⑥ 유안타증권-1

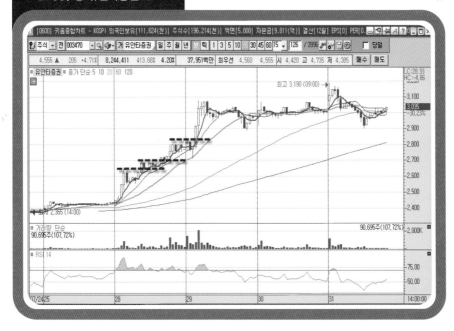

:: 2-99 / ⑥ 유안타증권-2

:: 2-100 / ⑥ 유안타증권-3

[0796] 투자자별 매매동향 - 종목별투자자

투자자별매매종합 | 시간대별투자자 | 당일추이 | 일별동향/그래프 | 순매수추이 | 업종별투자자순매수 | 당일매매현황 | 투자자별누적순매수 | 투자자별일별매매 | 종목별투자자

003470 유안타증권 2015/03/18 ○금액 ●수량 ●순매수 ○매수 ○매도 ○천주 ○단주 ○전일비 ●등락률 투자자구분 안내 단위:백만원,단주

| 일자 | 현재가 | 등락률 | 거래량 | 개인 | 외국인 | 기관계 | 금융투자 | 보험 | 투신 | 기타금융 | 은행 | 연기금등 | 사모펀드 | 국가 | 기타법인 | 내외국인 |
|---|---|---|---|---|---|---|---|---|---|---|---|---|---|---|---|---|
| 2015/02/18 ~ 2015/03/18 누적순매수 | | | | +915,581 | -695,493 | -207,109 | -120,701 | | +114,973 | +44,286 | +24,921 | | -270,590 | | +33,600 | -46,57 |
| 14/08/01 | 3,080 | -0.32% | 2,112,864 | +10,592 | +14,281 | +30,127 | -1,680 | | +31,807 | | | | | | -55,000 | |
| 14/07/31 | 3,090 | 2.83% | 5,150,490 | -90,849 | +71,473 | +1,226 | +1,226 | | | | | | | | +11,010 | +7,140 |
| 14/07/30 | 3,005 | 0.84% | 5,024,784 | -121,607 | -188,347 | +486,607 | +327,262 | +21,376 | +4,000 | +76,131 | +511 | +57,327 | | | -174,452 | -2,201 |
| 14/07/29 | 2,980 | 7.58% | 10,769,180 | -204,573 | -272,490 | +483,185 | +103,813 | +280,117 | +220,200 | +17,884 | +35,893 | +45,478 | -220,200 | | -7,203 | +1,081 |
| 14/07/28 | 2,770 | 13.76% | 8,327,622 | -262,974 | +141,004 | +154,099 | +56,099 | +98,000 | | | | | | | -15,083 | -17,046 |
| 14/07/25 | 2,435 | 2.96% | 1,026,815 | +4,686 | -18,828 | -5,000 | -5,000 | | | | | | | | +9,442 | +9,700 |
| 14/07/24 | 2,365 | -1.66% | 450,509 | +5,542 | -20,932 | +10,000 | +10,000 | | | | | | | | +4,246 | +1,144 |
| 14/07/23 | 2,405 | 2.34% | 1,267,637 | -24,698 | +11,825 | -21,484 | -21,484 | | | | | | | | +35,666 | -1,309 |
| 14/07/22 | 2,350 | -0.63% | 464,775 | +80,170 | -94,072 | | | | | | | | | | +13,896 | +4 |
| 14/07/21 | 2,365 | 2.38% | 646,978 | +28,517 | -37,690 | -1,855 | -1,855 | | | | | | | | +10,102 | +926 |
| 14/07/18 | 2,310 | -1.28% | 245,978 | +30,568 | -30,568 | | | | | | | | | | | |
| 14/07/17 | 2,340 | 2.41% | 434,743 | -14,721 | -2,023 | +16,744 | +16,744 | | | | | | | | | |
| 14/07/16 | 2,285 | -0.44% | 352,959 | +35,952 | -21,052 | -15,000 | -15,000 | | | | | | | | | +100 |
| 14/07/15 | 2,295 | -1.92% | 617,050 | +101,964 | -45,151 | -61,113 | -61,113 | | | | | | | | +4,300 | |
| 14/07/14 | 2,340 | -0.43% | 267,813 | +11,828 | -18,963 | +9,444 | +9,444 | | | | | | | | -2,309 | |
| 14/07/11 | 2,350 | -1.47% | 491,400 | +26,885 | -17,404 | +9,629 | +9,629 | | | | | | | | -17,701 | -1,409 |
| 14/07/10 | 2,385 | -0.63% | 535,403 | +120,557 | -98,702 | -1,855 | -1,855 | | | | | | | | -20,000 | |
| 14/07/09 | 2,400 | 0% | 537,699 | -28,781 | +1,433 | +49,397 | +49,397 | | | | | | | | -15,000 | -7,049 |
| 14/07/08 | 2,400 | 3.00% | 608,605 | -130,500 | +82,785 | +50,000 | +50,000 | | | | | | | | -1,270 | -1,015 |
| 14/07/07 | 2,330 | -0.43% | 345,245 | -75,305 | +23,435 | +33,350 | -21,370 | | +54,720 | | | | | | +10,000 | +8,520 |
| 14/07/04 | 2,340 | -0.43% | 279,466 | -57,823 | +30,683 | | | | | | | | | | +27,000 | +1？ |

:: 2-101 / ⑦ 선데이토즈-1

:: 2-102 / ⑦ 선데이토즈-2

:: 2-103 / ⑦ 선데이토즈-3

[특징주] 선데이토즈, 실적 발표 앞두고 강세

　선데이토즈(123420)가 실적 발표를 앞두고 강세다. 4일 오전 10시 58분 선데이토즈
는 전날보다 6.95% 오른 1만 6,150원에 거래되고 있다. 앞서 선데이토즈는 지난 1일 올
해 1월 1일부터 6월 30일까지 결산 실적을 공시한다고 밝혔다. 키움증권은 선데이토즈
가 올 2분기에 매출액 415억 원, 영업이익 182억 원을 기록한 것으로 추정했다.

기사 출처: 이데일리(2014.08.04.)

## 8. 돌파 매매 신고가

　돌파 매매 신고가는 52주 신고가 갱신 시 매수하는 방법이다. 52주 신고가
는 1년 1개월(13개월) 동안의 최고 주가를 뜻한다. 달리는 말에 올라타기 위해
서는 신고가 수급 종목을 주목해야 한다.

## 매수 타점

1. 전일 거래량 100% 이상 증가
2. 오전부터 수급 매수세 포착
3. 직전 신고가에 거래량 동반하여 돌파 시 매수

## 매도 타점

1. 수급 증가세가 늘어나지 않을 때
2. 전 고점 돌파 후 후속 매수세 부족
3. 미국 선물지수 확인과 증시 하락 체크

## 신고가 종목 공략 이유

1. 수급 주체 물려도 주가 관리 가능
2. M쌍봉으로 재매도 기회 생성
3. 가장 강한 매물대 돌파로 큰 시세 예상

신고가는 수급이 지속되면 연속성 있게 지속·갱신되는 것이 특징이다. 다음은 2014년 외국인·기관 투자자들의 수급 유입과 함께 첫 신고가 돌파 후 지속적으로 신고가를 갱신하며 상승한 종목들이다. 외에도 수급 유입과 함께 고공행진을 한 종목들은 무수히 많으니 차트와 수급을 연계해 분석하면 좋겠다.

:: 2-104 / ① 화승인더-1

:: 2-105 / ① 화승인더-2

| 일자 | 현재가 | 등락률 | 거래량 | 개인 | 외국인 | 기관계 | 금융투자 | 보험 | 투신 | 기타금융 | 은행 | 연기금등 | 사모펀드 | 국가 | 기타법인 | 내외국인 |
|---|---|---|---|---|---|---|---|---|---|---|---|---|---|---|---|---|
| 14/08/01 | 1,665 | -2.35% | 4,123,768 | -166,056 | +154,948 | | | | | | | | | | -2,416 | +13,524 |
| 14/07/31 | 1,705 | -5.54% | 3,452,920 | -310,252 | +127,515 | +123,547 | | | +123,547 | | | | | | +59,972 | -782 |
| 14/07/30 | 1,805 | 1.12% | 2,346,186 | -78,975 | -2,348 | +83,243 | -1,093 | | +84,336 | | | | | | -502 | -1,418 |
| 14/07/29 | 1,785 | -0.28% | 2,472,730 | -2,003 | -101,396 | +110,822 | +110,822 | | | | | | | | -3,900 | -3,523 |
| 14/07/28 | 1,790 | 3.17% | 5,573,881 | -200,282 | -310,355 | +451,405 | +61,174 | | +164,255 | | | +225,976 | | | +59,909 | -677 |
| 14/07/25 | 1,735 | 10.86% | 7,098,869 | -72,100 | -132,888 | +201,488 | +58,336 | | +53,800 | | | +89,352 | | | -3,500 | +7,000 |
| 14/07/24 | 1,565 | -2.49% | 1,450,811 | +28,388 | -29,579 | -909 | | | -909 | | | | | | | +2,100 |
| 14/07/23 | 1,605 | -0.62% | 1,681,014 | -62,549 | +67,931 | -4,368 | | | -4,368 | | | | | | | -1,014 |
| 14/07/22 | 1,615 | 1.89% | 4,731,754 | +111,783 | -173,608 | +42,823 | +42,823 | | | | | | | | +13,400 | +5,600 |
| 14/07/21 | 1,585 | 10.84% | 12,349,324 | -249,284 | +3,753 | +197,795 | | | +117,795 | | -20,000 | +100,000 | | | +56,407 | -8,671 |
| 14/07/18 | 1,430 | -1.04% | 1,704,426 | -80,488 | +6,946 | +81,542 | | +67,443 | -28 | | | | | +14,127 | -10,000 | +2,000 |
| 14/07/17 | 1,445 | 11.58% | 6,364,102 | -223,135 | +76,286 | +149,349 | +7,387 | | +65,706 | | | | | +76,256 | -7,500 | +5,000 |
| 14/07/16 | 1,295 | -3.36% | 1,560,529 | +115,359 | -801 | -115,558 | | | -133,505 | | | | | +17,947 | +1,000 | |
| 14/07/15 | 1,340 | 0% | 4,835,273 | +202,053 | -165,283 | -29,770 | -2,509 | | -41,151 | | | | | +13,890 | +5,500 | -1,500 |
| 14/07/14 | 1,340 | -2.55% | 1,712,189 | +32,859 | -34,994 | +2,437 | | -1,609 | -21,048 | | | | | +25,094 | +7,000 | -7,302 |
| 14/07/11 | 1,375 | 3.00% | 3,449,178 | -92,934 | -170,316 | +278,250 | | | +136,158 | | | | | +142,092 | -16,500 | +1,500 |
| 14/07/10 | 1,335 | 8.54% | 14,163,317 | +205,503 | -141,683 | -89,369 | | | -204,369 | | | | | +115,000 | +55,352 | -30,383 |
| 14/07/09 | 1,230 | 0.41% | 425,294 | +23,406 | -21,445 | -2,697 | | | -2,697 | | | | | | +1,000 | -264 |
| 14/07/08 | 1,225 | 0% | 587,233 | -20,505 | +14,305 | | | | | | | | | | +6,000 | +200 |
| 14/07/07 | 1,225 | 0.41% | 360,730 | -1,064 | +1,064 | | | | | | | | | | | |
| 14/07/04 | 1,220 | -1.61% | 642,398 | -3,705 | -21,553 | +35,258 | +32,912 | | -4,013 | | | | | +6,359 | -10,000 | |

:: 2-106 / ② 현대하이스코-1

:: 2-107 / ② 현대하이스코-2

∷ 2-108 / ③ 산성앨엔에스-1

∷ 2-109 / ③ 산성앨엔에스-2

[0796] 투자자별 매매동향 - 종목별투자자

투자자별매매종합 | 시간대별투자자 | 당일추이 | 일별동향/그래프 | 순매수추이 | 업종별투자자순매수 | 당일매매현황 | 투자자별누적순매수 | 투자자별일별매매 | 종목별투자자

016100 산성앨엔에스 2015/03/18 ○금액 ○수량 ○순매수 ○매수 ○매도 ○천주 ○단주 ○전일비 ○등락률 투자자구분 안내 단위:백만원,단주

2015/02/18 ~ 2015/03/18

| 일자 | 현재가 | 등락률 | 거래량 | 개인 | 외국인 | 기관계 | 금융투자 | 보험 | 투신 | 기타금융 | 은행 | 연기금등 | 사모펀드 | 국가 | 기타법인 | 내외국인 |
|---|---|---|---|---|---|---|---|---|---|---|---|---|---|---|---|---|
| 누적순매수 | | | | -430,909 | +481,017 | -33,010 | -100,982 | +114,168 | -1,940 | -14,021 | -65,578 | | +84,750 | +2,322 | -30,749 | -13,65 |
| 14/08/13 | 15,800 | 2.93% | 975,318 | +8,570 | -37,325 | +51,920 | +27,197 | | -35,277 | | | | +60,000 | | -21,416 | -1,749 |
| 14/08/12 | 15,350 | 5.86% | 1,614,035 | -31,336 | +37,421 | -6,088 | -39,921 | | -47,618 | | -919 | | +62,370 | | -137 | +140 |
| 14/08/11 | 14,500 | -1.69% | 499,704 | +21,704 | -13,505 | -9,508 | +4,690 | | -16,568 | | | | +2,370 | | +209 | +1,100 |
| 14/08/08 | 14,750 | 1.03% | 585,362 | -42,836 | +7,154 | +33,262 | -10,898 | | +2,160 | | | +2,000 | +40,000 | | +2,780 | -360 |
| 14/08/07 | 14,600 | 3.18% | 660,811 | -48,420 | +28,471 | +24,288 | +32,859 | | -15,360 | | +6,789 | | | | -3,736 | -603 |
| 14/08/06 | 14,150 | 1.43% | 886,954 | +23,194 | -34,896 | +11,322 | +16,200 | | -5,700 | | +822 | | | | +674 | -294 |
| 14/08/05 | 13,950 | 8.14% | 1,743,435 | -91,217 | +84 | +75,259 | +39,511 | | -21,459 | +1,682 | +3,216 | | +50,109 | +2,200 | +16,784 | -910 |
| 14/08/04 | 12,900 | 0.39% | 1,115,237 | +1,114 | -17,253 | +13,941 | +26,897 | | -9,956 | | -3,000 | | | | +2,008 | +190 |
| 14/08/01 | 12,850 | 9.83% | 2,421,969 | -217,520 | +102,891 | +62,856 | +118,015 | | -8,130 | | +15,546 | | -44,865 | +2,290 | +27,963 | +3,810 |
| 14/07/31 | 11,700 | 1.74% | 815,426 | -45,793 | -69,006 | +115,553 | +85,000 | | +10,563 | | +20,000 | | | | -725 | -35 |
| 14/07/30 | 11,500 | 9.00% | 1,338,643 | -69,485 | +18,991 | -419 | | -340 | -59 | | | -29 | | | +51,377 | -464 |
| 14/07/29 | 10,550 | 4.98% | 1,704,167 | -75,156 | +3,630 | +72,743 | | | +25,088 | | | | +44,865 | +2,790 | -1,067 | -150 |
| 14/07/28 | 10,050 | -6.51% | 1,009,870 | -54,983 | +7,125 | +23,391 | -9,100 | | +2,491 | | | | +30,000 | | +28,544 | -4,077 |
| 14/07/25 | 10,750 | 1.90% | 527,130 | -98,263 | +66,480 | -462 | +1,372 | | | -1,834 | | | | | +33,984 | -1,739 |
| 14/07/24 | 10,550 | -6.22% | 670,051 | -23,847 | +31,452 | +5,960 | -10,000 | | +15,960 | | | | | | -13,465 | -100 |
| 14/07/23 | 11,250 | -1.75% | 650,075 | -18,337 | -14,750 | +33,000 | -5,000 | | +2,000 | | -4,000 | | +40,000 | | | +87 |
| 14/07/22 | 11,450 | 1.78% | 667,382 | -27,751 | +9,919 | +14,600 | +8,900 | | +5,700 | | | | | | +1,882 | +1,350 |
| 14/07/21 | 11,250 | -3.43% | 572,665 | +27,112 | -32,558 | +3,972 | -415 | | +4,187 | | +200 | | | | +825 | +649 |
| 14/07/18 | 11,650 | 3.10% | 1,427,471 | -86,562 | +10,071 | +64,057 | +10,000 | | +54,057 | | | | | | +12,305 | +129 |
| 14/07/17 | 11,300 | 0.89% | 1,055,085 | +27,698 | -40,014 | +11,500 | +8,000 | | +3,500 | | | | | | +1,616 | -800 |
| 14/07/16 | 11,200 | 10.34% | 2,426,297 | -28,461 | +38,609 | +32,762 | -3,910 | +340 | +36,332 | | | | | | -44,374 | +1,46 |

:: 2-110 / ④ 컴투스-1

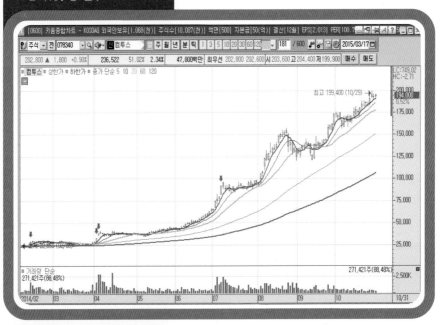

:: 2-111 / ④ 컴투스-2

| 일자 | 현재가 | 등락율 | 거래량 | 개인 | 외국인 | 기관계 | 금융투자 | 보험 | 투신 | 기타금융 | 은행 | 연기금등 | 사모펀드 | 국가 | 기타법인 | 내외국인 |
|---|---|---|---|---|---|---|---|---|---|---|---|---|---|---|---|---|
| 13/04/17 | 58,800 | 3.16% | 540,747 | -170,792 | +58,288 | +90,191 | +11,242 | +43,095 | +12,715 | | +70 | +20,142 | +2,097 | +830 | +22,565 | -252 |
| 13/04/16 | 57,000 | 3.07% | 407,836 | -66,667 | -5,319 | +75,132 | +3,915 | +26,606 | +20,555 | | -7,362 | +31,032 | | +386 | -3,544 | +398 |
| 13/04/15 | 55,300 | 0.91% | 273,669 | -39,194 | +269 | +39,166 | +6,950 | +4,997 | +18,545 | | +2,168 | +5,411 | | +1,095 | +139 | -380 |
| 13/04/12 | 54,800 | 4.58% | 673,424 | -142,513 | +2,764 | +144,860 | +12,437 | +7,372 | +70,567 | | +10,000 | +26,163 | +15,309 | +3,012 | -6,346 | +1,245 |
| 13/04/11 | 52,400 | 5.75% | 374,615 | -66,987 | +6,520 | +56,071 | +24,250 | +458 | +9,100 | | -48 | +17,311 | +5,000 | | +4,635 | -239 |
| 13/04/10 | 49,550 | -0.20% | 278,906 | +23,129 | -27,092 | +2,412 | -3,738 | -95 | +15,388 | | -9,143 | | | | +1,963 | -449 |
| 13/04/09 | 49,650 | 2.80% | 839,582 | -68,698 | +24,369 | +38,214 | -2,666 | +8,876 | +52,012 | | -16,690 | -10,906 | +43 | +7,575 | +7,277 | -1,162 |
| 13/04/08 | 48,300 | -10.22% | 844,548 | +50,195 | -785 | -81,967 | -14,763 | +7,226 | -29,983 | | -4,299 | -42,376 | +2,264 | -36 | +32,710 | -153 |
| 13/04/05 | 53,800 | -6.11% | 635,107 | +138,620 | -4,049 | -145,569 | -3,645 | -211 | -60,531 | | -349 | -45,922 | -28,111 | -6,800 | +10,815 | +183 |
| 13/04/04 | 57,300 | 0.88% | 633,417 | -82,939 | -16,334 | +96,496 | +565 | +12,772 | +14,534 | | +6,135 | +71,872 | -13,389 | +4,027 | +2,292 | +495 |
| 13/04/03 | 56,800 | 2.16% | 662,627 | -95,098 | -63,295 | +157,248 | +17,360 | +33,909 | -1,282 | | +242 | +34,326 | +25,561 | +47,132 | +891 | +254 |
| 13/04/02 | 55,600 | 6.92% | 1,105,572 | -60,674 | -57,122 | +90,073 | +14,321 | +19,784 | -8,567 | +5,420 | +617 | +60,427 | -10,606 | +8,677 | +27,487 | +236 |
| 13/04/01 | 52,000 | 0.78% | 195,637 | +24,385 | -30,249 | +3,324 | +2,548 | +1,483 | -689 | | -18 | | | | +2,535 | +5 |
| 13/03/29 | 51,600 | 0.78% | 114,697 | -11,324 | +3,190 | +8,134 | | | -3,131 | | -212 | +5,079 | +136 | | | |
| 13/03/28 | 51,200 | 0% | 150,940 | +5,742 | +10,402 | -12,162 | -2,881 | -84 | +7,666 | | -2,009 | -12,333 | -5,824 | +3,303 | -4,006 | +24 |
| 13/03/27 | 51,200 | 0.39% | 312,715 | +18,616 | -37,273 | +22,118 | +9,148 | | +2,966 | | +372 | +9,632 | | | -3,191 | -270 |
| 13/03/26 | 51,000 | -1.54% | 243,880 | -1,123 | +3,370 | +4,695 | +4,000 | -3,000 | +10,066 | | | -3,359 | | -3,012 | -6,599 | -343 |
| 13/03/25 | 51,800 | -0.77% | 233,288 | +31,165 | -2,099 | -114 | +1,632 | | -1,002 | | -300 | -3,738 | -3,738 | +52 | +714 | +334 |
| 13/03/22 | 52,200 | 0.77% | 233,985 | -34,594 | -31,300 | +62,553 | -1,184 | -3,000 | +35,408 | | +5,802 | +2,781 | +21,983 | +763 | +2,310 | +1,031 |
| 13/03/21 | 51,800 | 3.60% | 329,308 | -40,475 | +29,532 | +8,207 | +1,040 | -5,867 | +19,315 | | +1,000 | -16,500 | +9,212 | | +2,402 | +341 |
| 13/03/20 | 50,000 | -0.60% | 225,275 | -35,891 | +46,309 | -11,403 | +116 | | -11,499 | | -500 | | | +480 | +1,000 | -1 |

## :: 2-112 / ⑤ 네오위즈게임즈-1

## :: 2-113 / ⑤ 네오위즈게임즈-2

| 일자 | 현재가 | 등락률 | 거래량 | 개인 | 외국인 | 기관계 | 금융투자 | 보험 | 투신 | 기타금융 | 은행 | 연기금등 | 사모펀드 | 국가 | 기타법인 | 내외국인 |
|---|---|---|---|---|---|---|---|---|---|---|---|---|---|---|---|---|
| 14/08/06 | 21,100 | 13.75% | 2,255,873 | -156,264 | +64,159 | +103,282 | +103,282 | | | | | | | | -3,196 | -7,981 |
| 14/08/05 | 18,550 | -1.59% | 197,683 | -4,949 | +6,734 | -162 | -143 | | -19 | | | | | | -1,613 | -10 |
| 14/08/04 | 18,850 | 3.57% | 163,341 | -35,332 | +34,531 | +1,791 | +1,791 | | | | | | | | -990 | |
| 14/08/01 | 18,200 | 0% | 159,931 | -25,376 | +25,767 | -41 | +13 | | -54 | | | | | | -350 | |
| 14/07/31 | 18,200 | 2.25% | 173,782 | -55,698 | +55,616 | +152 | +121 | | +31 | | | | | | +20 | -90 |
| 14/07/30 | 17,800 | 2.30% | 207,767 | -19,849 | +54,599 | -35,350 | -35,407 | | +57 | | | | | | | +600 |
| 14/07/29 | 17,400 | -4.40% | 289,614 | +21,212 | +21,740 | -42,505 | -29,348 | | -13,157 | | | | | | -350 | -97 |
| 14/07/28 | 19,000 | -4.21% | 248,019 | +15,114 | -17,073 | +685 | +938 | | -253 | | | | | | +1,143 | +131 |
| 14/07/25 | 19,000 | 1.60% | 246,996 | +7,726 | -2,748 | -5,800 | -5,800 | | | | | | | | -1,398 | +2,220 |
| 14/07/24 | 18,700 | 4.76% | 401,024 | -53,929 | +48,541 | +6,481 | | | +6,481 | | | | | | -843 | -250 |
| 14/07/23 | 17,850 | -2.46% | 227,700 | -27,555 | +28,105 | | | | | | | | | | | -550 |
| 14/07/22 | 18,300 | -1.08% | 173,879 | +15,171 | -15,138 | -31 | -31 | | | | | | | | | -2 |
| 14/07/21 | 18,500 | 1.65% | 345,645 | -32,512 | +32,386 | | | | | | | | | | | +126 |
| 14/07/18 | 18,200 | -1.62% | 182,454 | +10,634 | +19,782 | -30,201 | -79 | -21,007 | -9,115 | | | | | | | -215 |
| 14/07/17 | 18,500 | 1.09% | 248,624 | -5,169 | +45,163 | -33,539 | -5,717 | -19,372 | -8,450 | | | | | | -6,725 | +270 |
| 14/07/16 | 18,300 | -3.68% | 418,166 | +13,689 | +13,678 | -26,445 | -15,384 | | -7 | | -37 | -11,017 | | | +918 | -1,840 |
| 14/07/15 | 19,000 | -1.81% | 425,786 | +32,278 | -32,681 | -995 | -995 | | | | | | | | +400 | +998 |
| 14/07/14 | 19,350 | 5.16% | 522,374 | -45,596 | +34,840 | -1,300 | -1,300 | | | | | | | | +13,000 | -944 |
| 14/07/11 | 18,400 | 1.66% | 703,987 | +19,581 | -11,143 | -2,368 | +15,881 | -11,031 | -4,375 | | +200 | -3,043 | | | -7,120 | +1,050 |
| 14/07/10 | 18,100 | -1.36% | 338,417 | +19,890 | +10,533 | -7,372 | +337 | -4,042 | -2,258 | | | -1,409 | | | -24,159 | +1,108 |
| 14/07/09 | 18,350 | 4.26% | 933,906 | -54,533 | +3,685 | +7,607 | +13,651 | -4,187 | -303 | | | -1,554 | | | +42,642 | +50 |

:: 2-114 / ⑥ 다음-1

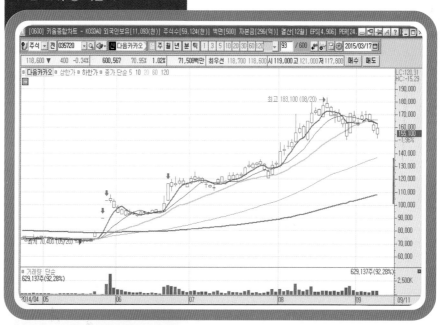

:: 2-115 / ⑥ 다음-2

| 일자 | 현재가 | 등락률 | 거래량 | 개인 | 외국인 | 기관계 | 금융투자 | 보험 | 투신 | 기타금융 | 은행 | 연기금등 | 사모펀드 | 국가 | 기타법인 | 내외국인 |
|---|---|---|---|---|---|---|---|---|---|---|---|---|---|---|---|---|
| 14/07/01 | 120,500 | 2.99% | 571,991 | +4,243 | -20,122 | +4,594 | -764 | +1,680 | +14,245 | -830 | -1,438 | -1,566 | -8,556 | +1,823 | +11,181 | +104 |
| 14/06/30 | 117,000 | 1.04% | 348,072 | -32,331 | +17,949 | +14,029 | -2,788 | +5,546 | +5,897 | +900 | -100 | +13,846 | -9,272 | | -58 | +411 |
| 14/06/27 | 115,800 | -2.11% | 548,713 | +47,330 | +8,131 | -55,357 | -15,894 | -2,928 | +2,368 | -1,500 | -2,898 | -8,345 | -22,565 | -3,595 | -350 | +246 |
| 14/06/26 | 118,300 | 1.63% | 922,581 | +8,658 | +6,881 | -21,558 | -49,678 | +18,185 | +8,389 | | -1,880 | +3,156 | +2,120 | -1,850 | +21,640 | -15,621 |
| 14/06/25 | 116,400 | 1.93% | 1,351,549 | +88,216 | +36,300 | -116,668 | -9,202 | -7,977 | -6,740 | -2,521 | -13,083 | -15,461 | -89,529 | +14,365 | -9,125 | +1,277 |
| 14/06/24 | 114,200 | -1.89% | 1,467,963 | +67,547 | -85,217 | +11,598 | +4,455 | +4,344 | +8,316 | +340 | -768 | -17,209 | +18,790 | -6,670 | -4,006 | +10,078 |
| 14/06/23 | 116,400 | 14.91% | 1,614,383 | -102,831 | +91,051 | +99,984 | +39,984 | +27,464 | -65,914 | +580 | -21,006 | +49,577 | +39,250 | +21,115 | -7,838 | +2,220 |
| 14/06/19 | 101,300 | 6.97% | 1,307,123 | -60,126 | +62,354 | -474 | -2,236 | +38,625 | -22,526 | | -39,038 | -16,737 | +22,601 | +18,837 | -3,092 | +1,338 |
| 14/06/19 | 94,700 | 0.42% | 149,061 | -17,565 | -1,884 | +16,786 | -726 | +13,697 | +1,533 | | +490 | +281 | +1,511 | | +2,463 | +200 |
| 14/06/18 | 94,300 | -1.46% | 218,652 | -4,786 | -45,616 | +48,090 | -389 | +1,669 | +12,043 | | | +30,545 | +567 | +3,655 | +2,007 | +305 |
| 14/06/17 | 95,700 | 2.46% | 315,157 | -25,399 | -49,354 | +76,432 | +6,287 | +7,565 | +38,886 | +210 | +220 | +736 | +21,712 | +816 | -1,633 | -46 |
| 14/06/16 | 93,400 | -0.74% | 179,171 | -22,351 | -31,449 | +52,580 | +1,100 | +1,384 | +6,793 | +980 | +360 | +40,387 | +1,576 | | +1,305 | -85 |
| 14/06/13 | 94,100 | -0.42% | 241,693 | +13,995 | -25,133 | +10,107 | -2,096 | +1,000 | +4,229 | -529 | -3,000 | -2,830 | +3,492 | +4,181 | +902 | +129 |
| 14/06/12 | 94,500 | 3.28% | 404,762 | +5,105 | -81,868 | +74,910 | +16,637 | +15,474 | +14,156 | | | +9,722 | +10,207 | +8,714 | +2,183 | -330 |
| 14/06/11 | 91,500 | -1.40% | 329,907 | +26,341 | -44,916 | +15,979 | -1,151 | +4,664 | +3,468 | | | +6,505 | +2,493 | | +1,40 | +1,176 |
| 14/06/10 | 92,800 | 0.11% | 301,846 | +23,291 | -41,240 | +12,663 | +4,745 | +2,110 | -2,585 | | -49 | +6,951 | +1,239 | +252 | +4,859 | +427 |
| 14/06/09 | 92,700 | 0.65% | 399,171 | +22,280 | -79,504 | +55,366 | +6,507 | +9,551 | +29,391 | +249 | | +6,749 | +218 | +2,701 | +1,818 | +40 |
| 14/06/05 | 92,100 | -4.46% | 466,795 | -23,286 | -58,011 | +87,370 | +22,379 | +5,579 | +32,867 | +426 | | +10,859 | +5,623 | +1,637 | +4,985 | -138 |
| 14/06/03 | 96,400 | 2.55% | 801,473 | -21,415 | -48,217 | +65,827 | -748 | -26,242 | +46,669 | | -2,000 | +40,042 | +3,224 | +4,882 | +3,454 | +351 |
| 14/06/02 | 94,000 | -3.89% | 824,386 | +110,003 | -164,245 | +58,533 | +22,149 | -383 | +720 | | +1,980 | +17,176 | +14,328 | +2,563 | -3,937 | -354 |
| 14/05/30 | 97,800 | -5.23% | 1,163,090 | +141,292 | -277,964 | +130,019 | +89,621 | +12,521 | -3,238 | | -2,411 | +24,179 | +7,427 | +1,920 | +6,135 | +51 |

투매란 개인의 심리와 투자 위축으로 인한 급격한 하락을 의미한다. 수급 투매 잡기는 외국인·기관 투자자들의 이탈 없이 투매가 나오는 경우 적기에 매수하는 방법이다.

## 투매 잡기 전 확인사항

1. 외국인·기관 투자자들이 대량 혹은 연속성 있게 매집했던 종목 공략
2. 급락의 이유 확인 후 악재가 없다면 공략
3. 수급 주체의 이탈이 없다면 공략
4. 빠른 판단력과 베팅력 필요

## 매수 타점

1. 투매 부근에서 수급 주체의 매수 확인 후 분할 매수
2. 전일 고점 돌파 시 거래량 증가 확인
3. 전일 저점 지지 시 거래량 감소 확인
4. 시가 투매 잡기 – 이유 없는 갭 하락 출발 시 분할 매수로 대응

## 매도 타점

1. 수급 주체가 지속적인 매수세를 보이면 홀딩
2. 다음날 갭 상승 후 라운드 피겨나 시가가 깨질 때 익절

다음 차트들은 외국인·기관 투자자들이 연속성 있게 매집하던 종목들 가운데 이유 없는 갭 하락 출발이나 투매 이후 외국인·기관 투자자들의 수급이 들어오면서 주가가 원래 수준으로 반등 나온 예시들이다. 일봉과 분봉에 매수 타점을 초록색 타원으로 표시했다.

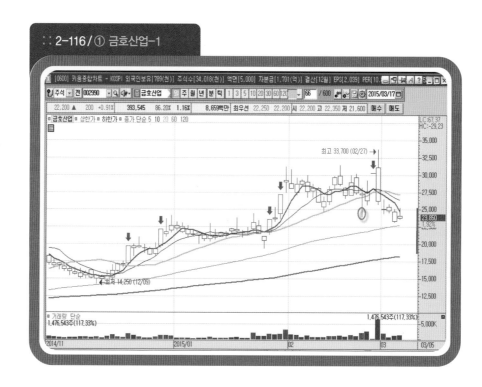

:: 2-117 / ① 금호산업-2

:: 2-118 / ① 금호산업-3

| 일자 | 현재가 | 등락율 | 거래량 | 개인 | 외국인 | 기관계 | 금융투자 | 보험 | 투신 | 기타금융 | 은행 | 연기금등 | 사모펀드 | 국가 | 기타법인 | 내외국인 |
|---|---|---|---|---|---|---|---|---|---|---|---|---|---|---|---|---|
| 2015/02/18 | | | 누적순매수 | +134,429 | +296,182 | +216,673 | -95,750 | -100,505 | +449,305 | -58,170 | -39,908 | +28,241 | +4,654 | +28,806 | -640,591 |
| 15/02/26 | 30,300 | 14.99% | 240,885 | -25,228 | -1,543 | -23,700 | -13,025 | -368 | -11,063 | | -44 | | +800 | | +55 | -40 |
| 15/02/25 | 26,350 | -3.48% | 2,531,270 | -107,324 | -38,848 | +154,142 | -26,260 | -12,666 | +185,957 | -22,000 | -11,522 | +25,000 | +15,633 | | -6,892 | -1,078 |
| 15/02/24 | 27,300 | -0.73% | 2,092,731 | -201,145 | +52,087 | +193,543 | -51,053 | | +175,055 | -2,000 | +1,032 | +42,895 | +10,676 | +16,936 | -44,904 | +420 |
| 15/02/23 | 27,500 | -4.84% | 1,109,538 | +222,031 | -21,299 | -21,293 | -5,171 | +5,000 | -20,130 | | -1,310 | | +318 | | -179,842 | +403 |
| 15/02/17 | 28,900 | 6.84% | 1,400,453 | +215,640 | -4,003 | +161,751 | +18,766 | +38,290 | +76,514 | | +2,800 | +11,317 | +4,160 | +9,904 | -373,956 | +568 |
| 15/02/16 | 27,050 | -5.58% | 849,553 | +38,785 | +29,075 | +21,958 | -18,408 | +1,500 | +12,157 | +5,000 | | +22,747 | | -1,038 | -90,666 | +848 |
| 15/02/13 | 28,650 | -3.54% | 1,226,014 | +118,458 | -27,264 | +49,451 | +20,372 | +21,500 | +4,600 | | -3,581 | -3,750 | +726 | +9,584 | -139,337 | -1,308 |
| 15/02/12 | 29,700 | 6.45% | 1,133,882 | +36,991 | -53,089 | +192,559 | -21,101 | +90,000 | +61,544 | | | +54,078 | -12,000 | +20,038 | -178,463 | -2,002 |
| 15/02/11 | 27,900 | 6.49% | 971,859 | +12,006 | +1,023 | +128,610 | +86,150 | +4,532 | +18,190 | +2,000 | | +12,772 | +4,966 | | -141,609 | -30 |
| 15/02/10 | 26,200 | 0.38% | 708,935 | +13,030 | +47,758 | +2,898 | +1,200 | | +1,698 | | | | | | -69,231 | +5,545 |
| 15/02/09 | 26,100 | -7.12% | 675,365 | +88,777 | -36,607 | -6,517 | -18,127 | | +26,893 | | +11,564 | -28,265 | +1,418 | | -45,553 | -100 |
| 15/02/06 | 28,100 | 1.81% | 773,666 | -27,772 | +42,640 | +25,001 | -9,662 | | -11,208 | | +12,841 | +33,030 | | | -39,355 | -514 |
| 15/02/05 | 27,600 | -3.66% | 1,296,897 | +27,074 | -7,468 | +41,076 | +21,629 | +319 | -8,238 | +9,578 | | +40,000 | -18,196 | -4,016 | -60,674 | -8 |
| 15/02/04 | 28,650 | -0.17% | 685,471 | +61,327 | -13,708 | +43,343 | +11,278 | | -35,409 | | +10,900 | +60,724 | | -4,150 | -91,370 | +408 |
| 15/02/03 | 28,700 | 2.32% | 1,474,067 | +102,942 | +37,365 | +16,559 | -40,065 | +275 | +4,033 | | | +56,455 | | -4,139 | -156,801 | -65 |
| 15/02/02 | 28,050 | -3.94% | 1,601,143 | +109,080 | -3,401 | -80,107 | +10,841 | | -21,312 | | +11,000 | -8,098 | -71,678 | -860 | -25,385 | -187 |
| 15/01/30 | 29,200 | 7.55% | 3,080,215 | +178,555 | -25,339 | -111,831 | -14,362 | -5,000 | -23,626 | -1,580 | -3,710 | -58,795 | -5,558 | +800 | -42,273 | +888 |
| 15/01/29 | 27,150 | 14.80% | 1,712,032 | -22,332 | -5,398 | +46,536 | -15,142 | +746 | +58,333 | | +1,200 | | +999 | +400 | -17,940 | -866 |
| 15/01/28 | 23,600 | 0.21% | 1,623,410 | +158,375 | -61,526 | -90,924 | -53,574 | | -47,150 | | +12,000 | | -2,200 | | -4,348 | -1,577 |
| 15/01/27 | 23,600 | 14.84% | 1,822,735 | -33,776 | +51,110 | -49,031 | -98,003 | -5,000 | +22,246 | -2,329 | | +27,475 | | +6,580 | +35,266 | -3,569 |
| 15/01/26 | 20,550 | -4.64% | 978,112 | -115,415 | +49,493 | +50,214 | +33,048 | -15,000 | +7,166 | +25,000 | | | | | +14,241 | +1,467 |

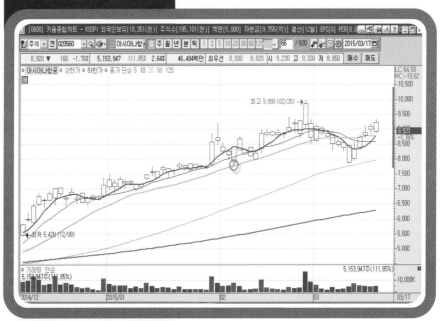

:: 2-119 / ② 아시아나항공-1

:: 2-120 / ② 아시아나항공-2

:: 2-121 / ② 아시아나항공-3

[0796] 투자자별 매매동향 - 종목별투자자

| 투자자별매매종합 | 시간대별투자자 | 당일추이 | 일별동향/그래프 | 순매수추이 | 업종별투자자순매수 | 당일매매현황 | 투자자별누적순매수 | 투자자별일별매매 | 종목별투자자 |

020560 아시아나항공 2015/03/18 금액 수량 순매수 매수 매도 천주 단주 전일비 등락률 투자구분 안내 단위:백만원,단주 조회 연속 차

2015/02/18 ~ 2015/03/18 누적순매수 2,948,098 5,234,779 1,810,515 -435,374 -180,168 1,699,002 -30,313 -70,486 +738,479 -342,349 +208,698 -457,421 -18,745

| 일자 | 현재가 | 등락률 | 거래량 | 개인 | 외국인 | 기관계 | 금융투자 | 보험 | 투신 | 기타금융 | 은행 | 연기금등 | 사모펀드 | 국가 | 기타법인 | 내외국인 |
|---|---|---|---|---|---|---|---|---|---|---|---|---|---|---|---|
| 15/02/11 | 8,850 | 8.06% | 10,450,473 | 1,452,328 | -98,640 | 1,631,921 | +191,314 | +296,364 | +582,270 | +8,717 | +14,796 | +272,072 | +160,676 | +105,712 | -62,606 | -8,347 |
| 15/02/10 | 8,190 | 0.99% | 2,836,628 | -140,654 | -118,681 | +299,573 | -117,001 | -11,294 | +798 | | | +393,000 | +24,070 | | -29,797 | -441 |
| 15/02/09 | 8,110 | -2.52% | 2,135,859 | +248,735 | -333,656 | +99,050 | -166,389 | +6,077 | -15,400 | | -295 | +230,443 | +6,375 | +38,239 | -14,541 | +412 |
| 15/02/06 | 8,320 | 0.12% | 1,997,500 | -251,987 | -57,720 | +309,202 | -2,004 | +27,120 | +85,233 | | -8,481 | +212,059 | -4,725 | | +1,021 | -516 |
| 15/02/05 | 8,310 | -1.19% | 5,193,582 | +410,417 | -500,194 | +101,159 | +214,677 | +2,155 | -126,614 | +5,541 | +18,550 | +37,889 | +3,077 | -54,116 | -4,037 | -7,345 |
| 15/02/04 | 8,410 | 3.32% | 7,649,328 | 1,162,093 | -95,937 | 1,342,171 | +103,604 | +71,363 | +635,786 | +22,060 | +37,189 | +156,231 | +320,795 | -4,857 | -70,985 | -13,156 |
| 15/02/03 | 8,140 | -3.21% | 5,727,764 | +369,399 | -469,083 | +49,904 | -318,731 | +25,501 | +141,030 | +24,289 | -14,484 | +118,646 | +77,771 | -4,118 | +43,414 | +6,366 |
| 15/02/02 | 8,410 | -2.55% | 5,090,607 | -160,431 | +91,524 | +93,294 | -76,533 | +157,789 | +77,284 | +87,708 | +3,370 | -78,408 | -91,237 | +13,321 | -30,505 | +6,118 |
| 15/01/30 | 8,630 | 0.58% | 7,585,663 | +536,600 | -557,765 | -79,803 | -123,923 | +17,013 | -23,958 | +15,000 | -34,400 | +108,029 | -24,950 | -12,614 | +80,279 | +20,689 |
| 15/01/29 | 8,580 | 11.14% | 13,461,027 | 1,952,434 | +311,753 | 1,708,636 | 1,000,872 | +327,320 | +244,042 | -16,135 | -15,000 | +101,267 | +93,578 | -27,468 | -36,186 | -31,969 |
| 15/01/28 | 7,720 | -0.26% | 2,040,594 | +73,110 | -77,594 | -29,414 | -292,495 | +66,922 | -30,410 | | +246 | +200,000 | -13,677 | | +29,173 | +4,725 |
| 15/01/27 | 7,740 | -1.02% | 2,238,554 | -367,314 | -195,513 | +477,526 | -60,994 | +12,716 | +58,041 | | -10,282 | +450,000 | -977 | +29,122 | +28,074 | +57,127 |
| 15/01/26 | 7,820 | 2.36% | 2,431,153 | -449,731 | -203,703 | +662,971 | +1,825 | +204,405 | -34,429 | | | +331,488 | +3,682 | +156,000 | -18,581 | +9,044 |
| 15/01/23 | 7,640 | -1.04% | 2,485,098 | -613,180 | -125,385 | +705,519 | +308,045 | +14,329 | +80,579 | | +2,418 | +250,000 | | +50,148 | +31,277 | +1,769 |
| 15/01/22 | 7,720 | -1.15% | 2,534,122 | -188,593 | -80,053 | +252,827 | -8,604 | +74,146 | +189,731 | | -4,899 | | +2,453 | | +25,806 | -9,987 |
| 15/01/21 | 7,810 | 2.49% | 4,417,543 | 1,093,779 | +106,689 | +975,505 | +166,743 | +316,042 | +150,438 | +12,129 | -806 | +307,514 | -7,282 | +30,727 | +15,267 | -3,682 |
| 15/01/20 | 7,620 | 0.53% | 2,380,109 | -365,649 | -252,745 | +365,831 | +83,714 | +20,644 | +73,258 | +5,000 | | +174,319 | -1,497 | +9,993 | -250,844 | +1,719 |
| 15/01/19 | 7,580 | -1.81% | 3,475,493 | -57,665 | -31,673 | +107,039 | +12,480 | -66,521 | +172,970 | | +2,281 | +70,000 | -91,171 | | -16,498 | -1,003 |
| 15/01/16 | 7,720 | 1.71% | 4,008,869 | -603,284 | -207,396 | +683,786 | +48,773 | +352,477 | +405,976 | | +17,000 | +8,557 | +35,773 | +15,230 | -33,327 | -39,779 |
| 15/01/15 | 7,590 | 0.53% | 3,249,993 | -705,900 | +95,996 | +606,866 | +214,157 | +62,440 | +222,141 | | +39,285 | +83,128 | -14,285 | | +5,847 | -2,809 |
| 15/01/14 | 7,550 | 1.21% | 5,101,733 | -278,933 | -263,540 | +543,891 | -111,774 | +242,810 | +531,607 | | +1,865 | -112,495 | | -8,122 | +6,231 | -7,64 |

:: 2-122 / ③ 미디어플렉스-1

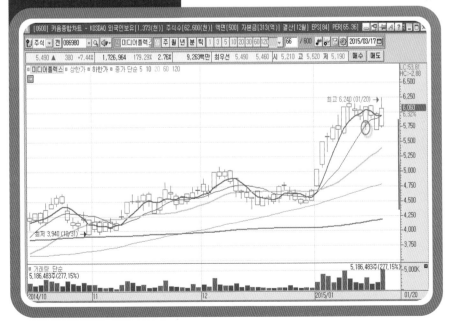

:: 2-123 / ③ 미디어플렉스-2

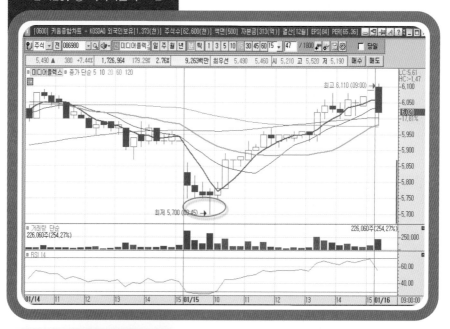

:: 2-124 / ③ 미디어플렉스-3

| 일자 | 현재가 | 등락률 | 거래량 | 개인 | 외국인 | 기관계 | 금융투자 | 보험 | 투신 | 기타금융 | 은행 | 연기금등 | 사모펀드 | 국가 | 기타법인 | 내외국인 |
|---|---|---|---|---|---|---|---|---|---|---|---|---|---|---|---|---|
| 15/01/20 | 6,060 | 6.32% | 5,186,483 | -344,784 | +489,546 | -137,824 | -11,960 | -62,737 | -33,127 | | | -30,000 | | | -8,163 | +1,225 |
| 15/01/19 | 5,700 | -4.04% | 1,871,370 | +50,112 | +65,413 | -96,914 | -82,794 | | | | -14,120 | | | | -19,029 | +418 |
| 15/01/16 | 5,940 | -2.46% | 1,467,772 | +113,662 | -176,452 | +26,824 | -1,519 | +2,669 | +5,674 | | | +20,000 | | | +34,821 | +1,145 |
| 15/01/15 | 6,090 | 2.70% | 3,172,107 | -340,374 | +266,767 | +72,789 | -10,894 | +52,939 | +28,868 | | +800 | | -2,894 | +3,970 | +8,201 | -7,383 |
| 15/01/14 | 5,930 | -1.50% | 1,698,874 | +49,366 | +55,366 | -108,296 | -74,000 | | -34,296 | | | | | | +1,714 | +1,732 |
| 15/01/13 | 6,020 | -1.15% | 1,907,237 | -98,592 | +43,324 | +52,659 | -16,329 | -2,686 | +21,714 | | | +50,000 | -40 | | +2,789 | -180 |
| 15/01/12 | 6,090 | 0% | 2,889,744 | -108,931 | -25,284 | +164,740 | -522 | -2,820 | +110,784 | | | +26,907 | | +24,751 | -30,267 | -258 |
| 15/01/09 | 6,090 | 6.65% | 4,895,934 | -720,053 | +211,483 | +470,516 | +18,277 | +77,803 | +260,946 | | | +100,000 | +490 | +13,000 | +37,234 | +820 |
| 15/01/08 | 5,710 | -0.52% | 3,185,407 | -222,804 | +194,871 | +29,640 | -10,000 | +44,549 | +13,204 | | | -18,113 | | | -400 | -1,307 |
| 15/01/07 | 5,740 | 2.68% | 1,957,339 | -263,140 | +164,271 | +98,602 | -1,398 | | | | | | | +100,000 | -2,700 | +3,325 |
| 15/01/06 | 5,590 | 1.64% | 3,552,125 | -229,140 | -17,784 | +250,874 | +15,046 | +5,358 | +301 | | -20,000 | +230,169 | | +20,000 | -3,000 | -950 |
| 15/01/05 | 5,500 | 9.13% | 4,116,541 | -539,265 | +163,523 | +367,008 | +50,189 | +58,832 | +44,781 | -19,956 | | +134,400 | +35,562 | +63,200 | +8,302 | +332 |
| 15/01/02 | 5,040 | 7.46% | 2,089,595 | -274,003 | +93,044 | +184,419 | +106,500 | +45,262 | +32,657 | | | | | | -5,550 | +2,090 |
| 14/12/30 | 4,690 | 3.76% | 494,968 | -23,832 | +39,897 | -20,064 | -10,064 | | | | | | -10,000 | | +4,000 | -1 |
| 14/12/29 | 4,520 | 1.01% | 650,083 | -24,488 | +73,625 | -39,137 | | -49,375 | -14,691 | | | +25,000 | -71 | | -10,000 | |
| 14/12/26 | 4,475 | -1.10% | 556,853 | +75,873 | +31,564 | -107,507 | -10,000 | -68,388 | -23,755 | | -5,364 | | | | | +70 |
| 14/12/24 | 4,525 | -1.52% | 726,606 | -29,730 | +15,918 | +26,811 | +4,142 | | -2,717 | -9,614 | | +35,000 | | | -13,000 | +1 |
| 14/12/23 | 4,595 | -3.57% | 1,210,253 | +185,924 | -46,871 | -128,273 | +2,830 | -44,837 | -84,154 | | | +17,716 | -19,828 | | -10,780 | |
| 14/12/22 | 4,765 | 0.32% | 731,682 | +41,579 | -36,633 | | | | | | | | | | -4,136 | -810 |
| 14/12/19 | 4,750 | 5.56% | 623,815 | -73,343 | +64,729 | +14,614 | +5,000 | | +9,614 | | | | | | -6,000 | |
| 14/12/18 | 4,500 | -1.42% | 612,638 | +44,535 | -31,536 | -13,099 | -13,099 | | | | | | | | | +10 |

:: 2-125 / ③ 미디어플렉스-4

## 미디어플렉스, 2015년 영화 시장 밝다 '목표가 ↑'

신영증권은 6일 미디어플렉스에 대해 2015년 영화 시장 전망이 밝다며 목표주가를 6,500원으로 상향 조정했다. 투자의견은 매수를 유지했다.

한승호 신영증권 연구원은 "전일 이 회사를 비롯해 CJ CGV, NEW 등 영화 관련주가 일제히 상승했으며 특히 미디어플렉스 주가는 9%를 상회하는 강세를 보였다"며 "올해 첫 투자·배급작인 〈강남 1970〉은 오는 1월 21일 개봉할 예정"이라고 말했다. 한 연구원은 "이 회사 주가는 상승세를 지속할 전망"이라며 "2014년 국내 영화 시장은 전년 대비 소폭(0.8%) 증가에 그쳤지만 2015년에는 8%가량 성장을 보일 것으로 예상되는데, 이는 '세월호 참사' 등의 영향에서 벗어나 문화 소비가 늘어날 가능성이 높기 때문"이라고 전했다. 그는 "2015년 라인업도 매우 양호한 것으로 판단된다"며 "성장성을 좌우하는 메인 투자작이 전년의 5편에서 10편으로 늘어날 것으로 예상되는데 특히 올 상반기부터 개봉을 앞둔 〈강남 1970〉 외에도 〈조선명탐정 : 사라진 놉의 딸〉, 〈극비수사〉, 〈내부자들〉과 같은 기대작들이 대기하고 있다"고 말했다.

이어 그는 "다만 2014년 4·4분기 실적은 부진할 전망으로 영화 〈우리는 형제입니다〉 등의 흥행이 예상에 미치지 못했기 때문"이라며 "하지만 이미 시장의 시선은 2015년에 맞춰져 있기 때문에 주가 상승에 변수로 보기는 어렵다"고 덧붙였다.

기사 출처 : 파이낸셜뉴스(2015.01.06.)

:: 2-126 / ④ 티웨이홀딩스-1

:: 2-127 / ④ 티웨이홀딩스-2

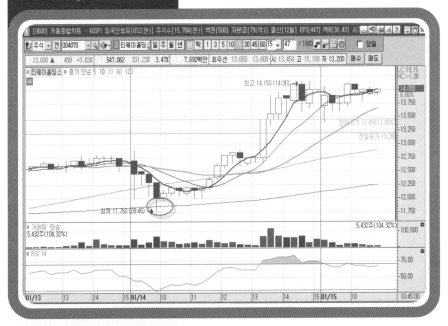

:: 2-128 / ④ 티웨이홀딩스-3

[0796] 투자자별 매매동향 - 종목별투자자

투자자별매매종합 | 시간대별투자자 | 당일추이 | 일별동향/그래프 | 순매수추이 | 업종별투자자순매수 | 당일매매현황 | 투자자누적순매수 | 투자자별일별매매 | 종목별투자자

004870 티웨이홀딩스 2015/03/18 ○금액 ○수량 ●순매수 ○매수 ○매도 ○현주 ○단주 ○전일비 ●등락률 투자자구분 안내 단위:백만원,단주 조회 연속 차트

| 2015/02/18 ~ 2015/03/18 누적순매수 | -101,766 | +21,273 | +49,002 | -56,724 | -9,861 | +181,294 | +21,520 | +17,745 | -181,692 | +68,393 | +8,327 | +23,965 | +7,526 |
|---|---|---|---|---|---|---|---|---|---|---|---|---|---|
| 일자 | 현재가 | 등락률 | 거래량 | 개인 | 외국인 | 기관계 | 금융투자 | 보험 | 투신 | 기타금융 | 은행 | 연기금등 | 사모펀드 | 국가 | 기타법인 | 내외국인 |
| 15/01/15 | 14,100 | 0.71% | 272,089 | -30,729 | +2,556 | +29,515 | -5,122 | | +1,411 | | | +33,226 | | | -939 | -403 |
| 15/01/14 | 14,000 | 11.11% | 1,012,912 | -130,999 | +13,059 | +225,281 | -13,449 | +31,033 | +63,908 | +4,000 | | +45,881 | +36,701 | +57,207 | -89,424 | -17,917 |
| 15/01/13 | 12,600 | -0.79% | 476,260 | +39,387 | -25,544 | +77,948 | +14,022 | +3,813 | +27,945 | | | +17,092 | +15,076 | | -93,253 | +1,462 |
| 15/01/12 | 12,700 | 14.93% | 759,753 | -188,447 | +37,268 | +224,973 | -6,315 | +10,619 | +112,946 | -2,000 | | +12,960 | +96,763 | | -65,109 | -8,685 |
| 15/01/09 | 11,050 | -5.15% | 431,527 | -73,774 | +47,512 | +30,243 | +9,152 | +8,440 | +800 | | +2,335 | +9,516 | | | -2,960 | -1,021 |
| 15/01/08 | 11,650 | -0.85% | 123,744 | -36,034 | +16,857 | +12,180 | +12,180 | | | | | | | | -75 | +7,072 |
| 15/01/07 | 11,750 | 0.43% | 216,164 | -50,510 | +28,932 | +4,820 | +4,820 | | | | | | | | +58 | +16,700 |
| 15/01/06 | 11,700 | -1.68% | 231,352 | -17,463 | +18,934 | +2,653 | -10,355 | +7,099 | +2,709 | | +3,400 | | | | -825 | -3,498 |
| 15/01/05 | 11,900 | 1.28% | 322,829 | -35,274 | +27,063 | -3,042 | -102 | | | -2,940 | | | | | +13,477 | -2,224 |
| 15/01/02 | 11,750 | 7.31% | 749,143 | -63,185 | +7,093 | +210,623 | +16,728 | +8,559 | +55,141 | | | +59,983 | | +70,212 | -146,896 | -7,635 |
| 14/12/30 | 10,950 | -1.35% | 315,529 | -5,002 | +8,311 | -5,879 | -5,879 | | | | | | | | +26 | +2,544 |
| 14/12/29 | 11,100 | 12.23% | 471,367 | +35,307 | +1,113 | +12,478 | -885 | -846 | +14,209 | | | | | | -68,294 | -20,604 |
| 14/12/26 | 9,890 | 4.44% | 291,892 | +15,578 | +3,611 | +36,828 | -1,617 | +8,445 | | | | +30,000 | | | -54,397 | -1,620 |
| 14/12/24 | 9,470 | 1.83% | 174,468 | -16,292 | +14,112 | +32,475 | +14,337 | +9,138 | | +9,000 | | | | | -29,696 | -599 |
| 14/12/23 | 9,300 | 2.99% | 168,242 | -30,976 | +25,152 | +24,422 | +1,814 | | -400 | | | +23,008 | | | -17,718 | -880 |
| 14/12/22 | 9,030 | -0.77% | 171,155 | -58,186 | +24,456 | +33,406 | -7,514 | | +2,098 | | | +38,822 | | | +224 | +100 |
| 14/12/19 | 9,100 | -1.62% | 185,701 | +50,534 | -11,026 | -551 | +432 | +9,017 | | | | -10,000 | | | -39,033 | +76 |
| 14/12/18 | 9,250 | -0.86% | 282,576 | -87,822 | +17,924 | +87,941 | +17,306 | +21,660 | +9,700 | +12,202 | | +34,073 | -5,000 | | -19,266 | +1,223 |
| 14/12/17 | 9,330 | -1.79% | 160,571 | -6,457 | +905 | +4,344 | +9,344 | | | | | | | | +693 | +515 |
| 14/12/16 | 9,500 | 1.50% | 253,529 | -47,202 | +8,624 | +36,765 | -25,840 | | -6,427 | | | +43,032 | +26,000 | | +1,813 | |
| 14/12/15 | 9,360 | 0.11% | 290,812 | +23,242 | +13,013 | -35,619 | -89,640 | +8,336 | -11,350 | | | +57,035 | | | | -63F |

## :: 2-129 / ④ 티웨이홀딩스-4

### 티웨이홀딩스, 티웨이항공 실적 개선 기대 '목표가 ↑'

아이엠투자증권은 15일 티웨이홀딩스에 대해 유가 하락으로 영업이익이 증가할 것이라며 목표주가를 1만 3,500원에서 1만 6,000원으로 상향 조정했다. 투자의견은 매수를 유지했다.

주익찬 아이엠투자증권 연구원은 "자회사 티웨이항공의 향후 영업이익 전망치가 상향 조정 됐다"며 "유가 하락과 여객 수송량 증가로 인한 티웨이항공의 영업이익 증가 추정 덕분으로 티웨이항공 영업이익은 2013년 4·4분기 12억 원에서 2014년 4·4분기 32억 원으로 2배 이상 증가했을 것"이라고 말했다.

주 연구원은 "항공유가가 10% 하락 시, 티웨이항공의 연간 연료비 감소액은 2014년 기준 68억 원이고, 유류할증료 감소액은 38억 원인 것으로 추정된다"며 "유류할증료가 고시되는 금액의 약 80%만 부과되고 있는 것으로 판단되며, 유류할증료 변동액은 연료비 변동액의 약 60%인 것으로 추정된다"고 전했다. 그는 "티웨이홀딩스는 티웨이항공 지분을 81.02% 보유하고 있어 예림당의 직·간접 지분율보다 21.7%포인트 더 높다"며 "10호 항공기는 올 3월 도입 예정된다"고 덧붙였다.

기사 출처: 파이낸셜뉴스(2015.01.15.)

## :: 2-130 / ⑤ 두산인프라코어-1

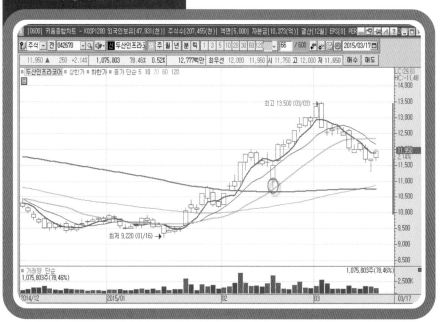

:: 2-131 / ⑤ 두산인프라코어-2

[0736] 투자자별 매매동향 - 종목별투자자

투자자별매매종합 | 시간대별투자자 | 당일추이 | 일별동향/그래프 | 순매수추이 | 업종별투자자순매수 | 당일매매현황 | 투자자별누적순매수 | 투자자별일별매매 | 종목별투자자

042670 두산인프라코어 2015/03/18 금액 수량 순매수 매수 매도 천주 단주 전일비 등락률 투자자구분 안내 단위:백만원,단주 조회 연속 차

2015/02/18 ~ 2015/03/18 누적순매수 2,593,041 2,605,618 +53,299 -494,580 +498,839 +118,812 -1,146 -136,661 +4,097 +79,050 -15,112 -16,327 -49,549

| 일자 | 현재가 | 등락률 | 거래량 | 개인 | 외국인 | 기관계 | 금융투자 | 보험 | 투신 | 기타금융 | 은행 | 연기금등 | 사모펀드 | 국가 | 기타법인 | 내외국인 |
|---|---|---|---|---|---|---|---|---|---|---|---|---|---|---|---|---|
| 15/03/02 | 13,350 | 3.49% | 1,481,804 | -653,860 | +344,042 | +334,085 | -53,495 | +5,338 | +112,993 | | -636 | +74,767 | +37,517 | +157,601 | -28,130 | +3,863 |
| 15/02/27 | 12,900 | -0.77% | 1,084,029 | -220,894 | +154,661 | +74,519 | +23,349 | -12,510 | +31,800 | | +45,000 | -4,609 | -6,371 | -2,140 | -7,753 | -533 |
| 15/02/26 | 13,000 | 1.56% | 1,145,355 | -543,872 | +332,695 | +242,558 | +10,215 | -185 | +6,521 | -4,784 | +142,672 | +63,258 | +24,861 | | -32,312 | +931 |
| 15/02/25 | 12,800 | 1.59% | 2,418,926 | -727,533 | +5,832 | +740,732 | -150,007 | +17,218 | +100,003 | +9,500 | +363,980 | +76,921 | +288,217 | +32,900 | -19,950 | +919 |
| 15/02/24 | 12,600 | 3.28% | 1,764,893 | -788,163 | -28,998 | +831,255 | -38,932 | +386,017 | +75,193 | | +181,331 | +116,276 | +111,370 | | -11,885 | -2,209 |
| 15/02/23 | 12,200 | 0.41% | 867,295 | -253,441 | -90,768 | +327,702 | +48,592 | +25,308 | +26,994 | | +86,427 | +115,639 | +25,236 | -494 | +6,807 | -300 |
| 15/02/17 | 12,150 | 0% | 922,030 | -245,168 | -88,740 | +304,568 | -16,456 | +30,480 | +21,445 | | +55,704 | +212,464 | +488 | +443 | +30,550 | -1,210 |
| 15/02/16 | 12,150 | 5.65% | 2,229,486 | -632,886 | -149,469 | +812,194 | +67,739 | +113,834 | +104,132 | | +164,251 | +296,659 | +65,579 | | -30,490 | +651 |
| 15/02/13 | 11,500 | -0.86% | 3,783,539 | -816,532 | +470,824 | +352,634 | +336,855 | -28,357 | -30,083 | | -99,812 | +282,299 | -102,143 | -6,125 | -6,503 | -423 |
| 15/02/12 | 11,600 | 0.43% | 2,025,767 | -767,373 | +349,013 | +426,540 | -5,642 | -4,436 | -21,937 | +500 | | +451,854 | +5,960 | +241 | -6,180 | |
| 15/02/11 | 11,550 | 0% | 1,346,884 | -297,208 | +25,104 | +340,060 | -16,189 | +2,935 | +2,040 | | +3,001 | +350,110 | +1,370 | -3,207 | -65,318 | -2,638 |
| 15/02/10 | 11,550 | -2.94% | 1,655,775 | -66,346 | +139,435 | -42,667 | -434,643 | -5,614 | +2,654 | -7,342 | -51,775 | +461,641 | +1,432 | -9,020 | -29,804 | -618 |
| 15/02/09 | 11,900 | 0.42% | 1,560,997 | -561,636 | -49,462 | +467,110 | +41,335 | +1,966 | +39,719 | | +24,001 | +233,755 | +122,098 | +4,236 | +144,915 | -927 |
| 15/02/06 | 11,850 | 2.16% | 2,239,832 | -777,173 | +25,056 | +476,124 | +13,494 | +199 | +17,061 | | +102,332 | +258,631 | +79,894 | +4,513 | +279,399 | -3,406 |
| 15/02/05 | 11,600 | 6.91% | 4,405,255 | 1,849,633 | +4,747 | 1,840,061 | -87,863 | +349,312 | +100,323 | | +2,067 | +983,104 | +417,315 | +75,803 | +9,895 | -5,070 |
| 15/02/04 | 10,850 | 0% | 2,189,529 | -124,778 | -25,879 | +194,303 | +88,060 | +5,525 | -29,102 | +9,784 | +12,144 | +12,490 | +71,652 | +23,760 | -44,395 | +749 |
| 15/02/03 | 10,850 | 2.36% | 1,395,995 | -281,381 | -190,105 | +420,401 | +14,062 | +32,864 | +107,808 | +11,000 | -5,621 | +121,669 | +74,909 | +63,690 | -10,940 | +62,025 |
| 15/02/02 | 10,600 | 3.92% | 1,115,732 | -292,768 | +43,466 | +239,884 | +120,214 | +297 | -35,209 | | +170,743 | -16,659 | +298 | +6,200 | +3,218 | |
| 15/01/30 | 10,200 | -0.49% | 964,340 | -49,670 | -79,208 | +113,357 | +34,187 | -2,278 | -15,301 | | +96,915 | -4,764 | +42 | +15,561 | -40 | |
| 15/01/29 | 10,250 | -5.09% | 1,721,446 | +572,817 | -580,274 | +19,447 | +20,419 | -4,455 | +17,860 | | +37,308 | -52,459 | +774 | +52,644 | -64,634 | |
| 15/01/28 | 10,800 | 1.89% | 1,390,732 | -1,071 | -135,648 | +135,359 | -3,665 | +4,952 | -17,798 | +1,000 | -44 | +144,131 | +4,966 | +1,817 | +7,135 | -5,77 |

## 10. 저항과 지지

저항이란 주가가 더 이상 상승하지 못하고 매물 압박을 겪는 가격대를 말한다. 지지란 하락하던 주가가 하락을 멈추고 횡보하거나 반등이 나오는 가격대다. 일반적으로 저항라인이 돌파되면 지지로 바뀌고, 반대로 지지라인이 깨지면 하락 이탈 시 저항으로 바뀐다.

## 저항과 지지가 될 수 있는 것

1. 의미 있는 이평선 : 5일선, 20일선, 60일선, 120일선
2. 라운드 피겨 : 딱 떨어지는 특정 가격대
   예) 1,000 / 1,100 / 1,500 / 2,500 / 5,000 / 10,000 / 11,000 / 15,000 등
3. 시가와 종가
4. 전 고점과 전 저점
5. 거래량이 크게 실린 음봉 또는 양봉

## 매수 타점

1. 저항과 지지 부근에서 수급 주체의 매수 확인 후 공략
2. 저항선 돌파 시 거래량 증가 확인 후 돌파 시 매수
3. 지지선 반등이나 이탈 후 재돌파 시 매수

## 매도 타점

1. 수급 주체가 지속적인 매수세를 보이면 홀딩
   - 종가 고가로 마감할 가능성이 높음
2. 다음날 갭 상승 후 라운드 피겨나 시가가 깨질 때 익절

다음은 저항과 지지를 보여주는 실전매매 차트들이다. 일봉과 분봉에서 저항과 지지를 살펴보자.

:: 2-132 / ① 세운메디칼(일봉 차트)

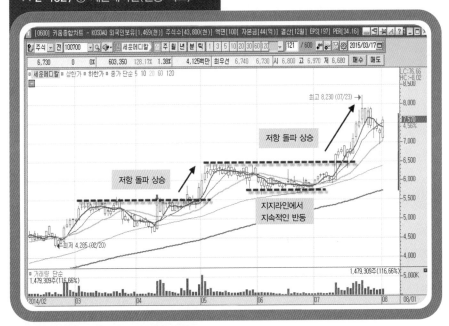

:: 2-133 / ② 컴투스(일봉 차트)

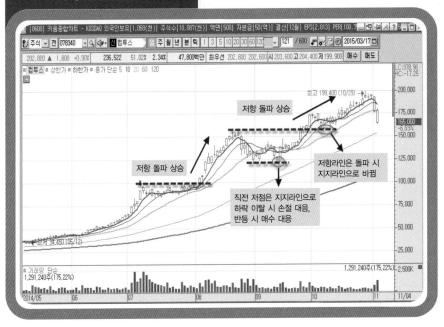

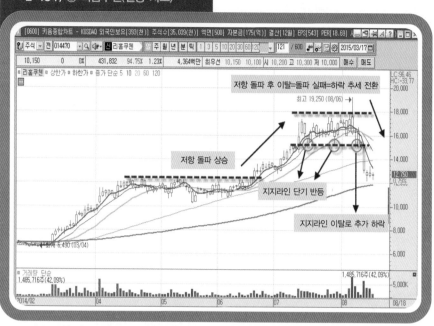

:: 2-134 / ③ 리홈쿠첸(일봉 차트)

저항 돌파 후 이탈=돌파 실패=하락 추세 전환

저항 돌파 상승

지지라인 단기 반등

지지라인 이탈로 추가 하락

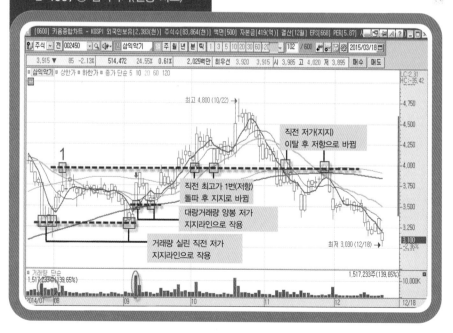

:: 2-135 / ④ 삼익악기(일봉 차트)

직전 저가(지지)
이탈 후 저항으로 바뀜

직전 최고가 1번(저항)
돌파 후 지지로 바뀜

대량거래량 양봉 저가
지지라인으로 작용

거래량 실린 직전 저가
지지라인으로 작용

Part 02 승률 90% 수급 매매 기법

126

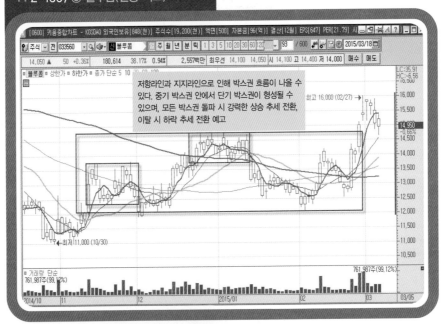

::  2-136 / ⑤ 블루콤(일봉 차트)

저항라인과 지지라인으로 인해 박스권 흐름이 나올 수
있다. 중기 박스권 안에서 단기 박스권이 형성될 수
있으며, 모든 박스권 돌파 시 강력한 상승 추세 전환,
이탈 시 하락 추세 전환 예고

::  2-137 / ⑥ 이지바이오(분봉 차트)

저랑라인 돌파 시 거래량이 급증해야
차후 지지라인이 될 확률이 높음

:: 2-138 / ⑦ 골프존(분봉 차트)

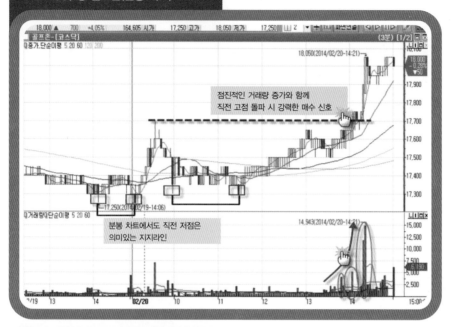

점진적인 거래량 증가와 함께
직전 고점 돌파 시 강력한 매수 신호

분봉 차트에서도 직전 저점은
의미있는 지지라인

:: 2-139 / ⑧ 한진칼(분봉 차트)

지지라인 하락 이탈 시 손절 물량이
쏟아지며 급락이 나올 수도 있음

## 포트폴리오 구성

1. 백화점식 종목 구성보다 3종목 압축 대응과 현금 보유
2. 업황이 다른 종목들을 택해 분할 매수로 접근
   포트폴리오 구성의 나쁜 예) 한화케미칼, OCI, 롯데케미칼
   포트폴리오 구성의 좋은 예) 한화케미칼, 대우조선해양, SK하이닉스
3. 종목이 너무 많으면 집중력이 떨어지므로 3종목 이상 매수 금지

## 명품 종목 발견

1. 매년 매출액과 영업이익률이 개선되는 종목에 주목
2. 신사업과 연구·개발에 과감히 투자하는 기업에 주목
3. 대표이사의 마인드 확인
4. 무차입 경영과 현금 보유, 자산주
5. 끼가 있는 기업에 주목, 예전 차트 돌려보기
6. 주주가치를 증대하며 배당을 주는 기업
7. 대주주가 실적이 저평가라며 매집하는 종목에 집중

## 좋은 자회사를 가진 기업을 주목

1. 하림 – 하림홀딩스 – NS 홈쇼핑
2. 이지바이오 – 팜스토리 – 마니커
3. 삼천당제약 – 디에이치피코리아

4. 게임빌 – 컴투스
5. 예림당 – 티웨이홀딩스
6. 리홈쿠첸 – 부산방직
7. 셀트리온 – 셀트리온제약

## 매수 타점

1. 여윳돈으로 계속 모아가는 마인드
2. 3종목 분산 투자로 유연한 대응
3. 자신만의 매매 스타일 정립, 단기·중기·장기
4. W바닥, 3중바닥, 계단식 상승, 시세 초입, 수급 초입
5. 횡보, 눌림, 상승 초입, 수급 1·2 음봉, 수급 1 양봉 적용

**스윙 종목 공략 핵심노트**

1. 기업 분석을 통해 명품 종목 발굴
   ① 일상에서 답 얻기
      – 노스페이스 영원무역
      – 에이블씨엔씨 화장품
   ② TV나 뉴스 혹은 신문기사에서 얻기
   ③ 궁금한 점은 회사에 직접 연락해서라도 알기
   ④ 차트와 수급 종목을 매일 돌려볼 것
   ⑤ 수급 주체의 관심 종목 입질 후 연속성 확인
   ⑥ 거래량 증가와 정배열 시세 초입 탑승
   ⑦ 찌라시와 매집의 완료 여부 구분

2. 기업 재무제표 분석 시 중점사항
  ① 매출액 대비 영업이익률
  ② 매출액, 영업이익, 이익 개선
  ③ 업황 회복 및 신사업 체크
  ④ 2년 하락·2년 회복 패턴
  ⑤ BW, 유증 발행 체크
  ⑥ 적자에서 흑자 전환 기업
  ⑦ 순이익 및 자회사 성장 확인

3. 스윙 종목 고르는 비법
  ① 흑자 기업 및 실적 턴어라운드 종목 선택
  ② 외국인·기관 투자자들의 매수 종목 선택
  ③ 거래량과 거래대금이 원활한 종목 선택
  ④ 상승 모멘텀이 뚜렷한 종목 선택
  ⑤ 향후 업황 회복이 뚜렷한 종목 선택
  ⑥ 상승 추세, 골든크로스, 정배열 종목 선택
  ⑦ 시가총액 5,000억 원 아래의 중·소형주 위주 선택(주도주 제외)
  ⑧ 하락장엔 신용 많은 종목 회피
      PER – 주가수익비율 10, 중국 관련주는 20~30
      PBR – 주가순자산비율 1배 미만 저평가
  [※ 주가의 저평가는 수급 주체(시장)로 판명]
  ⑨ 자신만의 적정주가를 대입해 주가 산출
  ⑩ 사골 기법, 지지·저항, 라운드 피겨 매도 후 저점 매수·고점 매도

 다음은 2014년 수급의 연속성과 상승 모멘텀으로 스윙의 접근이 가능했던 종목들이다. 수급 이탈 전까지는 지속적인 상승을 보이기에 그 추세의 끝을 알 수 없다. 조급한 대응보다는 수급 연속성이 있는 종목을 스윙트레이딩으로 접근하는 게 좋다. 특히 실시간 대응이 힘든 직장인이라면 분할 스윙으로 수급주들에 다가서는 것이 지속적이고 안정적인 수익을 창출하는 방법이다.

:: 2-140 / ① 삼익악기-1

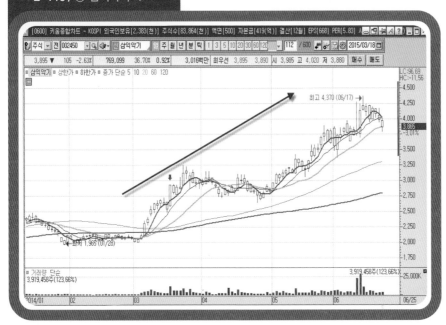

:: 2-141 / ① 삼익악기-2

| 일자 | 현재가 | 등락률 | 거래량 | 개인 | 외국인 | 기관계 | 금융투자 | 보험 | 투신 | 기타금융 | 은행 | 연기금등 | 사모펀드 | 국가 | 기타법인 | 내외국인 |
|---|---|---|---|---|---|---|---|---|---|---|---|---|---|---|---|
| 14/03/26 | 3,085 | -1.12% | 8,010,543 | -500,213 | +142,820 | +441,883 | -101,307 | +48,290 | +9,050 | -7,000 | | +457,470 | +32,880 | +2,500 | -79,370 | -5,120 |
| 14/03/25 | 3,120 | -0.16% | 3,399,069 | +240,950 | -232,860 | +53,080 | | +41,040 | +2,440 | | | | | +9,600 | -63,220 | +2,050 |
| 14/03/24 | 3,125 | 8.70% | 8,558,942 | -971,660 | +221,230 | +732,420 | | +388,650 | +201,970 | -10,000 | | +56,050 | +73,440 | +22,310 | +22,080 | -4,070 |
| 14/03/21 | 2,875 | -0.86% | 5,520,536 | -305,925 | -223,870 | +446,405 | +24,745 | +191,250 | +14,850 | +50,620 | +17,260 | +50,830 | +48,520 | +48,330 | +78,220 | +5,160 |
| 14/03/20 | 2,900 | 3.20% | 5,560,087 | -353,660 | +122,000 | +241,640 | -4,000 | +36,140 | +139,710 | | | | +69,790 | | -12,000 | +2,020 |
| 14/03/19 | 2,810 | -4.10% | 6,017,445 | +443,640 | -197,120 | -236,120 | +9,800 | +84,560 | -289,830 | | -9,160 | -35,570 | +4,030 | | -2,220 | -8,130 |
| 14/03/18 | 2,930 | 14.90% | 11,770,441 | -652,510 | +622,670 | -7,630 | -75,420 | +2,500 | +24,900 | | -7,170 | +1,000 | +13,730 | +32,830 | +36,430 | +1,040 |
| 14/03/17 | 2,550 | -2.86% | 2,593,061 | -147,780 | +123,420 | +75,870 | +21,950 | +2,960 | +29,960 | | | +4,200 | +16,800 | | -47,820 | -3,690 |
| 14/03/14 | 2,625 | -2.23% | 2,271,209 | -268,910 | +98,130 | +163,710 | +49,650 | +1,090 | +62,690 | | | | +50,280 | | +7,070 | |
| 14/03/13 | 2,685 | 2.87% | 3,012,508 | -485,400 | +52,850 | +436,440 | +90,280 | | +346,160 | | | | | | -5,600 | +1,710 |
| 14/03/12 | 2,610 | -0.76% | 3,686,429 | +28,900 | -430,360 | +446,120 | +143,190 | +8,410 | +141,750 | | -2,140 | -4,530 | +159,440 | | -10 | |
| 14/03/11 | 2,630 | 3.75% | 5,020,410 | 1,066,399 | -59,330 | 1,116,499 | +266,969 | +189,140 | +426,260 | | | +224,510 | +1,120 | +8,500 | +14,430 | -5,200 |
| 14/03/10 | 2,535 | 6.51% | 7,175,595 | -657,330 | -496,780 | +945,640 | -107,290 | +61,950 | +615,770 | | +16,330 | +189,110 | +87,240 | +82,530 | +155,820 | -17,350 |
| 14/03/07 | 2,380 | 2.81% | 5,173,606 | -895,000 | -464,250 | 1,420,160 | +286,230 | +224,750 | +426,910 | | | +383,080 | +99,190 | | -68,770 | +7,860 |
| 14/03/06 | 2,315 | 9.46% | 4,202,143 | -139,550 | -4,490 | +123,990 | +63,920 | | -1,930 | -40,000 | | | | | +6,450 | +13,100 |
| 14/03/05 | 2,115 | 3.17% | 2,797,865 | +33,450 | -106,880 | +75,450 | +58,160 | | +7,290 | +10,000 | | | | | +4,030 | -6,050 |
| 14/03/04 | 2,050 | 1.49% | 499,932 | -71,610 | +72,550 | -1,300 | -1,300 | | | | | | | | | +360 |
| 14/03/03 | 2,020 | -2.42% | 919,090 | -18,347 | +7,770 | -1,933 | -3 | | -1,930 | | | | | | +5,880 | +6,630 |
| 14/02/28 | 2,070 | -0.48% | 619,828 | +1,430 | -11,570 | +10,000 | +10,000 | | | | | | | | | +140 |
| 14/02/27 | 2,080 | 0% | 1,106,687 | +60,910 | -73,740 | +1,500 | +1,500 | | | | | | | | -6,310 | -2,360 |
| 14/02/26 | 2,080 | 0.97% | 751,942 | -51,830 | +34,340 | +19,000 | +19,000 | | | | | | | | | -1,510 |

## :: 2-142 / ② 원익IPS-1

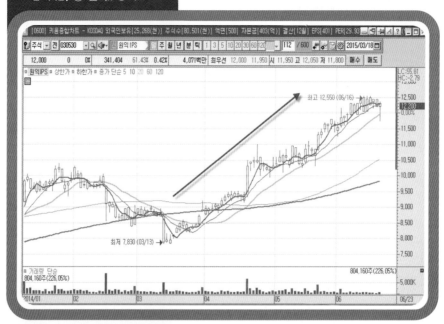

## :: 2-143 / ② 원익IPS-2

| 일자 | 현재가 | 등락률 | 거래량 | 개인 | 외국인 | 기관계 | 금융투자 | 보험 | 투신 | 기타금융 | 은행 | 연기금등 | 사모펀드 | 국가 | 기타법인 | 내외국인 |
|---|---|---|---|---|---|---|---|---|---|---|---|---|---|---|---|---|
| 2015/02/18 ~ 2015/03/18 | | 누적순매수 | +792,976 | -868,244 | +93,883 | -249,133 | +323,929 | +8,401 | +17,812 | | -297 | +46,263 | -28,961 | -24,131 | -18,842 | +227 |
| 14/04/22 | 10,500 | 0.48% | 1,478,811 | -43,453 | +147,470 | -86,779 | -16,167 | +22,900 | -65,090 | | +31 | | -26,513 | -1,940 | -16,804 | -434 |
| 14/04/21 | 10,450 | 1.46% | 2,412,301 | -472,896 | +524,450 | -53,988 | | | -55,928 | | | | | +1,940 | +2,040 | +394 |
| 14/04/18 | 10,300 | 11.53% | 6,786,982 | 1,271,081 | 1,188,408 | +96,519 | +41,877 | -3,340 | +47,323 | | +5,659 | +5,000 | | | -6,094 | -7,752 |
| 14/04/17 | 9,230 | -1.18% | 1,028,605 | -86,920 | +176,738 | -50,432 | -421 | | -50,011 | | | | | -40,719 | +1,333 |
| 14/04/16 | 9,340 | 0% | 756,811 | -181,215 | +212,731 | -28,898 | -28,794 | | +1,830 | | | -1,934 | | -2,818 | +200 |
| 14/04/15 | 9,340 | -0.11% | 894,637 | -166,368 | +237,446 | -62,912 | -1,220 | | -61,692 | | | | | -7,761 | -405 |
| 14/04/14 | 9,340 | -0.53% | 690,375 | -90,736 | +62,493 | +29,913 | -85 | | -2 | | +30,000 | | | -1,770 | +100 |
| 14/04/11 | 9,400 | -0.11% | 748,620 | -161,359 | +153,064 | +9,864 | +9,974 | | -110 | | | | | -250 | -1,319 |
| 14/04/10 | 9,410 | 1.95% | 1,173,620 | -379,418 | +351,713 | +26,392 | -2,009 | | -41,599 | | +70,000 | | | +1,460 | -147 |
| 14/04/09 | 9,230 | 0.33% | 901,232 | -188,802 | +208,803 | -20,286 | +9,056 | -42,562 | +31,858 | | | | -18,638 | -30 | +315 |
| 14/04/08 | 9,200 | 1.66% | 1,421,730 | -197,108 | +182,759 | +22,369 | -2,837 | +7,687 | +1,629 | | | +15,890 | | -1,960 |
| 14/04/07 | 9,050 | 0.33% | 786,410 | -134,970 | +166,605 | -30,754 | +22,721 | | -28,607 | | -3,500 | | -21,368 | -511 | -370 |
| 14/04/04 | 9,020 | 0.78% | 504,977 | -137,071 | +141,994 | -279 | -279 | | | | | | | -3,564 | -1,080 |
| 14/04/03 | 8,950 | -0.11% | 860,464 | -192,465 | +189,401 | -1,176 | -34 | -210 | -932 | | | | | +5,421 | -1,181 |
| 14/04/02 | 8,960 | 1.93% | 894,196 | -104,207 | +21,530 | +84,637 | -102 | +46 | -7,543 | | +92,236 | | | -660 | -1,300 |
| 14/04/01 | 8,790 | -1.46% | 1,100,773 | +67,036 | +8,922 | -77,946 | -19,000 | -55,705 | +3,211 | | | | -3,275 | -3,177 | -1,100 | +3,088 |
| 14/03/31 | 6,920 | 2.29% | 2,881,576 | -54,151 | +103,233 | -36,774 | -32,532 | | -8,342 | | +5,000 | -900 | | -10,590 | -1,718 |
| 14/03/28 | 8,720 | 3.32% | 1,213,483 | -290,181 | +1,461 | +289,979 | -7,700 | +85,000 | +114,179 | | +63,500 | +35,000 | | | -1,260 |
| 14/03/27 | 8,440 | 0.96% | 625,073 | -184,620 | +156,026 | +33,298 | +22,464 | | +10,834 | | | | | -4,704 |
| 14/03/26 | 8,360 | 0.72% | 633,985 | +44,925 | -5,705 | -51,220 | -37,636 | -70 | -4,973 | | | -18,487 | | +500 | +90 |
| 14/03/25 | 8,300 | 0.61% | 513,713 | -54,005 | +35,822 | +18,133 | +6,514 | +3,160 | +7,919 | | | +540 | | | +50 |

:: 2-144 / ③ 인바디(구 바이오스페이스)-1

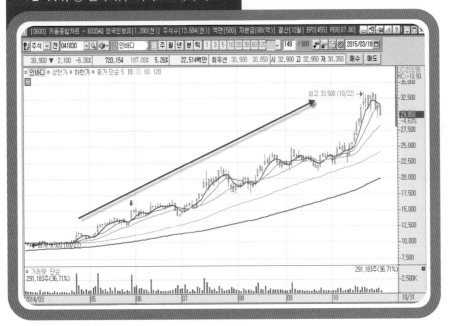

:: 2-145 / ③ 인바디(구 바이오스페이스)-2

| 일자 | 현재가 | 등락률 | 거래량 | 개인 | 외국인 | 기관계 | 금융투자 | 보험 | 투신 | 기타금융 | 은행 | 연기금등 | 사모펀드 | 국가 | 기타법인 | 내외국인 |
|---|---|---|---|---|---|---|---|---|---|---|---|---|---|---|---|---|
| 14/06/05 | 14,500 | 0.69% | 970,888 | -13,958 | +15,578 | +4,237 | +1,004 | | +4,423 | | | | | -1,190 | -4,707 | -1,750 |
| 14/06/03 | 14,400 | -4.95% | 891,034 | -57,663 | +42,318 | +13,055 | +14,823 | | -1,768 | | | | | | +2,090 | +200 |
| 14/06/02 | 15,150 | 1.00% | 1,502,535 | +37,782 | -1,506 | -28,989 | -28,989 | | | | | | | | -4,820 | -2,467 |
| 14/05/30 | 15,000 | -0.66% | 1,202,294 | +43,520 | -51,170 | +7,185 | -11,000 | | -1,211 | | | +12,321 | | +7,075 | -880 | +1,345 |
| 14/05/29 | 15,100 | 14.83% | 3,452,956 | -303,237 | +270,822 | +43,340 | +40,596 | | +2,744 | | | | | | -13,432 | +2,507 |
| 14/05/28 | 13,150 | 1.94% | 404,053 | -77,894 | +26,624 | +48,946 | +35,513 | +10,106 | +1,032 | | +2,295 | | | | +1,772 | +552 |
| 14/05/27 | 12,900 | -3.01% | 580,907 | +14,323 | +41,990 | -53,347 | -2,700 | | -22,699 | | | -27,086 | -6,262 | | -2,996 | +30 |
| 14/05/26 | 13,300 | -2.56% | 265,611 | +29,071 | -17,014 | -11,784 | +1,400 | | -13,184 | | | | | | -175 | -98 |
| 14/05/23 | 13,650 | 2.25% | 822,071 | -82,935 | +64,945 | +24,030 | +200 | | +1,376 | | | +9,256 | +4,039 | +9,159 | -6,040 | |
| 14/05/22 | 13,350 | -1.48% | 490,156 | +4,292 | -3,201 | +6,159 | +2,510 | | +3,649 | | | | | | -7,350 | +100 |
| 14/05/21 | 13,550 | -2.87% | 466,620 | -34,418 | -40,697 | +5,823 | | | +3,912 | | | +3,000 | -1,089 | | +456 | |
| 14/05/20 | 13,950 | 4.10% | 1,114,950 | +117,512 | +141,901 | -27,049 | -40,003 | +9,238 | -284 | | | +4,000 | | | -2,640 | +20 |
| 14/05/19 | 13,400 | 0.37% | 539,521 | -3,539 | -16,243 | +18,782 | | +3,584 | +15,198 | | | | | | +1,300 | -300 |
| 14/05/16 | 13,350 | 1.52% | 1,120,669 | -20,237 | +11,835 | +4,962 | | | +4,962 | | | | | | +3,440 | |
| 14/05/15 | 13,150 | 0.77% | 435,533 | -48,381 | +47,081 | | | | | | | | | | +1,000 | +300 |
| 14/05/14 | 13,050 | 0.38% | 776,578 | -42,730 | +11,460 | +11,740 | +628 | +110 | +11,002 | | | | | | +19,557 | -27 |
| 14/05/13 | 13,000 | 1.17% | 656,395 | -44,567 | +30,009 | -124 | -124 | | | | | | | | +18,000 | -3,318 |
| 14/05/12 | 12,850 | 1.18% | 1,142,242 | -50,077 | +3,436 | +44,063 | | +29,130 | +15,951 | | | | -1,018 | | +1,950 | +628 |
| 14/05/09 | 12,700 | 9.48% | 3,790,941 | -229,627 | +36,354 | +132,710 | +3,079 | +16,337 | +18,446 | | | +53,136 | +41,712 | | +68,721 | -8,158 |
| 14/05/08 | 11,600 | 5.45% | 1,378,334 | -37,381 | +5,284 | +32,177 | +30,879 | | +1,298 | | | | | | | -80 |
| 14/05/07 | 11,000 | -0.45% | 1,071,498 | +12,270 | -33,217 | +20,700 | -17,085 | | +7,785 | | | +30,000 | | | -500 | +247 |

134

## :: 2-146 / ③ 인바디(구 바이오스페이스)-3

### 바이오스페이스, 1분기 영업이익 34억 원… 전년 대비 41% ↑

바이오스페이스는 올해 1분기 영업이익이 34억 9,900만 원으로 전년 동기 대비 41% 증가했다고 8일 공시했다. 같은 기간 매출액은 119억 7,900만 원으로 34% 늘었고, 당기순이익은 33억 7,100만원으로 35% 증가했다.

기사 출처: 이투데이(2014.05.08.)

## :: 2-147 / ④ SG&G-1

:: 2-148 / ④ SG&G-2

:: 2-149 / ⑤ 컴투스-1

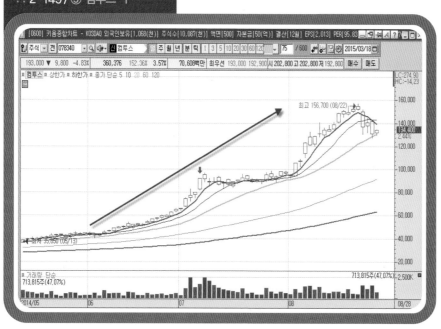

[0796] 투자자별 매매동향 - 종목별투자자

| 투자자별매매종합 | 시간대별투자자 | 당일추이 | 일별동향/그래프 | 순매수추이 | 업종별투자자순매수 | 당일매매현황 | 투자자별누적순매수 | 투자자별일별매매 | 종목별투자자 |

078340 Q 컴투스　2015/03/18　금액 수량 순매수 매수 매도 천주 단주 전일비 등락률 투자자구분 안내　단위:백만원,단주　조회 연속 차

| 2015/02/18 ~ 2015/03/18 누적순매수 | -582,454 | +322,922 | +258,449 | +476 | +32,825 | +113,100 | +1,049 | -4,003 | +50,124 | +59,078 | +5,800 | +895 | +18? |

| 일자 | 현재가 | 등락률 | 거래량 | 개인 | 외국인 | 기관계 | 금융투자 | 보험 | 투신 | 기타금융 | 은행 | 연기금등 | 사모펀드 | 국가 | 기타법인 | 내외국인 |
|---|---|---|---|---|---|---|---|---|---|---|---|---|---|---|---|---|
| 14/07/07 | 92,000 | 15.00% | 1,654,244 | -5,276 | -11,325 | +16,772 | -30,060 | +3,522 | +14,568 | | +19 | -1,876 | +24,938 | +5,661 | -490 | +319 |
| 14/07/04 | 80,000 | 5.82% | 1,277,248 | -12,143 | -4,824 | +19,742 | +28,974 | | +2,181 | +684 | +14 | | -12,111 | | -3,414 | +639 |
| 14/07/03 | 75,600 | 1.34% | 2,451,040 | +78,113 | -11,960 | -55,871 | +634 | +8,656 | -18,208 | -3,183 | -152 | -25,295 | -18,323 | | -8,701 | -1,581 |
| 14/07/02 | 74,600 | 13.03% | 1,174,381 | -16,746 | +1,840 | +15,990 | +9,456 | +20,475 | -5,792 | -130 | -1,850 | -10,465 | +2,827 | +1,469 | -747 | -337 |
| 14/07/01 | 66,000 | 1.38% | 336,928 | -36,553 | +22,068 | +14,527 | +1,456 | | +7,464 | | +869 | -4,000 | +8,738 | | -98 | +56 |
| 14/06/30 | 65,100 | 3.17% | 603,670 | +58,264 | -34,380 | +255 | -9,210 | +11,800 | -1,684 | -170 | | -294 | -194 | | -23,591 | -548 |
| 14/06/27 | 63,100 | 7.68% | 440,284 | -39,913 | +24,679 | +18,619 | -5,399 | +22,383 | +839 | +800 | -519 | +417 | +98 | | -67 | -3,318 |
| 14/06/26 | 58,600 | -1.51% | 343,405 | +12,521 | -15,036 | +5,934 | -6,758 | +8,500 | +4,192 | | | | | | -3,394 | -25 |
| 14/06/25 | 59,500 | 3.30% | 518,069 | +14,538 | -32,044 | +28,096 | +3,936 | +8,208 | +8,068 | | | +4,000 | +3,884 | | -8,025 | -2,565 |
| 14/06/24 | 57,600 | 1.59% | 450,143 | -26,896 | -38,801 | +15,409 | +3,185 | -4,115 | -19,352 | -200 | -50 | -2,500 | -263 | | -1,214 | -2,290 |
| 14/06/23 | 56,700 | 4.04% | 383,586 | +4,956 | -25,873 | +20,804 | +23,543 | -1,334 | -3,113 | | -79 | | +1,787 | | +64 | +49 |
| 14/06/20 | 54,500 | 3.81% | 603,067 | +2,550 | -4,702 | +7,928 | -9,078 | -382 | +16,407 | -530 | -65 | -3,279 | +4,855 | | -5,572 | -204 |
| 14/06/19 | 52,500 | 1.16% | 332,399 | +17,205 | -15,556 | +1,237 | +1,432 | | -126 | +987 | -1,056 | | | | -1,086 | -1,800 |
| 14/06/18 | 51,900 | -0.76% | 355,786 | +68,757 | -41,834 | -25,854 | -12,903 | -17,162 | +20,949 | +450 | +19 | -17,207 | | | -700 | -365 |
| 14/06/17 | 52,300 | 4.18% | 620,673 | -41,022 | +19,723 | +25,811 | +32,359 | +2,692 | +203 | +530 | -1,723 | -7,000 | -1,250 | | -1,727 | -2,785 |
| 14/06/16 | 50,100 | 0.80% | 698,638 | +64,000 | -31,657 | -44,578 | -24,360 | -16,849 | +10,590 | -400 | +100 | -15,615 | +1,956 | | +11,436 | +799 |
| 14/06/13 | 49,800 | -0.40% | 263,286 | +25,531 | -19,060 | -9,566 | -8,095 | -221 | -497 | -200 | -200 | | | -353 | +16,748 | -13,653 |
| 14/06/12 | 50,000 | 1.94% | 578,562 | -30,084 | -11,520 | +42,666 | +30,380 | | -1,259 | -100 | -81 | | | -31 | -2,145 | +1,083 |
| 14/06/11 | 49,050 | 5.94% | 599,384 | -86,881 | +12,879 | +79,801 | +23,423 | -20,610 | +56,028 | -50 | -4,919 | -2,000 | +27,929 | | -5,583 | -216 |
| 14/06/10 | 46,300 | 2.21% | 548,828 | -11,675 | -29,494 | +38,219 | +32,001 | | +14,488 | +1,000 | -1,759 | -7,221 | -290 | | -1,910 | +4,860 |
| 14/06/09 | 45,300 | 6.09% | 894,788 | -52,230 | +25,947 | +29,076 | -4,199 | -1,200 | +21,374 | | -5,000 | -6,000 | +30,000 | -5,899 | -375 | -2,41? |

:: 2-151 / ⑤ 컴투스-3

## [특징주] 컴투스·게임빌, 게임 '흥행' 지속… 동반 '강세'

　　컴투스와 게임빌이 모바일게임 흥행과 통합 플랫폼 시너지 효과 기대에 동반 강세를 나타내고 있다. 17일 오전 11시 1분 현재 컴투스(078340)는 전일 대비 3.59%(1,800원) 오른 5만 2,000원에, 게임빌(063080)은 전일 대비 3.98%(2,700원) 오른 7만 600원에 거래되고 있다.

　　이날 장 초반 하락세를 나타냈던 컴투스는 상승 반전하며 상승 폭을 키우고 있다. 최근 상승세가 이어지며 이익 실현 매물이 쏟아지는 듯했으나 게임의 흥행 지속과 해외 매출에 대한 기대가 더 큰 것으로 풀이된다. 컴투스는 자체 개발 신작 게임인 '낚시의 신'과 '서머너즈워'가 흥행에 성공하며 실적이 크게 개선될 것이라는 전망이 우세하다. 게임빌도 1분기에 이어 '별이 되어라'와 '이사만루2014' 등 게임 흥행이 지속되고 있고, 하반기에도 신작을 통해 해외에서 성과를 낼 것으로 기대되고 있다.

　　이와 함께 증권가는 두 회사의 통합 플랫폼이 시너지 효과를 낼 것으로 보고 있다.

뉴스 출처: 이데일리(2014.06.17.)

:: 2-152 / ⑥ 벽산-1

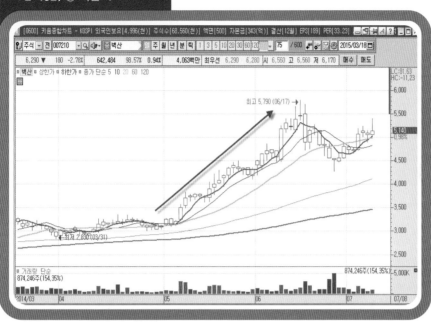

:: 2-153 / ⑥ 벽산-2

[0796] 투자자별 매매동향 - 종목별투자자

투자자별매매종합 | 시간대별투자자 | 당일추이 | 일별동향/그래프 | 순매수추이 | 업종별투자자순매수 | 당일매매현황 | 투자자별누적순매수 | 투자자별일별매매 | 종목별투자자

007210 벽산 2015/03/18

| 일자 | 현재가 | 등락률 | 거래량 | 개인 | 외국인 | 기관계 | 금융투자 | 보험 | 투신 | 기타금융 | 은행 | 연기금등 | 사모펀드 | 국가 | 기타법인 | 내외국인 |
|---|---|---|---|---|---|---|---|---|---|---|---|---|---|---|---|---|
| 누적순매수 | | | | -130,426 | 2,015,852 | 1,647,047 | +108,375 | -584,987 | -409,185 | -18,331 | +19,290 | -853,123 | -4,745 | -95,559 | -227,350 | -11,02... |
| 14/06/17 | 5,470 | 1.48% | 1,452,457 | -48,622 | -20,361 | +76,171 | -56,091 | -16,191 | -20,074 | -1,500 | -18,477 | +102,751 | -2,269 | +83,484 | -17,188 | +10,000 |
| 14/06/16 | 5,390 | 3.06% | 1,133,106 | +36,116 | -60,875 | +34,669 | +2,951 | +83,394 | -64,324 | +4,845 | +5,858 | | -4,105 | +6,050 | -9,910 | |
| 14/06/13 | 5,230 | -1.51% | 637,847 | +14,526 | -41,300 | +31,223 | -16,393 | +22,920 | +22,872 | +7,190 | +316 | | | -5,682 | -3,889 | -560 |
| 14/06/12 | 5,310 | 2.51% | 1,088,511 | +30,048 | -109,819 | +89,093 | -1,399 | +108,169 | -32,041 | +11,220 | +4,000 | | -906 | | -8,801 | -521 |
| 14/06/11 | 5,180 | 12.93% | 2,149,806 | -360,043 | +70,833 | +287,840 | +164,711 | +93,378 | -10,728 | +75,787 | +26,943 | -46,814 | +12,254 | -27,691 | +800 | +570 |
| 14/06/10 | 4,585 | -1.93% | 638,033 | +43,034 | -56,593 | +6,259 | -78,137 | | -14,452 | +47,879 | +32,936 | | +6,396 | +11,637 | +7,300 | |
| 14/06/09 | 4,675 | 0.43% | 587,753 | -5,127 | -123,624 | +131,100 | -6,001 | +1,765 | +96,353 | | -19,222 | | | +58,205 | -2,349 | |
| 14/06/05 | 4,655 | 0% | 932,060 | -46,745 | -70,320 | +112,297 | -6,944 | -13,080 | +47,114 | | | | | +71,319 | +4,208 | +560 |
| 14/06/03 | 4,655 | 5.56% | 911,228 | -194,477 | +25,736 | +171,171 | -23,412 | +93,243 | +63,343 | +11,500 | +4,666 | +21,831 | | | +3,450 | -5,880 |
| 14/06/02 | 4,410 | 2.08% | 1,287,539 | -175,812 | +29,206 | +113,057 | +7,745 | +27,570 | +70,282 | -25,000 | -12,752 | | +29,985 | +15,227 | +1,733 | +31,816 |
| 14/05/30 | 4,320 | 2.61% | 1,051,417 | -275,444 | +186,740 | +91,624 | -7,150 | -259 | -46,433 | | +30,000 | | +19,270 | +3,330 | -2,920 | |
| 14/05/29 | 4,210 | -2.32% | 453,969 | +27,307 | +85,052 | -111,029 | -14,010 | -1,660 | -27,999 | | | | -17,360 | -50,000 | -6,800 | +5,470 |
| 14/05/28 | 4,310 | -0.46% | 530,496 | -70,090 | +109,670 | -39,580 | -8,420 | -69,870 | +29,520 | | +2,000 | -8,170 | +13,330 | +2,000 | | |
| 14/05/27 | 4,330 | -1.59% | 699,251 | -47,280 | +176,680 | -125,430 | -14,580 | -64,710 | -14,830 | | -7,000 | -50,000 | | +25,690 | | -3,970 |
| 14/05/26 | 4,400 | 1.27% | 515,475 | -54,670 | +8,520 | +48,100 | +1,990 | -3,428 | +11,938 | +5,000 | | | +35,730 | -3,130 | -500 | -1,450 |
| 14/05/23 | 4,345 | 3.9% | 731,412 | -59,110 | -25,680 | +81,640 | +12,000 | +787 | +80,213 | | | -50,000 | +2,360 | +36,260 | +6,250 | -3,110 |
| 14/05/22 | 4,180 | 2.33% | 789,670 | -52,231 | +33,420 | +19,191 | -7,000 | | +22,604 | +5,150 | | | -1,563 | | -2,770 | -2,390 |
| 14/05/21 | 4,085 | 2.13% | 1,962,242 | -64,048 | +4,462 | -39,814 | +97,540 | +24,430 | -44,580 | +14,850 | -27,460 | -17,000 | -36,314 | -51,280 | +87,200 | +12,200 |
| 14/05/20 | 4,000 | 2.56% | 2,102,422 | -143,600 | +29,100 | +153,783 | +12,986 | +125,670 | +1,841 | | +6,472 | | +3,894 | +3,330 | -38,280 | -1,000 |
| 14/05/19 | 3,900 | 4.70% | 1,928,488 | +15,718 | +124,070 | -137,828 | -19,000 | -56,650 | -67,878 | | +17,460 | | | -11,760 | -450 | -1,510 |
| 14/05/16 | 3,725 | -0.67% | 671,187 | -11,175 | +3,300 | +7,375 | -12,710 | -14,199 | -1,206 | | | | | +35,490 | +500 | |

외국인·기관 투자자들의 매수 연속성과 상승 모멘텀이 있는 종목이 단기간 연속 상승 후 1/3가량의 조정을 거친 다음 2차 상승하는 구간을 뜻한다. 1/3가량의 조정은 개인을 털기 위한 메이저 세력의 속임수다. 보통 N자형 패턴이 나온다.

## 매수 타점

1. 전일 대비 거래량 감소
2. 상승폭의 1/3 지점 공략
3. 애매하면 매매 동향 확인 후 대응(수급의 이탈 여부 반드시 체크)
4. 3·3·4 분할 매수, 비중 조절, 종가 베팅
5. 시황 체크, 코스피·코스닥 외국인·기관 투자자 포지션 체크
6. 상승 모멘텀 확인(재료 노출 없음) 현재진행형

## 매도 타점

1. 단기간 급등으로 두 자릿수 수익률
2. 외국인·기관 투자자들의 수급 이탈 여부 체크
3. 글로벌·아시아 시장 선물 급락과 증시 하락 체크
4. 3·3·4 분할 매도, 비중 조절, 일괄 매도
5. 자신만의 매도·매매 원칙 정립

다음은 수급 번개 매매 예시들이다. 매수 타점을 파란색 점선으로 표시했다. 수급 번개 매매는 정확히 1/3 하락점을 공략하는 것이 아니다. 수급의 연속성이 있는 종목이라면 1/3 조정구간에서도 반등 나올 확률이 높다. 수급의 이탈과 유입을 기준으로 공략하는 것이 핵심이다.

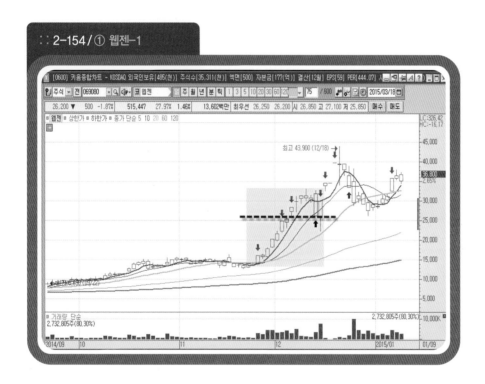

:: 2-154 / ① 웹젠-1

:: 2-155 / ① 웹젠-2

[0796] 투자자별 매매동향 - 종목별투자자

투자자별매매종합 | 시간대별투자자 | 당일추이 | 일별동향/그래프 | 순매수추이 | 업종별투자자순매수 | 당일매매현황 | 투자자별누적순매수 | 투자자별일별매매 | 종목별투자자

069080 ▾ Q 코 웹젠 | 2015/03/18 | ○금액 ○수량 ●순매수 ○매수 ○매도 ○천주 ●단주 | ○전일비 ●등락률 | 투자구분 안내 | 단위:백만원,단주 | 조회 연속 차

| 일자 | 현재가 | 등락률 | 거래량 | 개인 | 외국인 | 기관계 | 금융투자 | 보험 | 투신 | 기타금융 | 은행 | 연기금등 | 사모펀드 | 국가 | 기타법인 | 내외국인 |
|---|---|---|---|---|---|---|---|---|---|---|---|---|---|---|---|---|
| 2015/02/18 ~ 2015/03/18 누적순매수 | | | -11,698 | -9,316 | +10,012 | -717 | | | | | +229 | | +10,500 | | -5,338 | +5,664 |
| 14/12/30 | 29,050 | 5.06% | 3,004,944 | -39,561 | +41,032 | +6,316 | +6,244 | | | | +72 | | | | -7,716 | -51 |
| 14/12/29 | 27,650 | -5.63% | 4,301,536 | -192,406 | +197,941 | -22,080 | -6,090 | | -6,000 | | | | -9,990 | | +16,039 | +506 |
| 14/12/26 | 29,300 | -6.54% | 2,564,185 | -544 | +5,181 | -1,316 | -1,316 | | | | | | | | -3,753 | +432 |
| 14/12/24 | 31,350 | 5.91% | 4,514,937 | -122,743 | +131,446 | +4,413 | -1,587 | | +6,000 | | | | | | -11,000 | -2,116 |
| 14/12/23 | 29,600 | -11.90% | 10,149,701 | +54,551 | -60,293 | -4,597 | -4,237 | | +640 | -1,000 | | | | | +12,462 | -2,123 |
| 14/12/22 | 33,600 | -14.94% | 2,007,523 | +83,742 | +5,175 | -94,119 | +2,536 | -99,000 | +2,345 | | | | | | +4,308 | +894 |
| 14/12/19 | 39,500 | 0% | 564,243 | +62,911 | -2,696 | -59,089 | -8,089 | -41,000 | -10,000 | | | | | | -150 | -976 |
| 14/12/18 | 39,500 | -0.63% | 1,157,851 | -19,775 | +3,960 | +2,494 | +2,494 | | | | | | | | +9,881 | +3,440 |
| 14/12/17 | 39,750 | 14.88% | 360,013 | +80,663 | -75,529 | -1,011 | -511 | | | | | -500 | | | -4,212 | +89 |
| 14/12/16 | 34,600 | 0% | 0 | | | | | | | | | | | | | |
| 14/12/15 | 34,600 | 14.95% | 466,530 | +8,121 | -4,343 | -2,077 | -1,660 | | | | | -417 | | | -500 | -1,201 |
| 14/12/12 | 30,100 | 14.89% | 7,820,364 | -216,519 | +49,335 | +149,413 | +5,684 | +140,000 | -2,768 | +3,000 | | | +3,497 | | +20,381 | -2,610 |
| 14/12/11 | 26,200 | -14.94% | 3,392,872 | -7,896 | -10,544 | +289 | +24,466 | | -16,170 | | | | -8,007 | | +14,353 | -3,798 |
| 14/12/10 | 30,800 | -2.07% | 979,538 | +18,848 | +3,663 | -21,804 | +1,996 | | -22,300 | -500 | | | -1,000 | | +3,450 | -4,157 |
| 14/12/09 | 31,450 | 0.32% | 1,452,089 | +134,790 | -58,052 | -91,463 | -37,153 | | -40,760 | -500 | | | -13,050 | | +14,965 | -240 |
| 14/12/08 | 31,350 | 4.67% | 1,499,881 | +20,425 | -11,395 | -7,550 | | | -1,000 | -500 | -50 | | -6,000 | | +35 | -1,515 |
| 14/12/05 | 29,950 | 5.46% | 4,941,992 | +93,123 | -1,697 | -92,709 | -80 | | -51,020 | -1,000 | +1,239 | | -41,846 | | -700 | +1,983 |
| 14/12/04 | 28,400 | 14.98% | 2,846,606 | -3,507 | +32,767 | -31,167 | | | -21,605 | | +938 | | -10,500 | | +350 | +1,557 |
| 14/12/03 | 24,700 | -0.60% | 4,177,702 | +282,476 | -45,610 | -180,140 | +15,116 | | -194,256 | | | | -1,000 | | -48,791 | -7,935 |
| 14/12/02 | 24,850 | 14.78% | 3,557,512 | -12,993 | +35,730 | -20,524 | -1,807 | | -16,050 | | -167 | | -2,500 | | -1,365 | -848 |
| 14/12/01 | 21,650 | 6.91% | 3,217,987 | +24,252 | -11,932 | -11,344 | -11 | | -9,500 | | +167 | | -2,000 | | +20 | -99 |

:: 2-156 / ① 웹젠-3

[특징주] 웹젠, 이틀째 상한가… '전민기적' 中서 흥행

웹젠(069080)이 이틀 연속 가격제한폭까지 치솟았다. 웹젠의 '뮤 온라인'을 기반으로 제작한 모바일게임 '전민기적'이 중국에서 흥행 돌풍을 일으키고 있다는 소식이 주가에 영향을 주고 있는 모습이다. 15일 오전 9시 5분 현재 웹젠은 전일 대비 14.95% 상승한 3만 4,600원에 거래되고 있다.

애플의 집계에 따르면 중국 게임사 킹넷이 만든 '전민기적'은 앱스토어 인기게임 1위, 매출 6위에 오른 것으로 나타났다. '전민기적'보다 매출 상위에 위치한 게임들은 대부분 텐센트 위챗 게임 플랫폼에 탑재된 게임들이다. 전민기적은 정식 서비스 직후 애플 앱스토어 인기 1위에 등극했고 안드로이드 버전을 포함하면 1,000만 다운로드가 이뤄졌다는 관측도 제기되고 있다.

기사 출처: 이데일리(2014.12.15.)

## :: 2-157 / ② SH에너지화학-1

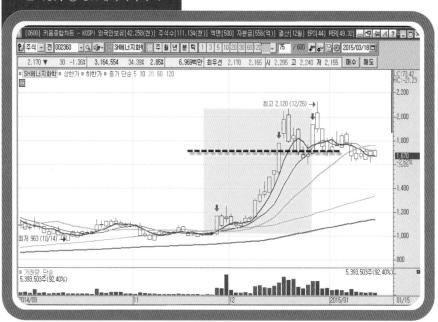

## :: 2-158 / ② SH에너지화학-2

| 일자 | 현재가 | 등락률 | 거래량 | 개인 | 외국인 | 기관계 | 금융투자 | 보험 | 투신 | 기타금융 | 은행 | 연기금등 | 사모펀드 | 국가 | 기타법인 | 내외국인 |
|---|---|---|---|---|---|---|---|---|---|---|---|---|---|---|---|---|
| 14/12/29 | 1,755 | -7.63% | 15,223,393 | -366,388 | +166,505 | +175,578 | +7,240 | | | | | | +168,338 | | +28,651 | -4,426 |
| 14/12/26 | 1,900 | -1.81% | 32,064,390 | +141,659 | -53,369 | -3,041 | -3,041 | | | | | | | | -71,309 | -13,940 |
| 14/12/24 | 1,935 | 14.84% | 32,022,113 | -41,118 | +18,666 | +3,677 | +3,677 | | | | | | | | -7,080 | +25,855 |
| 14/12/23 | 1,685 | 1.81% | 23,626,849 | -384,725 | +299,448 | +90,951 | | | | | | | +90,951 | | +13,080 | -18,754 |
| 14/12/22 | 1,655 | -2.93% | 14,863,375 | -212,540 | +25,031 | +12,135 | +7,247 | | +4,888 | | | | | | +167,428 | +7,946 |
| 14/12/19 | 1,705 | -7.59% | 19,132,841 | +75,764 | -76,678 | -6,927 | -600 | | | | | | +7,527 | | +5,250 | -11,263 |
| 14/12/18 | 1,845 | 2.79% | 37,367,122 | -708,983 | +721,094 | | | | | | | | | | -15,050 | +2,939 |
| 14/12/17 | 1,795 | -9.34% | 34,465,405 | -35,367 | -18,756 | +100,590 | | | +100,590 | | | | | | -68,810 | +22,343 |
| 14/12/16 | 1,980 | 11.24% | 42,231,597 | -168,747 | +52,906 | +89,935 | -2,347 | | +92,282 | | | | | | +32,300 | -6,394 |
| 14/12/15 | 1,780 | 14.84% | 28,306,981 | -372,392 | +480,982 | +95,110 | -4 | | +17,713 | | | +78,401 | | | -228,850 | +24,150 |
| 14/12/12 | 1,550 | 3.68% | 20,840,638 | -672,350 | +662,164 | +23,912 | -1,000 | | | | | | +24,912 | | -30,957 | -2,769 |
| 14/12/11 | 1,495 | 8.73% | 16,659,482 | -559,821 | +589,736 | -315 | | | -315 | | | | | | +200 | -29,800 |
| 14/12/10 | 1,375 | 2.23% | 17,888,516 | -496,813 | +357,387 | +59,753 | | | +59,753 | | | | | | +141,223 | -61,550 |
| 14/12/09 | 1,345 | 3.46% | 22,564,994 | 1,100,546 | 1,030,736 | -1,000 | -1,000 | | | | | | | | +3,100 | +67,710 |
| 14/12/08 | 1,300 | 12.07% | 19,828,055 | -353,063 | +373,618 | -12,013 | -12,013 | | | | | | | | -24,144 | +15,602 |
| 14/12/05 | 1,160 | 0.87% | 3,549,899 | -181,107 | +172,052 | | | | | | | | | | +9,055 | |
| 14/12/04 | 1,150 | 4.07% | 5,838,904 | +19,063 | -53,953 | | | | | | | | | | +35,240 | -350 |
| 14/12/03 | 1,105 | 0.91% | 4,965,683 | -97,880 | +97,580 | | | | | | | | | | | +300 |
| 14/12/02 | 1,095 | -0.45% | 5,035,587 | -19,334 | +21,464 | | | | | | | | | | | -2,130 |
| 14/12/01 | 1,100 | -3.93% | 10,691,540 | +222,362 | -184,586 | +9,013 | +9,013 | | | | | | | | +14,164 | -60,953 |
| 14/11/28 | 1,145 | 5.05% | 47,435,878 | +94,549 | -147,098 | -3,000 | -3,000 | | | | | | | | -5,650 | +61,19% |

:: 2-159 / ③ 하이비젼시스템-1

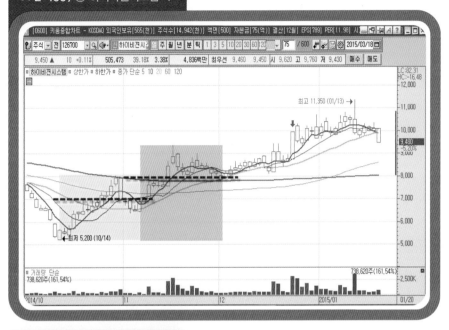

:: 2-160 / ③ 하이비젼시스템-2

[0796] 투자자별 매매동향 - 종목별투자자

투자자별매매종합 | 시간대별투자자 | 당일추이 | 일별동향/그래프 | 순매수추이 | 업종별투자자순매수 | 당일매매현황 | 투자자별누적순매수 | 투자자별일별매매 | 종목별투자자

126700 하이비젼시스템 2015/03/18 금액 수량 순매수 매수 매도 천주 단주 전일비 등락률 투자자구분 안내 단위:백만원,단주 조회 연속 차

| 일자 | 현재가 | 등락률 | 거래량 | 개인 | 외국인 | 기관계 | 금융투자 | 보험 | 투신 | 기타금융 | 은행 | 연기금등 | 사모펀드 | 국가 | 기타법인 | 내외국인 |
|---|---|---|---|---|---|---|---|---|---|---|---|---|---|---|---|---|
| 2015/02/18 ~ 2015/03/18 누적순매수 | | | | -60,312 | -44,158 | +97,156 | +74,103 | | -12,947 | | +36,000 | | | | +7,101 | +213 |
| 14/10/30 | 7,920 | 4.62% | 509,183 | -41,364 | -13,948 | +44,309 | +20,675 | | | | | +23,634 | | | +11,189 | -186 |
| 14/10/29 | 7,570 | 5.73% | 550,278 | -98,679 | +502 | +95,253 | +25,475 | | +19,692 | | +750 | +49,336 | | | +2,603 | +321 |
| 14/10/28 | 7,160 | 0% | 260,697 | +27,520 | -28,321 | | | | | | | | | | +800 | +1 |
| 14/10/27 | 7,160 | 7.03% | 415,661 | -59,006 | +15,526 | +44,709 | +23,424 | | +21,285 | | | | | | -1,000 | -229 |
| 14/10/24 | 6,690 | 0% | 208,995 | +10,973 | -11,057 | | | | | | | | | | | +84 |
| 14/10/23 | 6,690 | 2.61% | 289,244 | -62,359 | -2,070 | +64,348 | +42,747 | | +21,601 | | | | | | +300 | -220 |
| 14/10/22 | 6,520 | 0.77% | 238,135 | +6,910 | -6,614 | -576 | -576 | | | | | | | | +280 | |
| 14/10/21 | 6,470 | 1.57% | 433,941 | +8,031 | -9,054 | | | | | | | | | | +900 | +123 |
| 14/10/20 | 6,370 | 0.31% | 190,726 | -42,073 | -10,022 | +52,283 | +52,283 | | | | | | | | | -188 |
| 14/10/17 | 6,350 | 11.21% | 630,528 | -37,084 | -15,803 | +53,414 | +53,414 | | | | | | | | -100 | -427 |
| 14/10/16 | 5,710 | 3.82% | 284,385 | -26,485 | -2,577 | +29,062 | | | | | | | +29,062 | | | |
| 14/10/15 | 5,500 | -2.48% | 207,659 | +21,109 | -21,109 | | | | | | | | | | | |
| 14/10/14 | 5,640 | 5.42% | 320,290 | -13,847 | +13,847 | | | | | | | | | | | |
| 14/10/13 | 5,350 | -12.30% | 564,078 | -29,285 | +25,975 | | | | | | | | | | +200 | +3,110 |
| 14/10/10 | 6,100 | -7.58% | 270,817 | +42,528 | -42,928 | | | | | | | | | | +200 | +200 |
| 14/10/08 | 6,600 | 0.15% | 130,407 | -2,675 | -4,225 | | | | | | | | | | | +6,900 |
| 14/10/07 | 6,590 | -0.75% | 194,313 | -4,174 | -4,389 | | | | | | | | | | +200 | |
| 14/10/06 | 6,640 | -6.21% | 391,835 | +12,407 | -12,125 | | | | | | | | | | -500 | +218 |
| 14/10/02 | 7,080 | -4.19% | 251,174 | +18,960 | -19,235 | | | | | | | | | | | +275 |
| 14/10/01 | 7,390 | -4.15% | 228,840 | +49,600 | -29,538 | -20,062 | | | | | | | -20,062 | | | +21 |
| 14/09/30 | 7,710 | 0.65% | 428,710 | +36,321 | -36,536 | | | | | | | | | | | +21F |

**:: 2-161 / ③ 하이비전시스템-3**

[특징주] 하이비전 강세… 3분기 이익 큰 폭 개선

하이비전시스템(126700)이 3분기 실적 호조 소식에 강세다. 10일 오후 2시 5분 하이비전시스템은 전날보다 8.92% 오른 7,690원에 거래되고 있다. 이날 하이비전은 3분기 영업이익이 30억 원으로 전년 대비 2573% 증가했다고 공시했다. 매출액은 전년비 94% 증가한 190억 원을, 순이익은 전년비 1007% 증가한 34억 원을 각각 기록했다.

기사 출처: 이데일리(2014.11.10.)

**:: 2-162 / ③ 하이비전시스템-4**

[특징주] 하이비전 강세… 인공장기 3D프린팅＋이익 급증

하이비전시스템(126700)이 강세다. 인공장기 재료 기술과 3D프린팅 기술 사업화 촉진을 위해 영남대와 양해각서(MOU)를 체결했다는 소식이 주가에 영향을 주는 것으로 보인다. 17일 오전 9시 50분 하이비전은 전날보다 3.55% 오른 8,740원에 거래되고 있다.

하이비전은 MOU를 계기로 인공장기 재료 프린팅 기술을 개발한다. 바이오메디컬 3D 프린팅까지 사업 영역을 확대한다는 계획이다. 하이비전은 3D프린터 '큐비콘 싱글'을 지난달부터 양산해 판매하고 있다. 인체에 무해한 고분자 물질로 환자의 장기 형태에 맞게 3D프린터로 출력한 후 개인의 고유한 인체장기의 세포를 이용해 실제 장기와 유사하게 만들 것으로 기대하고 있다.

하이비전은 3분기에 매출액 190억 원, 영업이익 30억 원을 기록했다. 지난해 같은 기간보다 각각 94%, 2573% 증가한 규모다.

기사 출처: 이데일리(2014.11.17.)

:: 2-163 / ④ 코리아써키트-1

:: 2-164 / ④ 코리아써키트-2

[0796] 투자자별 매매동향 - 종목별투자자

투자자별매매종합 | 시간대별투자자 | 당일추이 | 일별동향/그래프 | 순매수추이 | 업종별투자자순매수 | 당일매매현황 | 투자자별누적순매수 | 투자자별일별매매 | 종목별투자자

007810 코리아써키트 2015/03/18 ○금액 ●수량 ●순매수 ●매수 ●매도 ●천주 ●단주 ●전일비 ●등락률 투자구분 안내 단위:백만원,단주 조회 연속

2015/02/18 ~ 2015/03/18 누적순매수 -293,450 +154,156 +115,769 -60,178 +114,698 -155,565 +50,199 -7,819 +22,426 +23,663

| 일자 | 현재가 | 등락률 | 거래량 | 개인 | 외국인 | 기관계 | 금융투자 | 보험 | 투신 | 기타금융 | 은행 | 연기금등 | 사모펀드 | 국가 | 기타법인 | 내외국인 |
|---|---|---|---|---|---|---|---|---|---|---|---|---|---|---|---|---|
| 15/01/07 | 12,400 | -1.20% | 604,296 | -32,093 | -27,774 | +49,204 | -3,150 | +7,398 | +101 | | -65 | +50,000 | -4,465 | -615 | +10,663 | |
| 15/01/06 | 12,550 | 5.46% | 910,496 | -54,299 | +61,078 | -6,770 | -1,402 | +86 | +49 | | | +4,153 | -9,656 | | -7 | -2 |
| 15/01/05 | 11,900 | -0.83% | 1,181,820 | -55,970 | +16,245 | +43,340 | +40,480 | +3 | -9,263 | | | +13,079 | -959 | | -1,918 | -1,697 |
| 15/01/02 | 12,000 | 0% | 392,538 | -38,386 | +12,510 | +26,335 | +19,669 | -48 | +7,243 | -29 | | | | -490 | -456 | -3 |
| 14/12/30 | 12,000 | 1.27% | 469,312 | -48,046 | +30,382 | +11,340 | +5,034 | -109 | +6,919 | | | -472 | | -32 | +6,326 | -2 |
| 14/12/29 | 11,850 | 3.04% | 1,075,383 | -44,379 | -68,500 | +113,025 | +147 | +22,999 | +69,015 | | | +20,869 | +10 | -15 | -174 | +28 |
| 14/12/26 | 11,500 | 7.98% | 2,513,728 | +76,380 | -197,575 | +166,912 | +506 | +86,953 | -41,395 | +9,124 | | +107,214 | +4,510 | | -45,717 | |
| 14/12/24 | 10,650 | 14.52% | 1,012,385 | -107,548 | +10,538 | +127,516 | +64,707 | +25,000 | +20,853 | | | +15,000 | -55 | +2,011 | -32,929 | +2,363 |
| 14/12/23 | 9,300 | -1.17% | 276,400 | -24,068 | +19,983 | +11,868 | +2,739 | -12 | -3,233 | | | -802 | +13,196 | | -6,436 | -1,367 |
| 14/12/22 | 9,410 | -3.09% | 408,776 | +108,378 | -17,132 | -93,998 | +405 | +14 | +5,493 | | | -99,909 | -1 | | +1,250 | +1,502 |
| 14/12/19 | 9,710 | 5.77% | 1,250,832 | +19,766 | +20,903 | -20,564 | +5,326 | +105 | +29,059 | | | -67,000 | +44,946 | -33,000 | -19,655 | -450 |
| 14/12/18 | 9,180 | -1.82% | 640,438 | +105,048 | +53,120 | -121,796 | -58,515 | | +32,305 | | | -100,000 | +4,415 | | -36,000 | -373 |
| 14/12/17 | 9,350 | -1.58% | 696,995 | +8,176 | +38,668 | -41,796 | +15,860 | +6,552 | +3,912 | | | -101,757 | +5,187 | +28,450 | -5,300 | +250 |
| 14/12/16 | 9,500 | -2.26% | 765,555 | +853 | +26,162 | -3,332 | +20,302 | -115 | -25,812 | | | -50,374 | +2,058 | -1,015 | -24,356 | +673 |
| 14/12/15 | 9,720 | 0.83% | 1,174,315 | +1,270 | +72,747 | -4,945 | -6,978 | +161 | +77,162 | | | -100,000 | +26,710 | | -64,462 | -4,610 |
| 14/12/12 | 9,640 | -4.55% | 1,029,985 | +22,504 | +6,874 | -4,256 | +32 | -2,872 | +7,640 | | | -9,056 | | | -25,117 | -5 |
| 14/12/11 | 10,100 | 5.21% | 1,663,904 | -153,022 | +24,395 | +163,293 | +71,372 | +20,337 | +58,312 | | | +5,391 | +7,821 | | -39,281 | +4,615 |
| 14/12/10 | 9,600 | -0.21% | 910,263 | -59,981 | +3,998 | +62,025 | +1,960 | +3,876 | +56,111 | | | | | | -4,322 | -1,721 |
| 14/12/09 | 9,620 | 14.93% | 1,598,044 | -22,952 | -20,308 | +227,484 | +5,313 | +99,895 | +74,135 | | | +46,930 | +738 | +473 | -185,796 | +1,572 |
| 14/12/08 | 8,370 | 9.41% | 641,677 | -24,728 | +20,064 | +4,624 | +2,259 | +311 | +275 | | -200 | +1,979 | | | +40 | |
| 14/12/05 | 7,650 | 1.73% | 34,017 | -5,483 | +2,420 | +1,563 | +2,467 | -993 | +71 | | | +18 | | | +1,500 | |

:: 2-165 / ④ 코리아써키트-3

## 코리아써키트, 국내 주요 고객사 Nand Flash 향 CSP 매출 ↑

코리아써키트(007810)에 대해 LIG투자증권은 "국내 주요 고객사 Nand Flash 향 CSP(Chip Scale Package) 매출이 빠른 속도로 늘고 있다. 신규 증설 물량은 수익성이 높은 3D Nand로 채워지고 있어 이익 개선 속도는 더 빨라질 예정이다. 국내 주요 고객사의 Nand Flash 글로벌 점유율 상승 추세라는 점도 긍정적"이라고 분석했다.

또한 "지분 34.81%를 보유한 인터플렉스의 지분가치는 750억 원으로 인터플렉스는 2012년 대규모 설비투자 감가상각이 마무리되며 2015년 연말 흑자 전환 기대로 지분가치가 상승할 가능성이 높다"라고 밝혔다. 한편 동사에 대해 "3Q13을 기점으로 바닥을 다진 것으로 판단된다, 4Q14 신제품 효과로 q-q 실적 증가, 2015년 주요 고객사 내 점유율 유지, 고객사의 세트 판매 M/S 회복이 기대된다"라고 전망했다. LIG투자증권은 15일 코리아써키트에 대해 "펀더멘털과 저평가를 고루 갖춤"이라며 투자의견을 '매수(신규)'로 제시하였고, 아울러 목표주가로는 1만 5,000원을 내놓았다.

기사 출처: 서울경제(2014.12.15.)

:: 2-166 / ⑤ 파트론-1

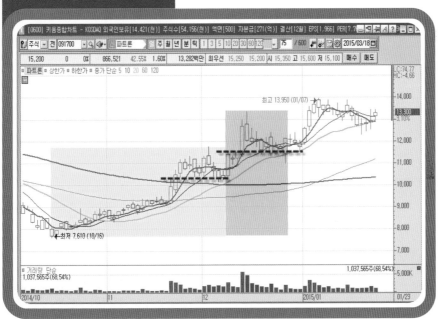

:: 2-167 / ⑤ 파트론-2

[0736] 투자자별 매매동향 - 종목별투자자

투자자별매매종합 | 시간대별투자자 | 당일추이 | 일별동향/그래프 | 순매수추이 | 업종별투자자순매수 | 당일매매현황 | 투자자별누적순매수 | 투자자별일별매매 | 종목별투자자

091700 파트론 2015/03/18 ○금액 ●수량 ●순매수 ○매수 ○매도 ●천주 ○단주 ○전일비 ●등락률 투자구분 안내 단위:백만원·단주 조회 연속 차

2015/02/18 ~ 2015/03/18 누적순매수 1,177,176 | 985,596 | 252,278 | 62,020 | 54,229 | -211,926 | -2,952 | -2,877 | 238,030 | 100,845 | -5,691 | -57,556 | -3,14

| 일자 | 현재가 | 등락률 | 거래량 | 개인 | 외국인 | 기관계 | 금융투자 | 보험 | 투신 | 기타금융 | 은행 | 연기금등 | 사모펀드 | 국가 | 기타법인 | 내외국인 |
|---|---|---|---|---|---|---|---|---|---|---|---|---|---|---|---|---|
| 14/12/18 | 11,950 | 3.02% | 1,441,809 | -102,051 | +17,867 | +61,650 | +47,602 | +22,338 | +4,200 | | | +6,596 | +914 | | +3,100 | -566 |
| 14/12/17 | 11,600 | -3.33% | 1,480,132 | +34,140 | -23,653 | -10,934 | -40,703 | -37 | +15,595 | | | +7,563 | +6,648 | | +580 | -133 |
| 14/12/16 | 12,000 | 0% | 1,984,965 | -29,254 | +36,856 | +9,646 | +25,061 | -185 | -9,151 | | | -3,829 | | -2,250 | -17,290 | +42 |
| 14/12/15 | 12,000 | -0.41% | 2,396,961 | +195,664 | -132,972 | -79,716 | -170,658 | +16,421 | +36,521 | | -100 | | +23,640 | +14,460 | +17,421 | -397 |
| 14/12/12 | 12,050 | -5.12% | 4,712,306 | +250,105 | -150,844 | -5,560 | +124,999 | | +21,847 | -16,051 | -66,020 | -13,785 | -58,000 | -2,250 | -92,495 | -1,206 |
| 14/12/11 | 12,700 | 10.43% | 5,788,767 | -686,610 | +336,770 | +461,924 | -17,564 | +117,000 | +131,538 | | +67,971 | +39,938 | +121,141 | +1,880 | -112,324 | +240 |
| 14/12/10 | 11,500 | 2.68% | 1,376,837 | +21,662 | -127,588 | +103,500 | +10,025 | -1,726 | +66,875 | | | +28,326 | | | +3,191 | -765 |
| 14/12/09 | 11,200 | -1.75% | 1,524,831 | +3,386 | -226,710 | +220,573 | -4,108 | -228 | +162,586 | | -11,120 | +61,483 | +11,960 | | +1,214 | +1,537 |
| 14/12/08 | 11,400 | 10.14% | 2,772,849 | -373,524 | -10,178 | +383,503 | +160,863 | | +56,713 | | +14,653 | +84,021 | +67,253 | | +2,004 | -1,805 |
| 14/12/05 | 10,350 | 0.49% | 1,466,400 | +109,729 | -229,955 | +118,526 | -1,383 | | +43,176 | | | +76,733 | | | +1,850 | -150 |
| 14/12/04 | 10,300 | -3.29% | 1,788,037 | +368,209 | -390,703 | -2,407 | -52,257 | | | | | +50,000 | -150 | | +24,501 | +400 |
| 14/12/03 | 10,650 | -2.74% | 1,450,620 | +241,648 | -216,587 | -25,953 | -33,935 | | +8,035 | | | | -53 | | +13,549 | -12,657 |
| 14/12/02 | 10,950 | -2.67% | 1,980,614 | +105,224 | -127,221 | +29,004 | +23,099 | +25 | -44,120 | | | +50,000 | | | -7,092 | +85 |
| 14/12/01 | 11,250 | 5.53% | 1,715,181 | -328,471 | +168,962 | +175,193 | +74,739 | +21,057 | +11,634 | | | +80,000 | +6,760 | | -28,933 | +13,249 |
| 14/11/28 | 10,550 | -0.47% | 643,938 | +28,969 | +7,241 | -40,006 | -13,149 | -8,611 | +8,578 | | -515 | -33,034 | +6,725 | | +3,036 | +760 |
| 14/11/27 | 10,600 | -3.20% | 862,674 | -25,424 | +48,625 | -23,297 | +12,622 | +47 | -35,966 | | | | | | +825 | -729 |
| 14/11/26 | 10,950 | 1.86% | 1,187,870 | -42,355 | +31,628 | -18,902 | +7,621 | +1,210 | -58,942 | -1,374 | +28,023 | | +820 | | +3,740 | +1,590 |
| 14/11/25 | 10,750 | -2.71% | 990,344 | -9,739 | -59,257 | +56,468 | -10,150 | | +29,098 | -1,785 | | +28,766 | +10,539 | | +21,388 | -8,860 |
| 14/11/24 | 11,050 | 5.24% | 2,194,383 | -491,776 | +83,598 | +343,774 | +30,107 | +4,652 | +64,992 | -1,864 | +2,445 | +33,034 | +180,628 | +29,760 | +64,562 | -158 |
| 14/11/21 | 10,500 | 5.53% | 2,685,796 | -209,264 | -79,739 | +341,547 | +88,429 | +18,382 | +138,662 | | -300 | +53,834 | +9,700 | +32,840 | -52,614 | +70 |
| 14/11/20 | 9,950 | 8.62% | 3,205,202 | -72,111 | +109,314 | -102,224 | +54,223 | -641 | -187,137 | | +9,995 | | +21,336 | | +54,330 | +6 |

:: 2-168 / ⑤ 파트론-3

## 파트론, 전방카메라 모듈 고화소화 진행 중 '목표가 ↑'

신영증권은 15일 파트론에 대해 전방카메라 모듈 고화소화가 진행되고 있다며 목표주가를 1만 4,000원으로 올려 잡고, 투자의견 매수를 유지했다.

곽찬 신영증권 연구원은 "후방카메라의 고화소화는 꾸준히 진행되어 왔으나, 상대적으로 이 회사의 주력인 전방카메라 모듈의 화소 상승은 제한적이었다"며 "하지만 2015년부터는 전방카메라 화소가 3M 이상으로 상승할 것으로 예상되며, 이에 따른 동사의 수혜가 예상된다"고 말했다. 곽 연구원은 "2015년부터 센서 모듈 패키징 및 소형 완제품 사업의 본격적인 외형 확대가 예상된다"며 "파트론은 2014년 주요 고객사 플래그십 심박센서를 공급했으며, 2015년에도 온도센서, UV센서 등 신규 센서를 개발 중에 있고, 더불어 2014년 하반기 시작한 블루투스, S펜, 동글 등의 소형 완제품 사업에서도 2015년 연간 150억 원의 매출이 예상된다"고 전했다.

그는 "2014년 하반기 주요 고객사 플래그십 모델의 전방카메라에 3M이 채택됐으며, 2015년 상반기 플래그십 모델에서는 5M으로 상향될 것"이라며 "이 회사는 국내 주요 고객사 내 전방카메라 모듈 최대 벤더로써 물량 수혜가 예상되며, 2014년 4분기는 3M 이상의 고화소 모듈 비중이 전체 매출 가운데 70% 수준이 될 것"이라고 덧붙였다.

기사 출처: 파이낸셜뉴스(2014.12.15.)

:: 2-169 / ⑥ 동양강철-1

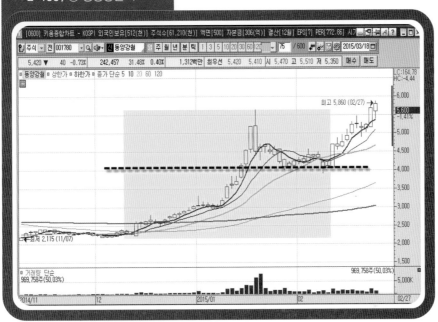

:: 2-170 / ⑥ 동양강철-2

| 일자 | 현재가 | 등락률 | 거래량 | 개인 | 외국인 | 기관계 | 금융투자 | 보험 | 투신 | 기타금융 | 은행 | 연기금등 | 사모펀드 | 국가 | 기타법인 | 내외국인 |
|---|---|---|---|---|---|---|---|---|---|---|---|---|---|---|---|---|
| 2015/02/18 ~ 2015/03/18 누적순매수 | | | | +406,458 | -88,842 | -353,459 | -508,508 | +1,024 | +130,553 | | | | +23,472 | | +62,433 | -26,590 |
| 15/01/21 | 4,640 | 2.54% | 7,883,731 | -121,082 | +167,676 | -36,876 | -91,500 | | +134,624 | | -80,000 | | | | -6,884 | -2,834 |
| 15/01/20 | 4,525 | -12.81% | 6,341,546 | +223,681 | -4,672 | -201,215 | -277,224 | +727 | +75,282 | | | | | | -18,944 | +1,150 |
| 15/01/19 | 5,190 | 14.19% | 3,394,349 | -215,755 | -60,735 | +275,866 | +33,644 | | +121,132 | | | | +121,090 | | +908 | -284 |
| 15/01/16 | 4,545 | 9.92% | 3,546,617 | -382,423 | -82,025 | +504,328 | -54,600 | +481 | +558,447 | | | | | | -40,800 | +920 |
| 15/01/15 | 4,135 | 11.76% | 2,217,860 | -84,549 | -8,602 | +92,237 | -7,581 | +352 | +37,610 | | | | +61,856 | | +3,000 | -2,086 |
| 15/01/14 | 3,700 | 2.78% | 1,261,364 | -153,085 | +55,410 | +125,832 | +59,851 | | +33,230 | | | | +32,751 | | -25,607 | -2,550 |
| 15/01/13 | 3,600 | 1.41% | 2,239,584 | +71,146 | -43,446 | -4,000 | -4,000 | | | | | | | | -29,400 | +5,709 |
| 15/01/12 | 3,550 | 11.29% | 2,086,447 | -78,993 | -12,450 | +167,471 | -20,000 | | +52,655 | | -5,330 | | +140,146 | | -75,928 | -100 |
| 15/01/09 | 3,190 | 5.98% | 718,687 | -8,041 | +2,683 | +18,800 | +18,800 | | | | | | | | -3,442 | -10,000 |
| 15/01/08 | 3,010 | 0.84% | 284,670 | +7,589 | +12,561 | -20,150 | | | -150 | | -20,000 | | | | | |
| 15/01/07 | 2,985 | -1.65% | 376,661 | +15,502 | +16,950 | -32,794 | | | -32,794 | | | | | | -1,658 | +2,000 |
| 15/01/06 | 3,035 | -1.14% | 467,933 | -25,940 | +22,940 | | | | | | | | | | | +3,000 |
| 15/01/05 | 3,070 | 0.33% | 460,962 | -2,423 | -9,061 | +585 | | +585 | | | | | | | +10,000 | +899 |
| 15/01/02 | 3,060 | 1.32% | 1,202,619 | +59,474 | -58,704 | +1,830 | | +1,830 | | | | | | | -5,000 | +2,400 |
| 14/12/30 | 3,020 | 3.07% | 544,747 | -463 | +419 | -57 | | | -57 | | | | | | | +101 |
| 14/12/29 | 2,930 | 1.03% | 465,238 | +42,670 | -43,173 | +503 | | +256 | +247 | | | | | | -25,607 | -2,550 |
| 14/12/26 | 2,900 | 2.11% | 518,693 | +71,478 | -10,774 | -3,704 | +150 | +2,561 | -264 | | +10,000 | -16,151 | | | -57,000 | |
| 14/12/24 | 2,840 | 1.07% | 418,819 | -37,570 | +37,182 | +388 | | +388 | | | | | | | | |
| 14/12/23 | 2,810 | 2.18% | 434,233 | -2,124 | -2,124 | | | | | | | | | | | |
| 14/12/22 | 2,750 | 3.38% | 467,195 | -24,352 | -558 | +10,156 | | +156 | | | +10,000 | | | | +14,754 | |
| 14/12/19 | 2,660 | 3.91% | 288,661 | -819 | -2,004 | +5,000 | | | +5,000 | | | | | | | -2,177 |

외국인·기관 투자자들의 매수 연속성과 상승 모멘텀이 있는 종목에서 단기간 연속 상승 후 5일선과 10일선을 이탈하지 않는 선에서 고가 놀이하는 패턴을 말한다. 개인을 털기 위해 기간 조정을 거치는 구간이므로 메이저 세력의 속임수로 볼 수 있다. 평균 일주일에서 최대 보름까지 눌림 및 횡보를 거친 후 강한 수급 유입과 함께 재차 상승한다.

### 매수 타점

1. 전일 대비 거래량 감소, 거래량 증가 피뢰침 종가 베팅
2. 차트상 5일선과 10일선 지지
3. 애매하면 매매 동향 확인 후 대응(수급의 이탈 여부)
4. 3·3·4 분할 매수, 비중 조절, 종가 베팅
5. 시황 체크, 코스피·코스닥의 외국인·기관 투자자 포지션 체크
6. 상승 모멘텀 확인(재료 노출 없음) 현재진행형

### 매도 타점

1. 단기간 급등으로 두 자릿수 수익률
2. 외국인·기관 투자자들의 수급 이탈 여부 체크
3. 글로벌·아시아 시장 선물 급락과 증시 하락 체크
4. 3·3·4 분할 매도, 비중 조절, 일괄 매도
5. 자신만의 매도·매매 원칙 정립

지속적인 수급 유입과 함께 기간 조정을 거친 수급 독수리 차트를 초록색으로 표시했다.

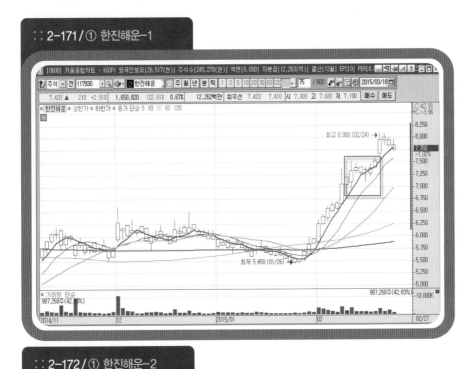

:: 2-171 / ① 한진해운-1

:: 2-172 / ① 한진해운-2

150

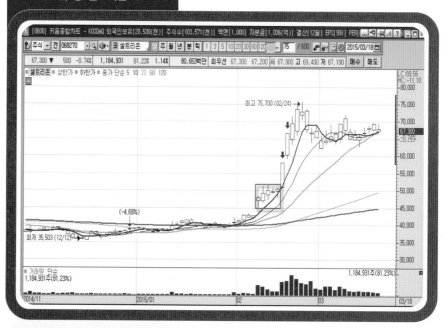

::: 2-173 / ② 셀트리온-1

::: 2-174 / ② 셀트리온-2

| 일자 | 현재가 | 등락률 | 거래량 | 개인 | 외국인 | 기관계 | 금융투자 | 보험 | 투신 | 기타금융 | 은행 | 연기금융 | 사모펀드 | 국가 | 기타법인 | 내외국인 |
|---|---|---|---|---|---|---|---|---|---|---|---|---|---|---|---|---|
| 15/02/23 | 73,600 | 13.58% | 7,696,540 | -179,031 | +76,595 | +123,635 | -3,132 | -17,490 | +76,832 | -437 | -8,666 | -30,691 | +107,325 | -106 | -10,922 | -10,277 |
| 15/02/17 | 64,800 | -2.85% | 9,534,166 | +148,062 | -109,294 | +26,425 | -57,563 | -22,274 | +17,679 | -1,384 | -21,045 | +89,940 | -1,843 | +22,915 | -39,975 | -25,218 |
| 15/02/16 | 66,700 | 0.91% | 6,840,229 | -586,767 | +467,200 | +139,083 | -34,065 | +98,849 | +100,182 | -9,426 | -5,837 | -26,913 | -98,755 | +61,222 | -30,309 | +10,793 |
| 15/02/13 | 58,000 | 14.85% | 6,289,955 | 1,432,169 | +193,975 | 1,283,027 | +85,568 | +227,578 | +284,054 | +7,056 | -1,152 | +437,973 | +187,302 | +54,648 | -46,333 | +1,500 |
| 15/02/12 | 50,500 | 1.81% | 1,772,525 | -6,999 | -60,038 | +66,555 | -39,737 | -1,339 | +54,583 | | +6,379 | -8,427 | +42,256 | +12,740 | +3,171 | -2,689 |
| 15/02/11 | 49,600 | 1.64% | 1,671,265 | -10,833 | -119,644 | +144,979 | +57,097 | +34,853 | +99,845 | | +1,453 | +8,341 | +250 | +3,140 | -14,962 | +460 |
| 15/02/10 | 48,800 | -1.01% | 2,788,615 | -184,739 | -34,043 | +225,443 | +60,212 | +16,456 | +85,444 | | +19,053 | +20,286 | -11,021 | +4,360 |
| 15/02/09 | 49,300 | 4.67% | 4,058,760 | -427,882 | -53,633 | +490,206 | +157,703 | +27,166 | +183,750 | +9,171 | +1,624 | +80,685 | +9,582 | +20,545 | -6,438 | -2,253 |
| 15/02/06 | 47,100 | 11.08% | 4,867,669 | -445,837 | -98,672 | +569,911 | +116,689 | +176,442 | +142,982 | -193 | -5,074 | +92,864 | -9,563 | +55,764 | -18,094 | -7,308 |
| 15/02/05 | 42,400 | 0% | 391,517 | -27,727 | +15,473 | +7,403 | +31,179 | | +5,535 | | +6,500 | -31,152 | -5,859 | +1,200 | +4,562 | +289 |
| 15/02/04 | 42,400 | -1.17% | 642,246 | -73,855 | +59,507 | +9,025 | +9,879 | +1,227 | -2,189 | | +3,030 | -12,191 | +11,017 | -6,126 | +4,517 | +806 |
| 15/02/03 | 42,900 | 3.37% | 1,028,397 | -126,034 | +110,025 | -5,066 | +16,713 | +524 | +3,706 | | +11,934 | -21,700 | | -6,111 | +5,407 | +5,536 |
| 15/02/02 | 41,500 | 1.97% | 396,675 | -93,266 | +66,188 | +26,351 | +1,713 | +12,515 | +8,806 | +500 | +1,300 | +1,514 | +3 | | +2,300 | -1,573 |
| 15/01/30 | 40,700 | 1.50% | 1,228,557 | +5,667 | -37,379 | +33,192 | +26,238 | +540 | +9,232 | -1,000 | +15,613 | -17,431 | | | -1,096 | -384 |
| 15/01/29 | 40,100 | 1.26% | 336,457 | -39,257 | +46,205 | -9,821 | +4,034 | +1,000 | -1,000 | | -19,855 | | | -4,280 | -1,407 |
| 15/01/28 | 39,600 | 0.25% | 224,071 | -8,085 | +21,261 | -14,752 | +353 | +3,000 | | | -5,905 | -12,200 | | | +1,299 | +277 |
| 15/01/27 | 39,500 | -1.25% | 331,935 | +69,139 | -39,784 | -13,563 | -8,093 | | -500 | | -4,970 | | | -17,795 | +2,003 |
| 15/01/26 | 40,000 | -0.99% | 305,561 | +34,765 | +14,399 | +278 | -1,981 | +2,010 | | | +249 | | | +3,718 | -53,160 |
| 15/01/23 | 40,400 | 2.93% | 366,340 | -83,555 | +68,276 | +17,254 | +5,388 | +9,330 | +2,000 | +20,000 | -19,464 | | | -1,554 | -421 |
| 15/01/22 | 39,250 | -1.75% | 290,932 | +19,498 | -8,461 | -16,486 | -1,732 | +2,266 | | -20,100 | +1 | +3,079 | +5,000 | +449 |
| 15/01/21 | 39,950 | -1.24% | 350,746 | +14,398 | +12,810 | -34,647 | -8,246 | -10,000 | +3,000 | +399 | -19,800 | | +7,225 | +21 |

## 셀트리온, 램시마 조기 출시 가능성에 '강세'

셀트리온이 레미케이드 시밀러 램시마의 조기 출시 가능성에 강세. 13일 오전 9시 22분 현재 셀트리온은 전날보다 2,400원(4.95%) 상승한 5만 2,900원에 거래됐다. 금융 투자 업계에 따르면 전날 존슨앤드존슨(J&J)은 미국 특허상표국으로부터 레미케이드(류마티스관절염) 관련 미국 특허(번호 6284471) 재심사에서 최종 특허 거절을 통보받았다고 발표했다.

김현태 대우증권 연구원은 "J&J는 이번 건에 대한 대응에 아직 60일이 남아 있고, 해당 특허는 2018년 9월 만료유효로 믿고 있다며 가능한 모든 항소를 추구할 것이라고 언급했다"고 설명했다. 김 연구원은 "셀트리온은 J&J의 레미케이드 미국 특허 무효 소송 진행 중으로 특허 무효소송 승소 여부 및 출시 시점에 따라 셀트리온의 레미케이드 바이오시밀러 램시마의 상업적 잠재력이 변동될 수 있을 것"이라고 전망했다.

기사 출처: 한국경제(2015.02.13.)

:: 2-177 / ③ 바이넥스-2

[0796] 투자자별 매매동향 - 종목별투자자

| 투자자별매매종합 | 시간대별투자자 | 당일추이 | 일별동향/그래프 | 순매수추이 | 업종별투자자순매수 | 당일매매현황 | 투자자별누적순매수 | 투자자별일별매매 | 종목별투자자 |

053030 바이넥스 2015/03/18 　금액 　수량 　순매수 　매수 　매도 　천주 　단주 　전일비 　등락률 투자구분 안내　단위:백만원,단주 조회 연속

2015/02/18 ~ 2015/03/18 누적순매수 +178,050 +538,850 -561,873 -53,848 +174,558 -63,930 +18,705 -24,683 -447,507 -24,843 -140,325 -173,039 +18,01

| 일자 | 현재가 | 등락률 | 거래량 | 개인 | 외국인 | 기관계 | 금융투자 | 보험 | 투신 | 기타금융 | 은행 | 연기금등 | 사모펀드 | 국가 | 기타법인 | 내외국인 |
|---|---|---|---|---|---|---|---|---|---|---|---|---|---|---|---|---|
| 15/02/25 | 13,450 | -2.89% | 1,318,869 | -52,120 | +56,079 | +1,552 | +6,683 | +55,731 | -3,510 | | -3,052 | -45,600 | -8,700 | | -5,514 | +3 |
| 15/02/24 | 13,850 | -2.12% | 1,667,482 | +47,610 | +8,608 | -51,632 | -9,900 | -314 | -22,665 | -4,330 | -12,134 | | -184 | -2,105 | -4,018 | -568 |
| 15/02/23 | 14,150 | 5.60% | 3,841,173 | +119,988 | +103,146 | -52,782 | -100,554 | +39,918 | +12,055 | +1,832 | +3,004 | -6,205 | -1,451 | -1,381 | -171,203 | +851 |
| 15/02/17 | 13,400 | -8.53% | 3,691,349 | +56,933 | +135,774 | -193,391 | -9,107 | +35,880 | -104,719 | -5,987 | -9,718 | -46,213 | -3,132 | -50,395 | +136 | +548 |
| 15/02/16 | 14,650 | -1.68% | 7,377,321 | +188,772 | -64,638 | -158,695 | -23,004 | -18,926 | -59,823 | +5,136 | -26,515 | +4,484 | -25,728 | -14,319 | +33,781 | +780 |
| 15/02/13 | 14,900 | 14.18% | 5,473,881 | -493,591 | +295,281 | +206,281 | +124,094 | +182,189 | +75,694 | +3,675 | +17,181 | -216,732 | +2,347 | +17,833 | -3,383 | -4,58 |
| 15/02/12 | 13,050 | -3.69% | 1,236,993 | +51,192 | -47,255 | -8,889 | -24,467 | +9,556 | -3,926 | | +6,104 | +1,986 | | +1,858 | +1,602 | +3,35 |
| 15/02/11 | 13,550 | 1.50% | 1,937,175 | -134,157 | +36,309 | +83,643 | +2,929 | +16,138 | +42,940 | +916 | +12,658 | +8,244 | | -182 | +12,998 | +1,207 |
| 15/02/10 | 13,350 | -2.20% | 2,105,444 | +97,410 | +38,451 | -129,021 | -89,199 | +26,897 | -58,525 | | +208 | -8,402 | | | -6,107 | -733 |
| 15/02/09 | 13,650 | 4.60% | 5,380,727 | -41,416 | -33,559 | +62,027 | -55,514 | +72,137 | +57,721 | | -80 | -156,651 | | -184 | +144,414 | +15,711 | -2,76 |
| 15/02/06 | 13,050 | 10.13% | 5,758,631 | -675,515 | +326,768 | +345,571 | +94,139 | +69,324 | +28,383 | | +9,024 | +67,402 | +33,174 | +44,125 | +6,280 | -3,104 |
| 15/02/05 | 11,850 | -0.84% | 1,255,879 | +279,883 | -45,132 | -244,970 | -38,638 | -110,717 | -2,847 | -24,075 | -193 | -22,654 | -45,846 | | +7,945 | +2,274 |
| 15/02/04 | 11,950 | 11.16% | 3,367,389 | -296,569 | +201,432 | +73,866 | -49,565 | | -983 | -4,000 | -3,879 | +141,334 | | -9,041 | +23,188 | -1,917 |
| 15/02/03 | 10,750 | -2.27% | 1,306,790 | -18,760 | +4,490 | +3,920 | | +14,696 | | | -102 | | -10,674 | | +704 | +9,64 |
| 15/02/02 | 11,000 | -1.35% | 629,041 | +4,154 | +8,222 | -1,194 | | +3,006 | -2,000 | | -2,200 | | | | -1,182 | -10,000 |
| 15/01/30 | 11,150 | 0% | 927,980 | -49,152 | +25,023 | +21,204 | -735 | +22,055 | | | -116 | | | | +3,840 | -915 |
| 15/01/29 | 11,150 | 4.21% | 1,993,524 | -216,782 | -653 | +208,083 | -28,700 | | -2,675 | | -1,287 | +219,423 | +21,322 | | +9,107 | +245 |
| 15/01/28 | 10,700 | 3.38% | 1,362,692 | -126,531 | +10,174 | +130,597 | +30,000 | | +1,839 | | -1,242 | +100,000 | | | -24,341 | +10,101 |
| 15/01/27 | 10,350 | 4.12% | 1,340,637 | -203,029 | +25,908 | +223,985 | +95,656 | +6,722 | | | +291 | +121,316 | | | -44,280 | -2,584 |
| 15/01/26 | 9,940 | 0.40% | 1,679,712 | +166,232 | +30,835 | -205,466 | -68,588 | -40,517 | -22,168 | -4,000 | -193 | -100,000 | +30,000 | | +8,409 | -10 |
| 15/01/23 | 9,900 | 5.43% | 2,750,531 | -91,967 | +81,134 | +195,997 | +32,907 | +34,039 | +17,430 | -6,000 | -193 | +52,325 | +65,489 | | -194,639 | +9,47 |

:: 2-178 / ④ 마크로젠-1

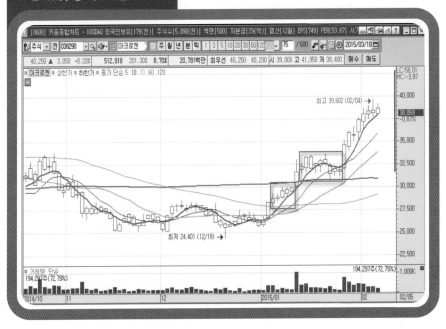

## ∷ 2-179 / ④ 마크로젠-2

| 일자 | 현재가 | 등락률 | 거래량 | 개인 | 외국인 | 기관계 | 금융투자 | 보험 | 투신 | 기타금융 | 은행 | 연기금등 | 사모펀드 | 국가 | 기타법인 | 내외국인 |
|---|---|---|---|---|---|---|---|---|---|---|---|---|---|---|---|---|
| 2015/02/18 ~ 2015/03/18 누적순매수 | | | +116,254 | -19,914 | -91,544 | +821 | +50,555 | +17,057 | +8,952 | -8,327 | +24,727 | -178,588 | -6,741 | -6,467 | -11,26.. | |
| 15/02/02 | 57,000 | 1.79% | 281,424 | -58,705 | +13,578 | +51,695 | +6,046 | | +3,686 | +436 | -76 | +25,396 | +11,478 | +4,729 | -6,768 | +200 |
| 15/01/30 | 56,000 | 4.48% | 298,693 | -74,095 | +14,139 | +51,569 | +8,497 | +10,124 | +2,147 | -279 | +31 | +22,223 | +4,901 | +3,925 | +8,565 | -178 |
| 15/01/29 | 53,600 | -0.56% | 233,833 | -43,297 | +1,449 | +41,625 | +8,281 | +1,904 | +102 | +8,317 | -560 | +23,613 | -32 | | +759 | -536 |
| 15/01/28 | 53,900 | 3.85% | 337,556 | -26,561 | -27,412 | +50,271 | +9,762 | | +11,547 | +434 | -383 | +8,800 | | +20,111 | +1,653 | +2,049 |
| 15/01/27 | 51,900 | 9.03% | 514,626 | -68,857 | +10,087 | +60,881 | +1,000 | +13,192 | -92 | | +1,080 | | +42,946 | +2,755 | -1,621 | -490 |
| 15/01/26 | 47,600 | -0.83% | 79,098 | -12,680 | +6,625 | +6,145 | +2,026 | | +198 | | +577 | | +3,344 | | -90 | |
| 15/01/23 | 48,000 | 1.59% | 85,597 | -11,347 | +9,361 | +2,538 | -2,026 | | -149 | | +927 | -633 | +4,419 | | -452 | -100 |
| 15/01/22 | 47,250 | -3.18% | 197,770 | -1,907 | +8,326 | -7,739 | +2,123 | +4,663 | -784 | -648 | -727 | -4,357 | -7,192 | -817 | +1,670 | -350 |
| 15/01/21 | 48,800 | -1.11% | 129,669 | +4,315 | -9,561 | +4,256 | +40 | +1,978 | +34 | | -229 | | +2,433 | | +1,549 | -559 |
| 15/01/20 | 49,350 | 1.75% | 144,590 | -11,568 | +2,230 | +7,274 | -113 | | -88 | | -1,633 | +1,321 | +7,787 | | +2,092 | -28 |
| 15/01/19 | 48,500 | 0.83% | 159,541 | -5,279 | +6,117 | -1,011 | -108 | | -903 | | | | | +192 | -19 |
| 15/01/16 | 48,100 | -3.61% | 170,454 | +5,891 | -9,760 | +2,962 | +551 | | -1,015 | -277 | +3,703 | | | +413 | +494 | |
| 15/01/15 | 49,900 | 4.18% | 298,770 | -76,811 | -695 | +79,456 | +10,107 | | -32 | +1,377 | +1,575 | | +66,429 | | -577 | -1,373 |
| 15/01/14 | 47,900 | 0.95% | 254,046 | -24,270 | -7,600 | +33,048 | | | -114 | | +221 | | +32,941 | | -1,286 | +108 |
| 15/01/13 | 47,450 | 5.80% | 690,641 | -88,516 | -2,274 | +92,859 | +1,761 | -5,060 | +10,888 | +2,100 | +4,786 | +24,746 | +53,638 | | -813 | -1,256 |
| 15/01/12 | 44,850 | 0.56% | 86,784 | -9,981 | -1,298 | +10,111 | +784 | | +2,896 | | +2,783 | +3,722 | -74 | | -683 | +1,851 |
| 15/01/09 | 44,600 | 2.76% | 118,546 | -6,942 | +2,029 | +518 | | | +40 | | +478 | | | +4,448 | -53 | |
| 15/01/08 | 43,400 | 0% | 153,285 | -4,199 | +31 | +2,317 | -2,137 | | +2 | +1,073 | | | +1,000 | | +2,238 | -387 |
| 15/01/07 | 43,400 | 0.70% | 96,986 | -12,980 | +3,408 | +525 | +2,123 | -32 | | +12 | +780 | | | -108 | +43 | |
| 15/01/06 | 43,100 | 1.41% | 231,460 | -31,546 | +14,450 | +16,852 | +6,531 | +4,597 | +3,005 | | +24 | +2,695 | | | +306 | -62 |
| 15/01/05 | 42,500 | 7.32% | 234,783 | -40,706 | +12,239 | +18,010 | +5,500 | +463 | +8,281 | | +3,409 | +357 | | | +7,962 | +2,49.. |

## ∷ 2-180 / ⑤ 다우데이타-1

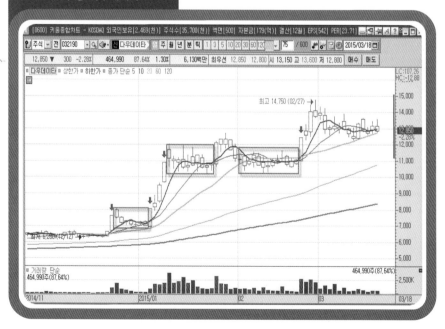

## :: 2-181 / ⑤ 다우데이타-2

[0796] 투자자별 매매동향 - 종목별투자자

투자자별매매동향 | 시간대별투자자 | 당일추이 | 일별동향/그래프 | 순매수추이 | 매수 | 업종별투자자순매수 | 당일매매현황 | 투자자별누적순매수 | 투자자별일별매매 | 종목별투자자

032190 다우데이타 2015/03/18 금액 수량 순매수 매수 매도 천주 단주 전일비 등락률 투자구분 안내 단위:백만원:단주 조회 연속 차!

| 일자 | 현재가 | 등락률 | 거래량 | 개인 | 외국인 | 기관계 | 금융투자 | 보험 | 투신 | 기타금융 | 은행 | 연기금등 | 사모펀드 | 국가 | 기타법인 | 내외국인 |
|---|---|---|---|---|---|---|---|---|---|---|---|---|---|---|---|---|
| 2015/02/18 ~ 2015/03/18 누적순매수 | | | | +193,862 | -131,850 | +13,589 | +67,157 | +7,266 | -61,981 | | | +3,442 | -3,199 | +904 | -77,213 | +1,612 |
| 15/01/09 | 10,900 | 14.74% | 1,920,877 | +35,107 | -58,741 | +15,364 | +7,803 | -22 | -3,597 | | +10,276 | | +904 | | +9,612 | -1,342 |
| 15/01/08 | 9,500 | 13.23% | 1,651,243 | +4,862 | +3,371 | -13,745 | +3,000 | -36 | -44,663 | | +27,953 | | | | +3,845 | +1,668 |
| 15/01/07 | 8,390 | 4.22% | 1,720,743 | -76,865 | -18,225 | +79,015 | -3,940 | -7,606 | -2,180 | | | | +96,329 | -3,588 | +14,227 | +1,848 |
| 15/01/06 | 8,050 | 15.00% | 807,711 | -143,752 | +10,931 | +132,957 | +69 | | +40,926 | | | | +91,962 | | | -136 |
| 15/01/05 | 7,000 | -3.18% | 200,891 | -3,347 | -3,833 | | | | | | | | | | +7,180 | |
| 15/01/02 | 7,230 | 2.12% | 201,803 | +3,301 | -8,601 | +2,000 | +2,000 | | | | | | | | +3,300 | |
| 14/12/30 | 7,080 | -0.28% | 218,504 | -23,190 | +19,093 | -685 | | | +815 | -1,500 | | | | | +5,395 | +181 |
| 14/12/29 | 7,100 | -2.87% | 449,002 | +48,768 | -32,467 | -25,386 | -1,283 | -16,491 | -296 | | | | -5,757 | | -1,559 | +9,186 | -101 |
| 14/12/26 | 7,310 | 1.39% | 605,828 | +3,649 | +16,313 | -21,535 | +4,000 | -14,946 | | | | | -5,287 | -3,893 | -1,409 | +3,100 | -1,527 |
| 14/12/24 | 7,210 | -4.12% | 763,597 | +33,829 | -41,938 | -138 | | | -122 | | -16 | | | | +6,200 | +47 |
| 14/12/23 | 7,520 | -1.31% | 1,944,654 | +84,000 | -29,899 | -70,318 | -12,454 | -24,429 | -22,546 | | | | -8,571 | | -2,318 | +13,087 | +3,130 |
| 14/12/22 | 7,620 | 14.93% | 1,048,516 | +13,788 | +855 | -9,887 | | | -9,887 | | | | | | | -4,758 | +2 |
| 14/12/19 | 6,630 | 4.74% | 109,331 | -22,512 | +20,512 | +2,000 | +2,000 | | | | | | | | | | |
| 14/12/18 | 6,330 | -0.47% | 75,086 | -11,010 | +2,062 | +8,948 | | | +8,948 | | | | | | +1,000 | |
| 14/12/17 | 6,360 | -0.63% | 72,438 | +9,018 | +436 | -10,454 | +9,798 | -15,735 | +2,577 | | | | -5,600 | | -1,494 | +1,000 | |
| 14/12/16 | 6,400 | 0.16% | 54,952 | -3,658 | +5,523 | +332 | +61 | | +271 | | | | | | -2,197 | |
| 14/12/15 | 6,390 | 0.63% | 70,160 | -32,561 | +6,405 | +26,178 | +10,000 | | +16,178 | | | | | | -22 | |
| 14/12/12 | 6,350 | 0% | 105,716 | -48,240 | +16,954 | +31,286 | +3,268 | | +28,018 | | | | | | | |
| 14/12/11 | 6,350 | -2.01% | 134,596 | -17,069 | -2,896 | +19,513 | +11,245 | -14,807 | +31,017 | | | | -6,242 | | -1,701 | +457 | -5 |
| 14/12/10 | 6,480 | -1.97% | 140,203 | +22,390 | -1,566 | -21,881 | | | -10,257 | | -11,624 | | | | +1,057 | |
| 14/12/09 | 6,610 | 0.61% | 109,348 | -23,585 | +24,520 | -3,586 | | | | | | | -3,586 | | +2,651 | |

## :: 2-182 / ⑥ 아시아나항공-1

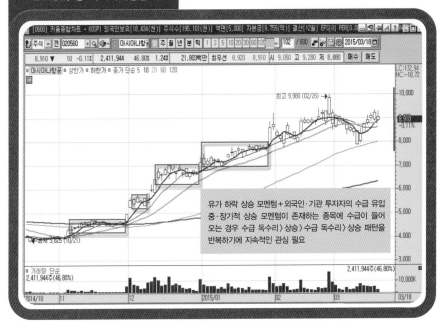

유가 하락 상승 모멘텀+외국인·기관 투자자의 수급 유입
중·장기적 상승 모멘텀이 존재하는 종목에 수급이 들어
오는 경우 수급 독수리 〉상승 〉수급 독수리 〉상승 패턴을
반복하기에 지속적인 관심 필요

[0796] 투자자별 매매동향 - 종목별투자자

투자자별매매종합 | 시간대별투자자 | 당일추이 | 일별동향/그래프 | 순매수추이 | 업종별투자자순매수 | 당일매매현황 | 투자자별누적순매수 | 투자자별일별매매 | 종목별투자자

020560 아시아나항공 2015/03/18 금액 수량 순매수 매수 매도 천주 단주 전일비 등락률 투자자구분 안내 단위:백만원,단주 조회 연속 차

2015/02/18 ~ 2015/03/18 누적순매수 2,948,096 5,234,729 1,810,515 -435,374 -180,168 1,699,002 -30,313 -70,486 738,479 -342,349 208,698 -457,421 -18,745

| 일자 | 현재가 | 등락률 | 거래량 | 개인 | 외국인 | 기관계 | 금융투자 | 보험 | 투신 | 기타금융 | 은행 | 연기금등 | 사모펀드 | 국가 | 기타법인 | 내외국인 |
|---|---|---|---|---|---|---|---|---|---|---|---|---|---|---|---|---|
| 15/01/14 | 7,550 | 1.21% | 5,101,733 | -278,903 | -263,540 | +543,891 | -111,774 | +242,810 | +531,607 | | +1,865 | -112,495 | | -8,122 | +6,231 | -7,649 |
| 15/01/13 | 7,460 | 4.04% | 7,629,752 | 1,327,420 | +937,600 | +419,774 | +170,132 | -5,165 | +146,361 | +7,488 | +28,000 | -10,464 | +111,981 | -28,559 | -39,407 | +9,453 |
| 15/01/12 | 7,170 | 2.43% | 3,332,905 | -575,913 | +461,557 | +83,982 | -30,662 | -5,490 | +43,413 | | -2,089 | +55,000 | -190 | +24,000 | +34,174 | -3,800 |
| 15/01/09 | 7,000 | -2.78% | 4,682,633 | +230,106 | +32,721 | -269,259 | -358,174 | +33,552 | +28,363 | +20,000 | | | +7,000 | | -99 | +6,531 |
| 15/01/08 | 7,200 | -0.69% | 3,043,578 | +151,234 | +46,522 | -154,613 | -274,586 | +66,939 | +28,034 | | | +25,136 | -136 | | -39,026 | -4,117 |
| 15/01/07 | 7,250 | 2.40% | 5,376,966 | -545,467 | +352,929 | +86,966 | -234,468 | +176,970 | +216,778 | | | +2,278 | -74,592 | | +108,093 | -2,521 |
| 15/01/06 | 7,080 | -1.67% | 5,573,995 | -246,997 | +182,890 | +57,437 | +31,500 | +64,063 | -11,026 | -19,077 | -37,683 | +35,945 | | -6,285 | -446 | +7,116 |
| 15/01/05 | 7,200 | 1.84% | 5,361,197 | -233,352 | -170,700 | +367,730 | -22,874 | +18,802 | +263,726 | | -20 | +89,978 | +11,594 | +6,524 | +36,507 | -185 |
| 15/01/02 | 7,070 | -0.84% | 6,814,224 | +540,549 | -578,265 | -8,316 | +20,756 | -110,375 | +28,430 | | | +49,282 | +4,151 | -560 | -36,441 | +9,591 |
| 14/12/30 | 7,130 | 7.06% | 11,510,044 | -692,406 | +396,498 | +295,951 | +99,812 | -9,425 | +92 | -16,173 | +29,181 | +218,765 | -7,367 | -18,934 | +15,300 | -15,373 |
| 14/12/29 | 6,660 | 0.15% | 1,623,644 | -187,382 | +25,742 | +203,525 | +142,077 | +8,091 | +6,523 | | +10,939 | +22,082 | | +14,516 | -40,118 | -1,767 |
| 14/12/26 | 6,650 | -0.60% | 2,516,015 | -154,282 | -156,657 | +342,700 | +70,458 | +56,798 | +53,650 | | | +140,567 | +14,431 | +6,796 | -23,667 | -8,094 |
| 14/12/24 | 6,690 | 1.98% | 3,528,956 | -437,223 | +294,418 | +166,212 | +5,080 | +3,588 | +85,019 | | | +54,750 | +2,121 | +15,654 | +3,319 | -26,726 |
| 14/12/23 | 6,560 | -2.24% | 3,319,218 | -130,182 | +63,908 | +46,746 | -59,799 | +29,973 | +28,056 | | | +48,105 | | +1,671 | -3,748 | +23,196 |
| 14/12/22 | 6,710 | -1.76% | 4,107,078 | -492,357 | +273,479 | +272,172 | -59,695 | +118,349 | +180,599 | | -294 | +95,850 | -9,796 | -52,841 | -55,007 | +1,713 |
| 14/12/19 | 6,830 | 1.79% | 6,637,921 | -522,283 | +194,694 | +336,706 | -55,740 | -951 | +318,751 | +3,498 | | +105,808 | -34,660 | | +12,276 | -21,393 |
| 14/12/18 | 6,710 | -2.04% | 7,667,466 | -692,511 | +758,860 | -72,243 | -195,756 | +28,586 | +128,402 | | +6,554 | +20,645 | -44,064 | -15,810 | +6,369 | -495 |
| 14/12/17 | 6,850 | -2.42% | 6,426,693 | +171,940 | +122,982 | -261,956 | -366,439 | +11,240 | -27,668 | | +4,350 | +28,767 | -162,376 | | +67,193 | -100,159 |
| 14/12/16 | 7,020 | 5.88% | 13,922,212 | -829,674 | +739,229 | +116,231 | -34,460 | -356,652 | +179,527 | +1,969 | +980 | +175,911 | +58,811 | +90,145 | +17,608 | -43,394 |
| 14/12/15 | 6,630 | 0% | 6,921,497 | +284,351 | +56,424 | -455,727 | -160,485 | -573,354 | +8,738 | | -5,679 | +40,491 | +234,562 | | +74,571 | +40,381 |
| 14/12/12 | 6,630 | 2.16% | 5,950,350 | -515,842 | +207,914 | +278,199 | -32,725 | +207,609 | +96,002 | | -45,343 | +32,058 | +96,091 | -15,493 | +33,843 | -4,11 |

:: 2-184 / ⑥ 아시아나항공-3

## 아시아나항공, 2015년에는 3년 만에 순이익 흑자 전환할 것으로 예상

아시아나항공(020560)에 대해 하이투자증권은 "국제유가가 낮은 수준을 유지할 것으로 전망되면서 동사의 2015년 흑자 전환을 예상한다. 동사의 연간 유류비용은 2014년 기준 약 2.0조 원 수준으로 추정되며, 유가가 배럴당 1달러 하락할 때마다 유류할증료미 고려 시 약 155억 원 수준의 유류비가 절감되는 것으로 추정된다"라고 분석했다. 또한 "만약 국제유가가 2015년 브렌트유 기준 배럴당 85달러 수준을 유지한다면 동사의 영업이익 및 순이익은 각각 2,382억 원과 923억 원을 기록하여 2012년 이후 3년 만에 순이익이 흑자 전환할 것으로 예상한다"라고 밝혔다.

한편 동사에 대해 "동사의 2011~2013년 평균 PBR은 1.9배로 2015년 동사의 턴어라운드가 기대되는 상황에서 Target PBR 1.5배는 무리가 없다는 판단이다. 항공여객 시장의 경쟁이 치열한 상황에서 저유가 기조는 동사에게 가뭄의 단비가 될 것"이라고 전망했다. 하이투자증권은 1일 아시아나항공에 대해 "가뭄에 단비, 유가 하락"이라며 투자의견을 '매수(상향)'로 제시하였다. 아울러 6개월 목표주가를 6,000원으로 내놓았다.

기사 출처 : 서울경제(2014.12.01.)

## :: 2-185 / ⑦ 더존비즈온-1

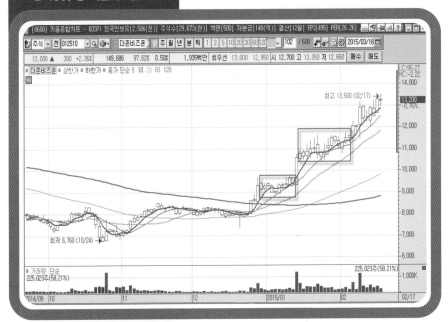

## :: 2-186 / ⑦ 더존비즈온-2

| 일자 | 현재가 | 등락률 | 거래량 | 개인 | 외국인 | 기관계 | 금융투자 | 보험 | 투신 | 기타금융 | 은행 | 연기금등 | 사모펀드 | 국가 | 기타법인 | 내외국인 |
|---|---|---|---|---|---|---|---|---|---|---|---|---|---|---|---|---|
| 누적순매수 | | | | -60,024 | +122,786 | -70,760 | -152,483 | -77,352 | +64,980 | +54,116 | +17,051 | +55,079 | +3,267 | -35,418 | +26,581 | +1,407 |
| 15/01/27 | 11,150 | 2.29% | 278,846 | -55,545 | -7,563 | +61,943 | +55,079 | | | | +6,864 | | | | +1,165 | |
| 15/01/26 | 10,900 | 2.35% | 276,294 | -18,856 | +15,475 | -657 | | -4,402 | | +14,750 | | -11,205 | | | +1,378 | +2,860 |
| 15/01/23 | 10,650 | -0.93% | 375,849 | -39,511 | -90,983 | +94,600 | | +6,758 | | +20,000 | | +67,842 | | | +33,012 | +2,882 |
| 15/01/22 | 10,750 | -2.71% | 538,684 | -23,526 | -34,987 | +42,490 | +53,281 | -27,681 | | +20,000 | | -3,110 | | | +12,275 | +3,748 |
| 15/01/21 | 11,050 | 2.31% | 364,958 | -76,570 | -34,282 | +77,649 | | +27,478 | | | +19,946 | +9,293 | | +20,932 | +29,873 | +3,330 |
| 15/01/20 | 10,800 | -0.92% | 337,293 | -29,433 | -42,957 | +64,790 | +210 | +47,272 | | | | +17,308 | | | +7,600 | |
| 15/01/19 | 10,900 | 2.35% | 392,903 | -15,365 | -6,206 | +16,714 | +1,680 | | | | | | | +15,034 | +4,857 | |
| 15/01/16 | 10,650 | -1.39% | 198,254 | -6,510 | -7,036 | +7,452 | +257 | | +7,195 | | | | | | +6,066 | +28 |
| 15/01/15 | 10,800 | 1.89% | 610,020 | -5,721 | -39,104 | +61,873 | | | -129 | | | | | +62,002 | -20,420 | +3,372 |
| 15/01/14 | 10,650 | 12.89% | 1,329,706 | -168,024 | +16,976 | +174,991 | +5,000 | -1,795 | | +7,906 | +51,120 | +40,365 | | +72,395 | -23,913 | -30 |
| 15/01/13 | 9,390 | -2.69% | 182,561 | -14,746 | -19,997 | | | | | | | -3,110 | | | +33,203 | +1,540 |
| 15/01/12 | 9,650 | 2.88% | 286,700 | -28,164 | -724 | -85 | | -85 | | | | | | | +26,373 | +2,600 |
| 15/01/09 | 9,380 | 0.32% | 223,199 | -25,258 | +20,189 | | | | | | | | | | +5,069 | |
| 15/01/08 | 9,350 | 0.11% | 161,102 | -16,956 | -7,785 | +257 | +257 | | | | | | | | +24,464 | +20 |
| 15/01/07 | 9,340 | 3.32% | 224,560 | -41,528 | +12,479 | | | | | | | | | | +29,059 | -10 |
| 15/01/06 | 9,040 | 0.44% | 202,633 | -35,554 | +40,366 | | | | | | | | | | -4,812 | |
| 15/01/05 | 9,000 | -3.12% | 190,914 | -53,377 | +52,245 | | | | | | | | | | +2,712 | -1,580 |
| 15/01/02 | 9,290 | -0.11% | 113,541 | -2,220 | +9,594 | -2,110 | | -511 | | | -1,599 | | | | -5,236 | -28 |
| 14/12/30 | 9,300 | 1.64% | 183,325 | -33,202 | +31,656 | +4,646 | | -699 | +5,345 | | | | | | -3,000 | -100 |
| 14/12/29 | 9,150 | -1.72% | 251,467 | -7,364 | -23,098 | +37,096 | | +22,909 | -513 | | | +14,700 | | | -6,634 | |
| 14/12/26 | 9,310 | 7.88% | 600,228 | -75,979 | +13,339 | +61,934 | | +46,273 | -93 | | | +15,754 | | | -1,000 | +1,707 |

더존비즈온, 뉴턴트·더존에스엔에스 합병 종료

　더존비즈온(012510)은 뉴턴트·더존에스엔에스에 대한 합병을 마무리했다고 26일 공시했다. 더존비즈온은 지난 10월 21일 이사회에서 2개 법인에 대한 합병을 결의하고 주주명부 폐쇄, 공고, 합병 반대의사 통지 접수, 구주권 제출 등의 과정을 거쳐 지난 23일 합병했다. 합병 이후 최대주주 김용우 씨를 비롯한 특수관계인의 보유 주식은 1,066만 5,566주(지분율 35.94%)에서 1,198만 2,222주(40.38%)로 늘었다.

기사 출처: 이데일리(2014.12.26.)

## 14. 수급 피뢰침

　바닥이나 고가권에서 전일 대비 2~5배 이상의 최대 거래량을 터트리며 주식장 중 10% 이상 상승, 저항 매물대 체크 후 고점 대비 5~8%가량 하락하며 2~5% 이상 상승으로 마감하는 역망치형 패턴을 가리킨다. 시세 초입 주도주에서 종종 볼 수 있는 패턴이다. 세력의 물량 테스트 후 연속성 있는 수급이 들어오며 단기 급등으로 이어지는 경우가 많다.

### 매수 타점

1. 전일 대비 거래량 증가
2. 모든 이평선을 한 번에 돌파
3. 애매하면 매매 동향 확인 후 대응(수급의 이탈 여부)
4. 3·3·4 분할 매수, 비중 조절, 종가 베팅
5. 시황 체크, 코스피·코스닥의 외국인·기관 투자자 포지션 체크
6. 상승 모멘텀 확인(재료 노출 없음) 현재진행형

## 매도 타점

1. 단기간 급등으로 두 자릿수 수익률
2. 외국인·기관 투자자들의 수급 이탈 여부 체크
3. 글로벌·아시아 시장 선물 급락과 증시 하락 체크
4. 3·3·4 분할 매도, 비중 조절, 일괄 매도
5. 자신만의 매도·매매 원칙 정립

수급 피뢰침을 보여주는 차트들이다. 주식장 중 지속적으로 수급이 유입되었으나 윗꼬리를 달고 마감된 수급 피뢰침 부근을 초록색 타원으로 표시했다. 이 구간은 종가 베팅으로 다음날 갭 상승 먹기 전략과 더불어 스윙 접근도 가능하다.

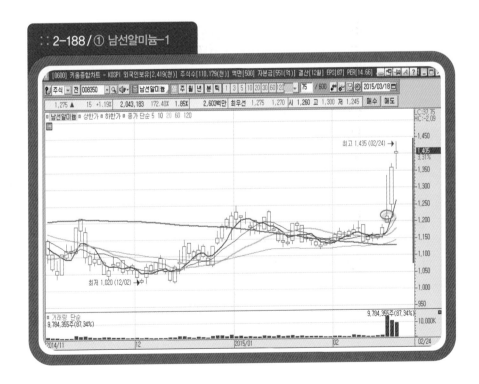

:: 2-188 / ① 남선알미늄-1

## : : 2-189 / ① 남선알미늄-2

[0796] 투자자별 매매동향 - 종목별투자자

투자자별매매종합 | 시간대별투자자 | 당일추이 | 일별동향/그래프 | 순매수추이 | 업종별투자자순매수 | 당일매매현황 | 투자자별누적순매수 | 투자자별일별매매 | 종목별투자자

008350 남선알미늄 2015/03/18 □ 금액 수량 순매수 매수 매도 천주 단주 전일비 등락률 투자자구분 안내 단위:백만원,단주 조회 연속 차

| 일자 | 현재가 | 등락률 | 거래량 | 개인 | 외국인 | 기관계 | 금융투자 | 보험 | 투신 | 기타금융 | 은행 | 연기금등 | 사모펀드 | 국가 | 기타법인 | 내외국인 |
|---|---|---|---|---|---|---|---|---|---|---|---|---|---|---|---|---|
| | | | 누적순매수 | -96,857 | -398,474 | +538,597 | | +219,856 | +289,920 | +10,055 | | +18,766 | | | -21,966 | -21,300 |
| 15/03/03 | 1,395 | 0.36% | 3,535,816 | -295,845 | +286,645 | | | | | | | | | | | -800 |
| 15/03/02 | 1,390 | -1.07% | 3,459,815 | -91,249 | +91,012 | | | | | | | | | | | +237 |
| 15/02/27 | 1,405 | -1.75% | 2,926,293 | -74,469 | +81,002 | -1,596 | | -1,178 | -299 | -119 | | | | | +700 | -5,637 |
| 15/02/26 | 1,430 | 4.38% | 8,170,368 | -262,738 | +126,833 | +94,187 | | | +94,187 | | | | | | +39,594 | +2,124 |
| 15/02/25 | 1,370 | -2.49% | 5,782,257 | -132,869 | +135,830 | | | | | | | | | | +5,000 | -7,961 |
| 15/02/24 | 1,405 | 3.31% | 9,784,355 | +141,290 | -443,944 | +272,023 | | +70,684 | +182,573 | | | +18,766 | | | +17,700 | +12,931 |
| 15/02/23 | 1,360 | 11.93% | 11,203,202 | -624,683 | +329,799 | +246,744 | | +224,542 | +11,878 | +10,324 | | | | | +53,740 | -5,600 |
| 15/02/17 | 1,215 | 2.97% | 14,165,516 | -67,425 | +72,999 | | | | | | | | | | -20,000 | +15,026 |
| 15/02/16 | 1,180 | 2.61% | 971,328 | -77,691 | +77,891 | | | | | | | | | | | -200 |
| 15/02/13 | 1,150 | 0% | 584,226 | -78,985 | +78,985 | | | | | | | | | | | |
| 15/02/12 | 1,150 | 0.44% | 363,325 | -1,467 | -4,533 | | | | | | | | | | +6,000 | |
| 15/02/11 | 1,145 | 0.44% | 520,680 | -56,599 | +64,621 | | | | | | | | | | | -8,022 |
| 15/02/10 | 1,140 | -3.39% | 799,639 | +118,617 | -97,117 | | | | | | | | | | -21,500 | |
| 15/02/09 | 1,180 | 0.43% | 1,148,267 | +67,406 | -71,852 | | | | | | | | | | +3,000 | +1,446 |
| 15/02/06 | 1,175 | 1.73% | 1,452,570 | -122,623 | +77,547 | | | | | | | | | | +37,000 | +8,076 |
| 15/02/05 | 1,155 | -0.86% | 512,857 | -24,753 | +23,653 | | | | | | | | | | | +1,100 |
| 15/02/04 | 1,165 | -0.43% | 534,592 | -27,064 | +18,564 | | | | | | | | | | +8,500 | |
| 15/02/03 | 1,170 | 0.86% | 809,918 | +75,473 | -75,473 | | | | | | | | | | | |
| 15/02/02 | 1,160 | 1.75% | 768,585 | +319 | -319 | | | | | | | | | | | |
| 15/01/30 | 1,140 | 0.44% | 373,599 | +5,763 | +20,608 | | | | | | | | | | -26,371 | |
| 15/01/29 | 1,135 | 0.44% | 511,036 | +11,937 | -4,937 | | | | | | | | | | -7,000 | |

## : : 2-190 / ② 인피니트헬스케어-1

∷ 2-191 / ② 인피니트헬스케어-2

[0796] 투자자별 매매동향 - 종목별투자자

투자자별매매종합 | 시간대별투자자 | 당일추이 | 일별동향/그래프 | 순매수추이 | 업종별투자자순매수 | 당일매매현황 | 투자자별누적순매수 | 투자자별일별매매 | 종목별투자자

071200 인피니트헬스케어 2015/03/18 금액 수량 순매수 매수 매도 천주 단주 전일비 동락률 투자자구분 안내 단위:백만원,단주 조회 연속 차

| 일자 | 현재가 | 등락률 | 거래량 | 개인 | 외국인 | 기관계 | 금융투자 | 보험 | 투신 | 기타금융 | 은행 | 연기금등 | 사모펀드 | 국가 | 기타법인 | 내외국인 |
|---|---|---|---|---|---|---|---|---|---|---|---|---|---|---|---|---|
| 2015/02/18 ~ 2015/03/18 | | | 누적순매수 | +82,558 | -95,727 | +6,208 | +6,208 | | | | | | | | +4,615 | +2,345 |
| 15/03/05 | 7,970 | 0.13% | 560,372 | +33,415 | -36,596 | | | | | | | | | | +62 | +3,119 |
| 15/03/04 | 7,960 | 1.27% | 389,345 | -323 | -137 | | | | | | | | | | +500 | -40 |
| 15/03/03 | 7,860 | 0.26% | 267,745 | -24,009 | +23,917 | | | | | | | | | | | +92 |
| 15/03/02 | 7,840 | -1.88% | 363,848 | -33,681 | +32,489 | | | | | | | | | | +1,200 | -8 |
| 15/02/27 | 7,990 | -0.99% | 336,760 | +1,431 | -1,431 | | | | | | | | | | | |
| 15/02/26 | 8,070 | 2.15% | 565,368 | -1,686 | +1,824 | | | | | | | | | | -200 | +62 |
| 15/02/25 | 7,900 | -2.95% | 458,222 | -7,893 | +8,093 | | | | | | | | | | -200 | |
| 15/02/24 | 8,140 | 5.03% | 1,364,887 | +2,910 | -3,823 | +1,925 | +1,925 | | | | | | | | -900 | -112 |
| 15/02/23 | 7,750 | -1.77% | 396,855 | -14,171 | +14,157 | +219 | +219 | | | | | | | | | -205 |
| 15/02/17 | 7,890 | 1.81% | 570,452 | -19,977 | +20,362 | | | | | | | | | | +115 | -500 |
| 15/02/16 | 7,750 | 5.73% | 1,834,504 | -28,757 | +29,080 | | | | | | | | | | -240 | -93 |
| 15/02/13 | 7,330 | 1.81% | 220,664 | -15,272 | +15,282 | | | | | | | | | | | -10 |
| 15/02/12 | 7,200 | -1.64% | 177,407 | +20,438 | -20,518 | | | | | | | | | | +80 | |
| 15/02/11 | 7,320 | 1.67% | 306,228 | +12,169 | -12,149 | | | | | | | | | | | -20 |
| 15/02/10 | 7,200 | 0.84% | 161,758 | -8,086 | +7,916 | +170 | +170 | | | | | | | | | |
| 15/02/09 | 7,140 | -2.33% | 185,063 | +7,863 | -8,063 | | | | | | | | | | | +200 |
| 15/02/06 | 7,310 | -0.54% | 158,321 | -98 | -387 | +505 | +505 | | | | | | | | | -20 |
| 15/02/05 | 7,350 | -0.14% | 258,309 | +20,797 | -20,797 | | | | | | | | | | | -150 |
| 15/02/04 | 7,360 | 1.52% | 201,086 | -7,940 | -2,896 | +10,986 | +10,986 | | | | | | | | | |
| 15/02/03 | 7,250 | 1.26% | 151,556 | -6,521 | +2,088 | +4,333 | +4,333 | | | | | | | | | +100 |
| 15/02/02 | 7,160 | -0.83% | 124,087 | +4,836 | -5,815 | +959 | +959 | | | | | | | | | +2? |

∷ 2-192 / ③ 동양강철-1

[0600] 키움종합차트 - KOSPI 외국인보유[512](천) 주식수[61,210](천) 액면[500] 자본금[306(억)] 결산[12월] EPS[?] PER[774.29] 시가

주식 전 001780 동양강철 일 주 월 년 분 틱 1 3 5 10 20 30 60 120 75 / 600 2015/03/18

5,420 ▼ 40 -0.73% 296,649 38.52% 0.48% 1,604백만 최우선 5,410 5,390 시 5,470 고 5,510 저 5,350 매수 매도

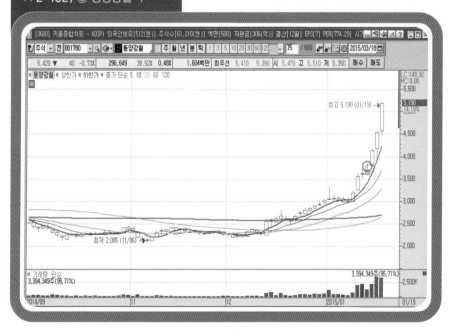

동양강철 상한가 하한가 종가 단순 5 10 20 60 120

최고 5,190 (01/19)

최저 2,085 (11/06)

거래량 단순
3,394,349주(95.71%)                                    3,394,349주(95.71%)

2014/09    11    12    2015/01    01/19

## :: 2-193 / ③ 동양강철-2

[0796] 투자자별 매매동향 - 종목별투자자

투자자별매매종합 | 시간대별투자자 | 당일추이 | 일별동향/그래프 | 순매수추이 | 업종별투자자순매수 | 당일매매현황 | 투자자별누적순매수 | 투자자별일별매매 | 종목별투자자

001780 ⌀ 동양강철 2015/03/18 ⦿금액 ⦿수량 ⦿순매수 ⦿매수 ⦿매도 ⦿천주 ⦿단주 ⦿전일비 ⦿등락률 투자자구분 안내 단위:백만원,단주 조회 연속 차!

2015/02/18 ~ 2015/03/18 누적순매수 +406,458 -88,842 -353,459 -508,508 +1,024 +130,553 +23,472 +62,433 -26,530

| 일자 | 현재가 | 등락률 | 거래량 | 개인 | 외국인 | 기관계 | 금융투자 | 보험 | 투신 | 기타금융 | 은행 | 연기금등 | 사모펀드 | 국가 | 기타법인 | 내외국인 |
|---|---|---|---|---|---|---|---|---|---|---|---|---|---|---|---|---|
| 15/01/19 | 5,190 | 14.19% | 3,394,349 | -215,755 | -60,735 | +275,866 | +33,644 | | +121,132 | | | | +121,090 | | +908 | -284 |
| 15/01/16 | 4,545 | 9.92% | 3,546,617 | -382,423 | -82,025 | +504,328 | -54,600 | +481 | +558,447 | | | | | | -40,800 | +920 |
| 15/01/15 | 4,135 | 11.76% | 2,217,860 | -84,549 | -8,602 | +92,237 | -7,581 | +352 | +37,610 | | | | +61,856 | | +3,000 | -2,086 |
| 15/01/14 | 3,700 | 2.78% | 1,261,364 | -153,085 | +55,410 | +125,832 | +59,851 | | +33,230 | | | | +32,751 | | -25,607 | -2,550 |
| 15/01/13 | 3,600 | 1.41% | 2,239,584 | +71,146 | -43,446 | -4,000 | -4,000 | | | | | | | | -29,400 | +5,700 |
| 15/01/12 | 3,550 | 11.29% | 2,086,447 | -78,993 | -12,450 | +167,471 | -20,000 | | +52,655 | | -5,330 | | +140,146 | | -75,928 | -100 |
| 15/01/09 | 3,190 | 5.98% | 718,687 | -8,041 | +2,683 | +18,800 | +18,800 | | | | | | | | -3,442 | -10,000 |
| 15/01/08 | 3,010 | 0.84% | 284,670 | +7,589 | +12,561 | -20,150 | | | -150 | | -20,000 | | | | | |
| 15/01/07 | 2,985 | -1.65% | 376,667 | +15,502 | +16,950 | -32,794 | | | -32,794 | | | | | | -1,658 | +2,000 |
| 15/01/06 | 3,035 | -1.14% | 467,933 | -25,940 | +22,940 | | | | | | | | | | | +3,000 |
| 15/01/05 | 3,070 | 0.33% | 460,962 | -2,423 | -9,061 | +585 | | +585 | | | | | | | +10,000 | +899 |
| 15/01/02 | 3,060 | 1.32% | 1,202,619 | +59,474 | -58,704 | +1,830 | | +1,830 | | | | | | | -5,000 | +2,400 |
| 14/12/30 | 3,020 | 3.07% | 544,747 | -463 | +419 | -57 | | | -57 | | | | | | | +101 |
| 14/12/29 | 2,930 | 1.03% | 465,238 | +42,670 | -43,173 | +503 | | +256 | +247 | | | | | | | |
| 14/12/26 | 2,900 | 2.11% | 518,693 | +71,478 | -10,774 | -3,704 | +150 | +2,561 | -264 | | +10,000 | -16,151 | | | -57,000 | |
| 14/12/24 | 2,840 | 1.07% | 418,819 | -37,570 | +37,182 | +388 | | +388 | | | | | | | | |
| 14/12/23 | 2,810 | 2.18% | 434,233 | -2,124 | +2,124 | | | | | | | | | | | |
| 14/12/22 | 2,750 | 3.36% | 467,195 | -24,352 | -558 | +10,156 | | +156 | | | +10,000 | | | | +14,754 | |
| 14/12/19 | 2,660 | 3.91% | 288,661 | -819 | -2,004 | +5,000 | | | | | +5,000 | | | | | -2,177 |
| 14/12/18 | 2,560 | -0.78% | 237,609 | -6,235 | +6,236 | | | | | | | | | | -1 | |
| 14/12/17 | 2,580 | -3.37% | 256,888 | +20,352 | +2,061 | -15,214 | -15,930 | | +716 | | | | | | | -7,19 |

## :: 2-194 / ④ 마크로젠-1

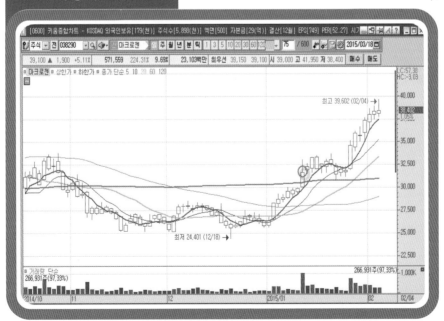

## :: 2-195 / ④ 마크로젠-2

[0796] 투자자별 매매동향 - 종목별투자자

투자자별매매종합 | 시간대별투자자 | 일별동향/그래프 | 순매수추이 | 업종별투자자순매수 | 당일매매현황 | 투자자별누적순매수 | 투자자별일별매매 | 종목별투자자

038290 마크로젠 2015/03/18 | 금액 수량 순매수 매수 매도 천주 단주 전일비 등락률 투자자구분 안내 단위:백만원,단주 조회 연속 차

| 2015/02/18 ~ 2015/03/18 | 누적순매수 | +116,254 | -19,914 | -91,544 | +821 | +50,555 | +17,057 | +8,952 | -8,327 | +24,727 | -178,588 | -6,741 | +6,467 | -11,26? |
|---|---|---|---|---|---|---|---|---|---|---|---|---|---|---|
| 일자 | 현재가 | 등락률 | 거래량 | 개인 | 외국인 | 기관계 | 금융투자 | 보험 | 투신 | 기타금융 | 은행 | 연기금등 | 사모펀드 | 국가 | 기타법인 | 내외국인 |
| 15/02/02 | 57,000 | 1.79% | 281,424 | -58,705 | +13,578 | +51,695 | +6,046 | | +3,686 | +436 | -76 | +25,396 | +11,478 | +4,729 | -6,768 | +200 |
| 15/01/30 | 56,000 | 4.48% | 298,693 | -74,095 | +14,139 | +51,569 | +8,497 | +10,124 | +2,147 | -279 | +31 | +22,223 | +4,901 | +3,925 | +8,565 | -178 |
| 15/01/29 | 53,600 | -0.56% | 233,833 | -43,297 | +1,449 | +41,625 | +8,281 | +1,904 | +102 | | -560 | +23,613 | -32 | | +759 | -536 |
| 15/01/28 | 53,900 | 3.85% | 337,556 | -26,561 | -27,412 | +50,271 | +9,762 | | +11,547 | +434 | -383 | +8,800 | | +20,111 | +1,653 | +2,049 |
| 15/01/27 | 51,900 | 9.03% | 514,626 | -68,857 | +10,087 | +60,881 | +1,000 | +13,192 | -92 | | +1,080 | | +42,946 | +2,755 | -1,621 | -490 |
| 15/01/26 | 47,600 | -0.83% | 79,098 | -12,680 | +6,625 | +6,145 | +2,026 | | +198 | | +577 | | +3,344 | | -90 | |
| 15/01/23 | 48,000 | 1.59% | 85,597 | -11,347 | +9,361 | +2,538 | -2,026 | | -149 | | +927 | -633 | +4,419 | | -452 | -100 |
| 15/01/22 | 47,250 | -3.18% | 197,770 | -1,907 | +8,326 | -7,739 | -2,123 | +4,663 | -784 | -648 | -727 | -4,357 | -7,192 | -817 | +1,670 | -350 |
| 15/01/21 | 48,800 | -1.11% | 129,669 | +4,315 | -9,561 | +4,256 | +40 | +1,978 | +34 | | -229 | | +2,433 | | +1,549 | -559 |
| 15/01/20 | 48,800 | 1.75% | 144,590 | -11,568 | +2,230 | +7,274 | -113 | | -88 | | -1,633 | +1,321 | +7,787 | | -2,092 | -28 |
| 15/01/19 | 48,500 | 0.93% | 159,541 | -5,279 | +6,117 | -1,011 | -108 | | -903 | | | | | | +192 | -19 |
| 15/01/16 | 48,100 | -3.61% | 170,454 | +5,891 | -9,760 | +2,962 | +551 | | -1,015 | -277 | +3,703 | | | | +413 | +494 |
| 15/01/15 | 49,900 | 4.18% | 298,770 | -76,811 | -695 | +79,456 | +10,107 | | -32 | +1,377 | +1,575 | | +66,429 | | -577 | -1,373 |
| 15/01/14 | 47,900 | 0.95% | 254,046 | -24,270 | -7,600 | +33,048 | | | -114 | | +221 | | +32,941 | | -1,286 | +108 |
| 15/01/13 | 47,450 | 5.80% | 690,641 | -88,516 | -2,274 | +92,859 | +1,761 | -5,060 | +10,888 | +2,100 | +4,786 | +24,746 | +53,638 | | -813 | -1,256 |
| 15/01/12 | 44,850 | 0.56% | 86,784 | -9,981 | -1,298 | +10,111 | +784 | | +2,896 | | +2,783 | +3,722 | -74 | | -683 | +1,851 |
| 15/01/09 | 44,600 | 2.76% | 118,546 | -6,942 | +2,029 | +518 | | | +40 | | +478 | | | | +4,448 | -53 |
| 15/01/08 | 43,400 | 0% | 153,285 | -4,199 | -2,317 | -2,137 | | | +2,361 | +1,073 | | | +1,000 | | +2,238 | -387 |
| 15/01/07 | 43,400 | 0.70% | 96,986 | -12,980 | +9,631 | +3,408 | +525 | +2,123 | -32 | | +12 | +780 | | | -108 | +49 |
| 15/01/06 | 43,100 | 1.41% | 231,460 | -31,546 | +14,450 | +16,852 | +6,531 | +4,597 | +3,005 | | +24 | +2,695 | | | +306 | -62 |
| 15/01/05 | 42,500 | 7.32% | 234,763 | -40,706 | +12,239 | +18,010 | +5,500 | +463 | +8,281 | | +3,409 | +357 | | | +7,962 | +2,49? |

## :: 2-196 / ⑤ 인바디(구 바이오스페이스)-1

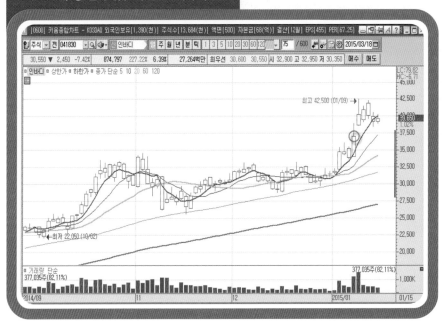

## :: 2-197 / ⑤ 인바디(구 바이오스페이스)-2

[0796] 투자자별 매매동향 - 종목별투자자

투자자별매매종합 | 시간대별투자자 | 당일추이 | 일별동향/그래프 | 순매수추이 | 업종별투자자순매수 | 당일매매현황 | 투자자별누적순매수 | 투자자별일별매매 | 종목별투자자

041830 인바디 2015/03/18 금액 수량 순매수 매수 매도 천주 단주 전일비 등락률 투자자구분 안내 단위:백만원,단주 조회 연속 차

2015/02/18 ~ 2015/03/18 누적순매수 +226,605 / -9,957 / -223,635 / -114,721 / +40,659 / +19,236 / -62,439 / -11,737 / -112,801 / +1,445 / +16,723 / +7,749 / -76

| 일자 | 현재가 | 등락률 | 거래량 | 개인 | 외국인 | 기관계 | 금융투자 | 보험 | 투신 | 기타금융 | 은행 | 연기금등 | 사모펀드 | 국가 | 기타법인 | 내외국인 |
|---|---|---|---|---|---|---|---|---|---|---|---|---|---|---|---|---|
| 15/01/14 | 39,250 | -2.12% | 459,159 | +58,447 | +5,616 | -54,849 | -16,502 | | -11,909 | | +185 | -26,502 | -121 | | -7,526 | -1,688 |
| 15/01/13 | 40,100 | -2.08% | 471,174 | +105,695 | -70,957 | -32,665 | +15,250 | +3,394 | +1,741 | +1,315 | -1,022 | -45,623 | | -7,720 | -3,029 | +956 |
| 15/01/12 | 40,950 | 1.61% | 596,104 | -9,772 | -26,523 | +37,713 | +50,072 | -4,619 | +10,894 | | +8,439 | -26,749 | -324 | | -1,643 | +225 |
| 15/01/09 | 40,300 | 8.77% | 1,574,585 | +32,427 | -32,606 | +774 | +132,079 | -20,803 | -4,921 | +1,681 | +6,086 | -87,100 | +240 | -26,488 | +2,479 | -3,074 |
| 15/01/08 | 37,050 | 9.13% | 1,239,517 | -145,517 | +121,180 | +24,829 | +14,956 | +20 | +17,400 | | +3,851 | -2,862 | -4,459 | -3,977 | -2,111 | +1,619 |
| 15/01/07 | 33,950 | -2.44% | 405,842 | +48,226 | -21,345 | -25,540 | -7,523 | -4,183 | -6,571 | | | -7,263 | | | -1,046 | -295 |
| 15/01/06 | 34,800 | 0% | 550,920 | -13,239 | -40,163 | +36,610 | +22,717 | +9,676 | +4,223 | | | | -6 | | +16,330 | +462 |
| 15/01/05 | 34,800 | 9.09% | 925,579 | -74,646 | +20,560 | +28,574 | -482 | +3,983 | +3,705 | +686 | | +19,098 | +154 | +1,430 | +25,321 | +191 |
| 15/01/02 | 31,900 | 1.27% | 170,387 | -14,938 | +3,446 | +12,777 | +15,693 | -1,348 | -2 | | -972 | -594 | | | +197 | -1,482 |
| 14/12/30 | 31,500 | 0.64% | 146,288 | -14,561 | +914 | +12,593 | -735 | -614 | -4,091 | | +679 | +9,347 | | +1,553 | +800 | +243 |
| 14/12/29 | 31,300 | 2.62% | 301,653 | -24,029 | -6,324 | +30,815 | -1,821 | +22,040 | +2,091 | | | +10,408 | -1,812 | | -250 | -212 |
| 14/12/26 | 30,500 | 0% | 256,308 | -30,730 | +9,773 | +32,270 | +899 | +18,569 | +576 | | | +11,026 | | +1,200 | -11,073 | -240 |
| 14/12/24 | 30,500 | 0.83% | 259,714 | +14,662 | +16,810 | -7,166 | -2,928 | +1,830 | -5,967 | | | | -101 | | -24,400 | +94 |
| 14/12/23 | 30,250 | -3.66% | 331,903 | +40,502 | -45,150 | -5,103 | -1,308 | +673 | -11,721 | | +5,259 | +12,200 | | | -406 | +31 |
| 14/12/22 | 31,400 | -3.24% | 246,100 | +64,206 | -35,457 | -30,370 | +1,573 | +1,265 | -12,054 | -483 | +446 | | -21,117 | | +312 | +1,309 |
| 14/12/19 | 32,450 | 3.84% | 285,627 | -55,812 | +38,437 | +17,674 | +6,331 | -1,460 | +5,902 | | | +5,487 | +1,414 | | | -299 |
| 14/12/18 | 31,250 | -1.11% | 541,533 | +15,945 | +37 | -9,772 | +15,335 | +867 | -5,964 | -239 | -79 | -10,312 | -974 | -8,006 | -5,576 | -34 |
| 14/12/17 | 31,600 | -0.94% | 221,598 | +5,079 | -16,934 | +13,219 | +3,207 | +9,275 | -6,725 | +1,730 | +900 | +4,832 | | | -1,330 | -34 |
| 14/12/16 | 31,900 | 0.63% | 268,639 | -25,978 | -5,845 | +31,923 | -1,528 | +29,138 | +4,313 | | | | | | -100 | |
| 14/12/15 | 31,700 | 8.19% | 493,762 | -128,642 | +105,040 | +22,178 | +22,592 | +1,326 | +7,348 | -324 | | -8,886 | +122 | | +780 | +644 |
| 14/12/12 | 29,300 | 0% | 207,705 | -26,648 | +38,167 | -11,321 | -1,248 | -1,284 | -976 | | -7,813 | | | | +30 | -22 |

## :: 2-198 / ⑥ 차바이오텍-1

:: 2-199 / ⑥ 차바이오텍-2

[0796] 투자자별 매매동향 - 종목별투자자 · 자동일지 · · · ? ·

투자자별매매종합 | 시간대별투자자 | 당일추이 | 일별동향/그래프 | 순매수추이 | 업종별투자자순매수 | 당일매매현황 | 투자자별누적순매수 | 투자자별일별동향 | 종목별투자자

085660 🔍 차바이오텍 2015/03/18 ◦금액 ◦수량 ◦순매수◦매수◦매도 ◦천주◦단주 ◦전일비◦등락률 투자구분 안내 단위:백만원,단주 조회 연속 차!

| 일자 | 현재가 | 등락률 | 거래량 | 개인 | 외국인 | 기관계 | 금융투자 | 보험 | 투신 | 기타금융 | 은행 | 연기금등 | 사모펀드 | 국가 | 기타법인 | 내외국인 |
|---|---|---|---|---|---|---|---|---|---|---|---|---|---|---|---|---|
| 2015/02/18 ~ 2015/03/18 누적순매수 | | | | -98,797 | +17,521 | +16,295 | -164,468 | -172,118 | +8,657 | +13,169 | +7,097 | +274,341 | +39,930 | +9,687 | +62,159 | -27,178 |
| 15/01/07 | 13,600 | 8.37% | 2,836,133 | -250,318 | +27,486 | +233,608 | +7,755 | +35,445 | -217 | | +111 | | +190,514 | | -10,093 | -683 |
| 15/01/06 | 12,550 | -2.71% | 471,823 | -58,458 | +12,796 | +40,649 | +23,613 | +17,033 | +7 | | | | -4 | | +4,950 | +63 |
| 15/01/05 | 12,900 | 0% | 369,130 | +3,553 | -7,925 | +2,609 | -728 | +3,090 | +60 | | | | +187 | | +2,060 | -303 |
| 15/01/02 | 12,900 | 0.78% | 456,061 | +12,450 | -19,978 | +1,128 | -1,124 | +5,842 | | | -2,932 | -658 | | | +7,100 | -700 |
| 14/12/30 | 12,800 | 1.59% | 548,696 | +17,487 | -33,198 | +18,407 | -441 | +19,250 | -402 | | | | | | -5,000 | +2,304 |
| 14/12/29 | 12,600 | 2.86% | 635,841 | -35,071 | +22,243 | +9,159 | +9,560 | | -401 | | | | | | +3,969 | -300 |
| 14/12/26 | 12,250 | -0.81% | 571,584 | -22,636 | +12,613 | +4,944 | -350 | +5,253 | +41 | | | | | | +5,000 | +79 |
| 14/12/24 | 12,350 | -0.40% | 379,995 | +9,341 | -11,519 | +1,388 | +2,690 | | -1,218 | | | | -84 | | +200 | +590 |
| 14/12/23 | 12,400 | 3.33% | 2,519,724 | +70,367 | -79,455 | +2,660 | +16,972 | -3,597 | -1,685 | | | | -9,030 | | +8,100 | -1,672 |
| 14/12/22 | 12,000 | -1.23% | 346,974 | +13,155 | -28,717 | +14,611 | -358 | +13,554 | +1,507 | | | | -92 | | +732 | +159 |
| 14/12/19 | 12,150 | 3.40% | 457,653 | -24,156 | +14,957 | +3,217 | -2,810 | -4,284 | +6,025 | +1,714 | +1,714 | | +858 | | +4,892 | +1,090 |
| 14/12/18 | 11,750 | -3.29% | 718,702 | +27,088 | -36,885 | +9,904 | -3,028 | +13,000 | -5,730 | -1,302 | +7,777 | | -813 | | -1,645 | +1,538 |
| 14/12/17 | 12,150 | 0% | 711,446 | -9,867 | +17,334 | -9,050 | -3,573 | -28 | -5,449 | | | | | | +766 | +817 |
| 14/12/16 | 12,150 | -2.80% | 793,202 | +29,240 | +10,852 | -45,168 | -30,773 | -712 | +225 | | | -12,578 | -1,330 | | +4,523 | +553 |
| 14/12/15 | 12,500 | 1.63% | 570,875 | -60,188 | +55,937 | +6,741 | +1,129 | +1,061 | +1,921 | | | +2,630 | | | -2,500 | +10 |
| 14/12/12 | 12,900 | -4.65% | 936,683 | +84,515 | +23,225 | -116,764 | -1,870 | -4,545 | | | -10,349 | -75,000 | | -25,000 | +7,451 | +1,573 |
| 14/12/11 | 12,900 | -3.73% | 866,453 | +76,595 | -13,642 | -70,848 | -297 | -24,039 | +2,199 | | | -48,711 | | | +4,720 | +1,175 |
| 14/12/10 | 13,400 | -1.11% | 590,993 | +40,415 | +4,039 | -49,438 | +615 | | -53 | | | -50,000 | | | +4,325 | +659 |
| 14/12/09 | 13,550 | -2.87% | 582,350 | +29,980 | -33,491 | +6,670 | +300 | +2,497 | +3,973 | | | -100 | | | -4,236 | +1,077 |
| 14/12/08 | 13,950 | 0.36% | 634,051 | +43,518 | -47,827 | +996 | +1,269 | -115 | -158 | | | | | | +4,380 | -1,067 |
| 14/12/05 | 13,900 | 2.96% | 2,469,654 | -14,336 | -26,410 | +18,954 | -50,070 | | +24,702 | -1,586 | | +100 | +45,808 | | +23,795 | -2,00 |

:: 2-200 / ⑥ 차바이오텍-3

## [특징주] 차바이오텍, 美 합작사 줄기세포치료제 성능 입증

차바이오텍이 미국 합작사 플루리스템테라픽스(Pluristem Therapeutics)의 간헐성 파행증 줄기세포치료제(PLX)의 신경세포 보호 입증 소식에 오름세다. 23일 오전 9시 27분 현재 차바이오텍은 전날보다 300원(2.50%) 오른 1만 2,300원을 기록 중이다.

22일(현지시간) 글로버뉴스와이어는 플루리스템의 PLX가 도파민 뉴런을 포함한 다양한 신경세포를 보호하는 기능이 입증됐다고 보도했다. 차바이오텍과 플루리스템은 태반 유래 간헐성파행증 줄기세포치료제(PLX세포, PLacental eXpanded Cells) 판매와 관련한 JV를 설립하기로 한 협력사다.

기사 출처: 아시아경제(2014.12.23.)

# 수급 분석

## 1. 외국인·기관 투자자 수급 분석

### (1) 주식장 마감 후 당일 수급 주도주 분석

주식장 마감 후 매일 '키움 HTS 0785창'에서 당일 외국인·기관 투자자들의 순매수 상위 종목을 조회한 다음 나의 관심 종목에 추가하자. 코스피와 코스닥, 금액과 수량의 순으로 각각 조회한다.

:: 2-201 / 키움 HTS 0785창

[0785] 외국인기관매매상위

일자 : 2015년02월27일  ○전체 ◉코스피 ○코스닥  ◉금액(억원) ○수량(만주)  ☑조회일자 2015/02/27  조회

※당일자료 장중 조회시 외국인 한도종목만 제공 됩니다. 자세한 정보제공시간 안내는 화면도움말을 참고하시기 바랍니다.

| 외국인(순매수) | | | | | | 국내기관(순매수) | | | | | |
|---|---|---|---|---|---|---|---|---|---|---|---|
| 순매도 | | | 순매수 | | | 순매도 | | | 순매수 | | |
| 종목명 | 금액 | 수량 | 종목명 | 금액 | 수량 | 종목명 | 금액 | 수량 | 종목명 | 금액 | 수량 |
| 삼성엔지니어 | 290.7 | 69.2 | 한샘 | 248.5 | 14.1 | 현대위아 | 317.2 | 22.5 | NAVER | 442.0 | 6.7 |
| 삼성화재 | 247.2 | 9.7 | 현대모비스 | 218.6 | 8.8 | 기아차 | 278.2 | 61.3 | 삼성화재 | 164.6 | 6.4 |
| 호텔신라 | 172.2 | 17.4 | 삼성전자 | 166.9 | 1.2 | SK하이닉스 | 275.8 | 59.3 | 삼성에스디에 | 111.7 | 3.9 |
| NAVER | 119.4 | 1.8 | 대한항공 | 156.8 | 31.2 | 현대차 | 243.1 | 15.1 | 제일모직 | 110.7 | 6.9 |
| 삼성중공업 | 97.2 | 49.3 | 아모레퍼시픽 | 115.8 | 0.4 | 한샘 | 229.4 | 13.0 | 현대건설 | 86.0 | 17.1 |
| 현대제철 | 88.3 | 13.2 | 삼성에스디에 | 109.1 | 3.8 | 현대모비스 | 195.8 | 7.9 | OCI | 75.8 | 7.7 |
| 대우증권 | 65.9 | 61.9 | OCI | 97.6 | 10.0 | POSCO | 116.3 | 4.3 | 삼성엔지니어 | 70.6 | 17.1 |
| 한국전력 | 58.7 | 13.1 | SK하이닉스 | 91.0 | 19.5 | KT&G | 92.6 | 11.7 | 대림산업 | 46.6 | 7.1 |
| POSCO | 53.5 | 2.0 | 현대글로비스 | 88.7 | 3.7 | LG디스플레이 | 89.5 | 26.1 | 덕양산업 | 43.2 | 144.0 |
| 현대상선 | 46.6 | 51.5 | KB금융 | 84.1 | 21.6 | 현대글로비스 | 86.6 | 3.6 | 한진칼 | 42.6 | 13.7 |
| GKL | 42.1 | 12.1 | SK C&C | 81.6 | 3.8 | KB금융 | 85.0 | 21.7 | 현대제철 | 38.8 | 5.7 |
| 한국타이어 | 40.4 | 8.4 | KT&G | 81.3 | 10.2 | 금호산업 | 70.2 | 16.4 | GKL | 36.8 | 10.6 |
| 삼성SDI | 38.9 | 2.8 | 신한지주 | 80.2 | 18.4 | 코오롱인더 | 68.3 | 13.6 | NH투자증권 | 33.5 | 27.4 |
| GS | 35.1 | 7.9 | LG유플러스 | 76.7 | 64.7 | 신한지주 | 67.4 | 15.4 | 미래에셋증권 | 33.0 | 6.7 |
| 대림산업 | 33.9 | 5.2 | 현대차 | 76.2 | 4.7 | LG화학 | 61.2 | 2.7 | 현대엘리베이 | 31.8 | 4.5 |
| 현대위아 | 33.3 | 2.4 | 기아차 | 75.0 | 16.5 | 현대차2우B | 56.2 | 5.0 | 기업은행 | 31.3 | 22.7 |
| GS건설 | 28.2 | 9.3 | 오리온 | 58.5 | 0.6 | 하나금융지주 | 54.5 | 18.1 | 삼성SDI | 31.1 | 2.2 |
| S-Oil | 27.9 | 4.3 | 아시아나항공 | 56.3 | 64.4 | 삼성전자 | 49.3 | 0.4 | GS | 31.1 | 7.0 |
| 삼성전자우 | 27.7 | 0.3 | 현대차2우B | 55.5 | 4.9 | LG생활건강 | 48.1 | 0.7 | 현대미포조선 | 30.2 | 3.9 |
| 한화 | 27.4 | 9.0 | KT | 53.9 | 17.6 | LG유플러스 | 47.7 | 40.6 | KODEX 레버리 | 28.2 | 24.9 |
| 현대엘리베이 | 25.7 | 3.6 | KCC | 50.5 | 0.9 | KT | 47.0 | 15.3 | 롯데케미칼 | 26.3 | 1.3 |
| 현대미포조선 | 24.8 | 3.2 | 한국항공우주 | 49.7 | 9.9 | TIGER 원유선 | 45.1 | 79.7 | SK네트웍스 | 25.3 | 26.6 |
| SK | 20.2 | 1.1 | 롯데케미칼 | 48.3 | 2.5 | 한국전력 | 43.7 | 9.6 | 코스맥스비티 | 24.4 | 4.9 |
| 풍산 | 18.0 | 7.0 | LG디스플레이 | 48.2 | 14.2 | SK C&C | 43.1 | 2.0 | TIGER 코스닥 | 24.0 | 14.1 |
| 삼성테크윈 | 17.9 | 7.2 | LG전자 | 42.2 | 6.8 | 롯데쇼핑 | 41.8 | 1.7 | 현대리바트 | 22.9 | 5.? |

## (2) 주식장 마감 후 관심 종목 수급 조회

매일 주식장 마감 후 현재 자신의 관심 종목을 하나하나 클릭하여 '키움 HTS 0796창'에서 체크해야겠다. 수급 주체의 움직임에 따라 다음날 매매 시 나리오를 작성한 다음 적절히 대응하자.

:: 2-202 / 키움 HTS 0796창

**[0796] 투자자별 매매동향 - 종목별투자자**

투자자별매매종합 | 시간대별투자자 | 당일추이 | 일별동향/그래프 | 순매수추이 | 업종별투자자순매수 | 당일매매현황 | 투자자별누적순매수 | 투자자별일별매매 | **종목별투자자**

005930 [Q] 삼성전자 | 2015/02/28 | ○금액 ○수량 | ○순매수 ○매수 ○매도 | ○천주 ○단주 | ○전일비 ○등락률 | 투자자구분 안내 | 단위:백만원,단주 | 조회 연속 차트

| 2015/01/28 ~ 2015/02/28 누적순매수 | -38,930 | -87,967 | +135,758 | -15,311 | -27,081 | -28,153 | +5,314 | -3,903 | +205,257 | +12,528 | -12,893 | -8,379 | -482 |

| 일자 | 현재가 | 등락률 | 거래량 | 개인 | 외국인 | 기관계 | 금융투자 | 보험 | 투신 | 기타금융 | 은행 | 연기금등 | 사모펀드 | 국가 | 기타법인 | 내외국인 |
|---|---|---|---|---|---|---|---|---|---|---|---|---|---|---|---|---|
| 15/02/27 | ,357,000 | -1.31% | 260,188 | +1,585 | +2,301 | -3,645 | -20,279 | -3,643 | +5,351 | -25 | +29 | +7,986 | +7,429 | -483 | -272 | +31 |
| 15/02/26 | ,375,000 | -0.29% | 163,583 | -412 | +13,926 | -13,513 | -9,893 | -4,572 | -4,361 | -13 | -109 | +4,927 | +2,172 | -1,664 | -7 | +6 |
| 15/02/25 | ,379,000 | 0.88% | 167,485 | -5,272 | +15,284 | -10,465 | -13,589 | -5,982 | +1,218 | -569 | -402 | +5,560 | +3,369 | -70 | +454 | -1 |
| 15/02/24 | ,367,000 | 0% | 217,265 | -2,353 | -12,138 | +14,424 | -160 | -2,141 | +2,803 | -724 | +1,133 | +14,033 | -547 | +27 | +87 | -20 |
| 15/02/23 | ,367,000 | -0.73% | 306,036 | -1,872 | -10,885 | +12,768 | +1,535 | +997 | -5,169 | -30 | +268 | +14,106 | +271 | +790 | +22 | -33 |
| 15/02/17 | ,377,000 | 0.22% | 114,900 | -9,879 | +377 | +10,258 | -1,073 | -1,347 | -1,268 | -99 | -93 | +13,257 | -294 | +1,175 | -672 | -84 |
| 15/02/16 | ,374,000 | 0.96% | 124,530 | -13,621 | +10,742 | +3,561 | -5,158 | -1,810 | -378 | -419 | -487 | +10,232 | +1,793 | -192 | -411 | -291 |
| 15/02/13 | ,361,000 | 1.26% | 130,458 | -8,999 | +1,995 | +6,549 | -32 | -451 | -4,456 | -100 | -364 | +8,705 | +3,022 | +225 | +1 | +464 |
| 15/02/12 | ,344,000 | -0.81% | 214,964 | +20,990 | -25,415 | +4,246 | +6,971 | -9,815 | +11,735 | +196 | -318 | -4,802 | +2,793 | -2,514 | -131 | +310 |
| 15/02/11 | ,355,000 | -1.67% | 199,476 | +26,967 | -18,024 | -5,730 | +11,998 | +497 | -2,859 | +2,925 | -494 | -23,053 | -2,338 | +1,876 | -3,157 | -56 |
| 15/02/10 | ,378,000 | -1.22% | 130,387 | -10,522 | +2,583 | +9,741 | +848 | -1,780 | +3,623 | +438 | -263 | +5,621 | -6 | +1,260 | -1,751 | -51 |
| 15/02/09 | ,395,000 | 1.68% | 173,870 | -42,038 | +12,845 | +30,314 | -2,000 | -159 | +9,468 | +4 | -1,113 | +11,470 | -1,000 | +13,644 | -969 | -152 |
| 15/02/06 | ,372,000 | 1.03% | 160,101 | -5,457 | +11,939 | -5,524 | -6,625 | -163 | -2,566 | +400 | -344 | +3,042 | +628 | +104 | -941 | -17 |
| 15/02/05 | ,358,000 | -0.07% | 135,408 | +2,418 | +8,980 | -12,112 | -7,487 | -306 | -924 | +821 | -971 | +1,436 | +1,924 | -6,605 | +699 | +15 |
| 15/02/04 | ,359,000 | -0.51% | 186,578 | +7,573 | -21,116 | +13,506 | +1,902 | -227 | +7,257 | +1,256 | -62 | +11,670 | +67 | -8,357 | +162 | -125 |
| 15/02/03 | ,366,000 | -0.15% | 113,088 | -3,177 | -266 | +3,811 | -5,462 | -3,895 | +3,218 | +1,500 | -356 | +13,202 | +4,540 | -8,936 | +61 | -429 |
| 15/02/02 | ,368,000 | 0.22% | 210,420 | -680 | +8,596 | -8,146 | -2,292 | +2,898 | -13,024 | | -182 | +5,873 | -6,057 | +54 | +233 | -3 |
| 15/01/30 | ,365,000 | 0.37% | 322,200 | -2,873 | -24,630 | +28,450 | +28,335 | +4,550 | -14,281 | -200 | +214 | +12,410 | -3,077 | +499 | -928 | -19 |
| 15/01/29 | ,360,000 | -1.31% | 274,045 | +2,612 | -53,950 | +51,780 | +2,471 | +2,068 | -16,667 | -301 | +214 | +61,139 | +1,617 | +1,239 | -375 | -34 |
| 15/01/28 | ,378,000 | -1.57% | 216,630 | +6,080 | -11,068 | +5,465 | +95 | -1,800 | -12,591 | +254 | -203 | +28,443 | -3,778 | -4,955 | -484 | +7 |

## (3) 주식장 중 수급 분석

주식장 중에는 '키움 HTS 1052창'에서 매매 동향 잠정치를 조회할 수 있다. 외국인은 오전 9시 30분, 오전 10시, 오전 11시 30분, 오후 1시 30분 하루 네 번, 기관은 오전 10시, 오전 11시 30분, 오후 1시 30분 하루 세 번 업데이트가 된다. 어디까지나 잠정치기에 실제 외국인·기관 투자자들의 순매매 수치와는 차이가 생길 수 있다.

외국인·기관 동시 순매수에 체크한 후 조회 버튼을 누르면 동반 순매수 종목만 따로 조회 가능하다.

:: 2-203 / 키움 HTS 1052창

| 종목명 | 현재가 | 전일비 | 등락률 | 거래량 | 외국인 | 기관계 | 투신 | 보험 | 은행 | 연기금등 | 국가 | 기타법인 |
|---|---|---|---|---|---|---|---|---|---|---|---|---|
| SK네트웍스 | 9,450 ▲ 100 | | 1.07% | 1,207,527 | +58,633 | +81,000 | +19,000 | +89,000 | | -27,000 | | +4,000 |
| 현대증권 | 7,700 ▲ 60 | | 0.79% | 1,368,279 | +26,514 | +83,000 | -3,000 | +9,000 | | +77,000 | | -2,000 |
| 한솔테크닉스 | 14,850 ▲ 400 | | 2.77% | 359,651 | +3,991 | +6,000 | | | | +6,000 | | -1,000 |
| 성신양회 | 12,750 ▼ 50 | | -0.39% | 248,878 | +10,786 | +3,000 | +3,000 | | | | | +1,000 |
| 삼성전자 | 1,357,000 ▼ 18,000 | | -1.31% | 260,188 | +18,533 | +2,000 | +2,000 | | | | | +1,000 |
| 대한유화 | 94,000 ▲ 3,200 | | 3.52% | 68,373 | +7,154 | +6,000 | +4,000 | | | | +2,000 | |
| 벽산 | 7,230 ▲ 280 | | 4.03% | 3,214,310 | +239,563 | +46,000 | +24,000 | -16,000 | -7,000 | +33,000 | +12,000 | +69,000 |
| 태평양물산 | 6,850 0 | | 0% | 184,289 | +253 | +12,000 | +2,000 | +1,000 | | | +9,000 | |
| 도레이케미칼 | 14,000 ▲ 50 | | 0.36% | 130,195 | +9,174 | +8,000 | +8,000 | | | | | |
| 한화케미칼 | 14,100 ▼ 50 | | -0.35% | 1,471,646 | +48,784 | +55,000 | +2,000 | -11,000 | | +64,000 | | +8,000 |
| OCI | 98,000 ▲ 3,300 | | 3.48% | 566,536 | +12,682 | +23,000 | +18,000 | +3,000 | | +2,000 | | +6,000 |
| 롯데케미칼 | 190,500 ▼ 3,000 | | -1.55% | 242,330 | +17,792 | +9,000 | +9,000 | -2,000 | | +2,000 | | |
| 삼성에스디에 | 289,500 ▲ 10,000 | | 3.58% | 353,285 | +15,205 | +8,000 | +5,000 | +14,000 | | -11,000 | | +2,000 |
| 삼목에스폼 | 39,900 ▲ 2,650 | | 7.11% | 280,784 | +13,081 | +8,000 | +5,000 | +2,000 | | +1,000 | | |
| 일진디스플 | 7,500 ▲ 410 | | 5.78% | 1,177,172 | +68,482 | +3,000 | +3,000 | | | | | |
| 다우기술 | 15,150 ▲ 150 | | 1.00% | 520,376 | +32,003 | +3,000 | +1,000 | +2,000 | | | | |
| 하림홀딩스 | 5,740 ▲ 180 | | 3.24% | 797,983 | +394 | +15,000 | +15,000 | | | | | -1,000 |
| 한솔홈데코 | 1,865 ↑ 240 | | 14.77% | 27,998,561 | +107,000 | +818,000 | +361,000 | +403,000 | | | +54,000 | -22,000 |
| 원익IPS | 12,700 ▲ 400 | | 3.25% | 901,452 | +73,097 | +9,000 | -42,000 | +46,000 | | +7,000 | -2,000 | |
| 블루콤 | 15,400 ▲ 400 | | 2.67% | 1,894,242 | +11,000 | +78,000 | +62,000 | +10,000 | | +6,000 | | |
| 네패스 | 10,900 ▲ 500 | | 4.81% | 838,851 | +36,204 | +58,000 | +52,000 | | | +6,000 | | +2,000 |

각 주체별로 순매수가 높은 순서와 낮은 순서로도 조회가 가능하다.

:: 2-204 / 키움 HTS 1052창

**[1052] 장중투자자별매매 - 장중투자자별매매종합(잠정)**

종목잠정투자자 | 투자잠정상위

◉전체 ◎코스피 ◎코스닥 | ◉전체 ◎종목 [ ] | ◎금액 ◎수량 | ◉순매매 ◎매수 ◎매도 □외국계전체 | 조회 연속
◎외국인 ◉기관계 ◎투신 ◎보험 ◎은행 ◎연기금등 ◎국가 ◎기타법인 | ◉수치 ◎차트 ◎순매매 □기관외인 동시순매수 | 단위:백만원·단주

* 본 자료는 거래소내 상주회원사 대상으로 집계한 추정치이며, 투자판단의 참고사항으로 최종책임은 이용자에게 있습니다.
* 기관 자료 제공시점: 10:00, 11:30, 13:30   * 외국인 자료 제공시점: 09:30, 10:00, 11:30, 13:30
* 장종료 후 일별자료는 [0796]종목별투자자 화면을 참고하시기 바랍니다.
* '외국계전체'를 선택하면 상주회원사 집계분이 있는 종목과 당일 외국계회원사 매매분만 있는 종목까지 모두 제공됩니다.

| 종목명 | 현재가 | 전일비 | 등락률 | 거래량 | 외국인 | 기관계 | 투신 | 보험 | 은행 | 연기금등 | 국가 | 기타법인 |
|---|---|---|---|---|---|---|---|---|---|---|---|---|
| 한솔홀더코 | 1,865 | ↑ 240 | 14.77% | 27,998,561 | +107,000 | +818,000 | +361,000 | +403,000 | | | +54,000 | -22,000 |
| 에넥스 | 2,130 ▲ | 70 | 3.40% | 7,530,550 | -15,000 | +176,000 | +168,000 | +74,000 | +30,000 | +61,000 | -157,000 | |
| 서울반도체 | 18,200 ▲ | 750 | 4.30% | 2,590,363 | -180,530 | +143,000 | +133,000 | | +10,000 | | | +9,000 |
| 아이컴포넌트 | 21,350 ↑ | 2,750 | 14.78% | 872,656 | | +131,000 | +108,000 | +7,000 | | +5,000 | +11,000 | +5,000 |
| 삼기오토모티 | 4,400 ▼ | 30 | -0.68% | 928,324 | | +93,000 | -1,000 | | | +40,000 | +54,000 | -4,000 |
| STS반도체 | 4,600 ▲ | 285 | 6.60% | 2,136,506 | +91,465 | +87,000 | +23,000 | +20,000 | | +5,000 | +39,000 | +24,000 |
| 하츠 | 5,720 ▲ | 510 | 9.79% | 1,956,199 | +2,000 | +84,000 | +82,000 | | | +2,000 | | +1,000 |
| 현대증권 | 7,700 ▲ | 60 | 0.79% | 1,368,279 | +26,514 | +83,000 | -3,000 | +9,000 | | | +77,000 | -2,000 |
| SK네트웍스 | 9,450 ▲ | 100 | 1.07% | 1,207,527 | +58,633 | +81,000 | +19,000 | +89,000 | | | -27,000 | +4,000 |
| 우리산업 | 12,700 ▲ | 750 | 6.28% | 1,517,272 | | +80,000 | +21,000 | | | +59,000 | | -5,000 |
| 블루콤 | 15,400 ▲ | 400 | 2.67% | 1,894,242 | +11,000 | +78,000 | +62,000 | +10,000 | | +6,000 | | |
| CJ E&M | 48,900 ▲ | 2,350 | 5.05% | 798,710 | +75,540 | +68,000 | +29,000 | +25,000 | -18,000 | +37,000 | -5,000 | -9,000 |
| 대림산업 | 64,800 ▲ | 100 | 0.15% | 782,799 | -51,833 | +66,000 | +43,000 | +18,000 | +1,000 | +2,000 | +2,000 | -2,000 |
| 테라세미콘 | 18,150 ▲ | 2,250 | 14.15% | 894,774 | | +66,000 | +24,000 | +30,000 | +12,000 | | | +35,000 |
| 기업은행 | 13,500 ▼ | 150 | -1.10% | 3,058,644 | -86,738 | +61,000 | +3,000 | -2,000 | +56,000 | -42,000 | +46,000 | |
| 동양생명 | 11,900 ▲ | 100 | 0.85% | 476,360 | | +61,000 | +13,000 | +20,000 | +2,000 | +24,000 | +2,000 | -8,000 |
| 디오텍 | 3,970 ▲ | 5 | 0.13% | 786,130 | -81,610 | +59,000 | +59,000 | | | | | +2,000 |
| 네패스 | 10,900 ▲ | 500 | 4.81% | 838,851 | +36,204 | +58,000 | +52,000 | | | +6,000 | | +2,000 |
| 대한항공 | 50,200 ▲ | 2,100 | 4.37% | 893,818 | | +56,000 | +3,000 | +9,000 | | +44,000 | | |
| 한화케미칼 | 14,100 ▲ | 50 | -0.35% | 1,471,646 | +48,784 | +55,000 | +2,000 | -11,000 | | +64,000 | | +8,000 |
| 한국전력 | 44,700 ▼ | 1,200 | -2.61% | 1,291,977 | -45,963 | +52,000 | +70,000 | -4,000 | | -14,000 | | -4,000 |

## 2. 매매 동향을 활용한 주식장 중 대응

외국인·기관 투자자들의 양 매수 종목에 집중해야 한다. 외국인·기관 투자자들이 앞다퉈 매집하는 종목은 업황 회복이나 실적 개선, 신사업 진출 등 개인 투자자들은 알 수 없는 호재가 숨겨진 경우가 많다. 따라서 매매 동향 이후 양 매수 종목에 집중하고 오전 10시, 오전 11시 30분, 오후 13시 30분에 해당 종목의 수량이 증가하는지를 체크하며 전략을 세우면 된다.

양 매수 종목은 어느 한 쪽 주체가 종가 관리할 수 있기에 오후장에는 양 매수 종목을 찾아서 공략하자.

Part
03

- - - - - - - - - - - - - -

# 실전매매
## 노하우

# 실전매매

## 1. 매달 100% 수익 달성 계좌 공개

### (1) 2013년 10월~2014년 10월 결산일지

:: 3-1

| 조회기간 2013-10-01 ~ 2014-12-28 | 당일 | 당월 | 1개월 | 2012년1월2일 | ○2012년 1월 2일부터 조회가능 | | | | |
|---|---|---|---|---|---|---|---|---|---|
| 조회구분 ○전체 ○종목 ○주식 ○단투 | | | | | | | | | 조회 |

| | 매수금액 | | | 매도금액 | | | 제비용 | | 실현손익 |
|---|---|---|---|---|---|---|---|---|---|
| | 57,341,051,055 | | | 57,603,543,334 | | | 188,980,746 | | 314,257,634 |

| 매매일자 | 매수금 | | | 매도금 | | | | | 실현손익(순) |
|---|---|---|---|---|---|---|---|---|---|
| | 매수수량 | 매수금액 | 매수비용 | 매수합계 | 매도수량 | 매도금액 | 매도비용 | 매도합계 | |
| 2014/10/23 | 22,190 | 113,954,395 | 6,800 | 113,961,195 | 20,599 | 121,735,045 | 398,401 | 121,336,644 | 1,345,34 |
| 2014/10/22 | 5,090 | 53,879,500 | 3,220 | 53,882,720 | 4,424 | 57,910,100 | 186,958 | 57,723,142 | 229,87 |
| 2014/10/21 | 17,197 | 160,684,680 | 9,610 | 160,694,290 | 13,792 | 157,840,070 | 491,762 | 157,348,308 | 1,861,25 |
| 2014/10/20 | 1,950 | 111,159,200 | 6,640 | 111,165,840 | 5,820 | 109,925,100 | 344,315 | 109,580,785 | 626,76 |
| 2014/10/17 | 7,554 | 156,899,950 | 9,370 | 156,909,320 | 12,399 | 159,139,670 | 495,205 | 158,644,465 | 1,999,50 |
| 2014/10/16 | 13,635 | 110,662,460 | 6,620 | 110,669,080 | 9,003 | 112,038,670 | 366,894 | 111,671,776 | 744,97 |
| 2014/10/15 | 11,551 | 83,422,825 | 4,980 | 83,427,805 | 8,260 | 85,776,200 | 271,046 | 85,505,154 | 1,440,44 |
| 2014/10/14 | 2,975 | 77,121,100 | 4,610 | 77,125,710 | 4,804 | 74,220,900 | 234,858 | 73,986,042 | 1,551,96 |
| 2014/10/13 | 7,173 | 62,678,255 | 3,750 | 62,682,005 | 12,228 | 60,601,890 | 192,149 | 60,409,741 | 1,258,59 |
| 2014/10/10 | 26,673 | 100,611,610 | 6,020 | 100,617,630 | 20,946 | 101,841,625 | 318,771 | 101,522,854 | 586,07 |
| 2014/10/08 | 30,780 | 157,623,710 | 9,430 | 157,633,140 | 52,477 | 194,661,010 | 636,170 | 194,024,840 | -169,25 |
| 2014/10/07 | 24,617 | 78,460,900 | 4,700 | 78,465,600 | 5,578 | 62,194,700 | 211,123 | 61,983,577 | 1,179,73 |
| 2014/10/06 | 11,047 | 119,266,150 | 7,140 | 119,273,290 | 10,468 | 193,599,150 | 615,012 | 192,984,138 | 3,043,82 |
| 2014/10/02 | 15,075 | 261,846,150 | 15,700 | 261,861,850 | 16,444 | 180,132,640 | 551,177 | 179,581,463 | 3,656,77 |
| 2014/10/01 | 18,613 | 187,733,550 | 11,250 | 187,744,800 | 24,741 | 333,540,900 | 1,150,184 | 332,390,716 | 854,21 |
| 2014/09/30 | 12,496 | 189,314,400 | 11,350 | 189,325,750 | 17,955 | 218,013,430 | 703,869 | 217,309,561 | 3,530,35 |
| 2014/09/29 | 68,852 | 728,599,240 | 43,680 | 728,642,920 | 105,967 | 754,536,445 | 2,346,204 | 752,190,241 | 11,145,45 |
| 2014/09/26 | 12,835 | 83,542,235 | 4,990 | 83,547,225 | 10,506 | 74,686,800 | 228,523 | 74,458,277 | 377,70 |
| 2014/09/25 | 52,741 | 216,702,145 | 12,990 | 216,715,135 | 30,821 | 218,182,960 | 911,868 | 217,271,092 | 14,607,07 |
| 2014/09/18 | 30,821 | 202,652,010 | 12,150 | 202,664,160 | 6,133 | 199,266,100 | 711,054 | 198,555,046 | 2,387,4 |

:: 3-2

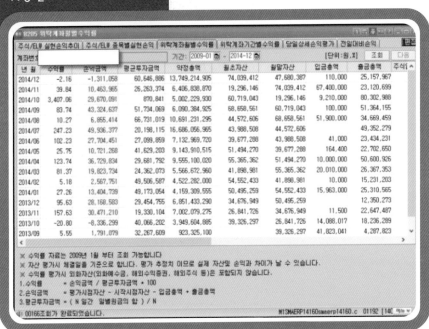

| 년 월 | 수익률 | 손익금액 | 평균투자금액 | 약정총액 | 월초자산 | 월말자산 | 입금총액 | 출금총액 | 주식ℓ |
|---|---|---|---|---|---|---|---|---|---|
| 2014/12 | -2.16 | -1,311,058 | 60,646,886 | 13,749,214,905 | 74,039,412 | 47,680,387 | 110,000 | 25,157,967 | |
| 2014/11 | 39.84 | 10,463,965 | 26,263,374 | 6,406,838,870 | 19,296,146 | 74,039,412 | 67,400,000 | 23,120,699 | |
| 2014/10 | 3,407.06 | 29,670,091 | 870,841 | 5,002,229,930 | 60,719,043 | 19,296,146 | 9,210,000 | 80,302,988 | |
| 2014/09 | 83.74 | 43,324,637 | 51,734,069 | 6,090,384,925 | 68,658,561 | 60,719,043 | 100,000 | 51,364,155 | |
| 2014/08 | 10.27 | 6,855,414 | 66,731,019 | 10,691,231,295 | 44,572,606 | 68,658,561 | 51,900,000 | 34,669,459 | |
| 2014/07 | 247.23 | 49,936,377 | 20,198,115 | 16,686,056,965 | | 44,572,606 | | 49,352,279 | |
| 2014/06 | 102.23 | 27,704,451 | 27,099,859 | 7,132,969,720 | 39,677,288 | 43,988,508 | 41,000 | 23,434,231 | |
| 2014/05 | 25.75 | 10,721,268 | 41,629,203 | 9,143,910,515 | 51,494,270 | 39,677,288 | 164,400 | 22,702,650 | |
| 2014/04 | 123.74 | 36,729,834 | 29,681,792 | 9,555,100,020 | 55,365,362 | 51,494,270 | 10,000,000 | 50,600,926 | |
| 2014/03 | 81.37 | 19,823,734 | 24,362,073 | 5,566,672,960 | 41,898,981 | 55,365,362 | 20,010,000 | 26,367,353 | |
| 2014/02 | 5.18 | 2,567,751 | 49,505,587 | 4,522,282,000 | 54,552,433 | 41,898,981 | 10,000 | 15,231,203 | |
| 2014/01 | 27.26 | 13,404,739 | 49,173,054 | 4,159,309,555 | 50,495,259 | 54,552,433 | 15,963,000 | 25,310,565 | |
| 2013/12 | 95.63 | 28,168,583 | 29,454,755 | 6,851,433,290 | 34,676,949 | 50,495,259 | | 12,350,273 | |
| 2013/11 | 157.63 | 30,471,210 | 19,330,104 | 7,002,079,275 | 26,841,726 | 34,676,949 | 11,500 | 22,647,487 | |
| 2013/10 | -20.80 | -8,336,299 | 40,066,202 | 3,949,604,885 | 39,326,297 | 26,841,726 | 14,088,017 | 18,236,289 | |
| 2013/09 | 5.55 | 1,791,079 | 32,267,609 | 923,325,100 | | 39,326,297 | 41,823,041 | 4,287,823 | |

※ 수익률 자료는 2009년 1월 부터 조회 가능합니다.
※ 자산 평가시 체결일을 기준으로 합니다. 평가 추정치 이므로 실제 자산및 손익과 차이가 날 수 있습니다.
※ 수익률 평가시 외화자산(외화예수금, 해외수익증권, 해외주식 등)은 포함되지 않습니다.
1. 수익률     = 손익금액 / 평균투자금액 * 100
2. 손익금액   = 평가시점자산 - 시작시점자산 - 입금총액 + 출금총액
3. 평균투자금액 = ( N 일간 일별원금의 합 ) / N

위의 계좌들은 2013년 10월부터 주식차트연구소(주차연) 카페에 올린 나의 매매일지다. 계좌가 보여주듯 수급 매매의 최대 장점은 많은 투자금이 필요하지 않다는 것이다. 오히려 투자금이 적을수록 매매하기 편하다. 그러니 수급 매매를 계획하고 있는 투자자라면 투자금을 늘리기보다는 자신의 실력 향상에 중점을 두고 궁리하기 바란다.

다만 단돈 100만 원이라도 1억 원에 버금간다 생각하고 신중하게 매매해야 겠다. 최소 6개월에서 1년간 꾸준히 수익을 창출했다면 그때부터 주식 시장은 기꺼이 당신의 ATM이 되어줄 것이다. 투자금 10억 원으로 1억 원을 버는 것보다 투자금 1억 원으로 1억 원을 버는 편이 성취감 면에서도 만족도가 높을 것이다. 투자금을 증액할 이유가 없기에 다른 안전자산에 투자할 여유까지 생긴다.

스마트폰 매매로 월 1,000만 원 이상의 고수익을 달성하는 이들이 있다. 그 중에는 직장인들도 많다. 열정과 노력, 그리고 자신감만 있다면 누구라도 가능하다. 긍정의 힘이 바라는 결과로 당신을 이끌어줄 것이다. 다음은 당신 차례이다.

## (2) 2015년 1월 결산일지

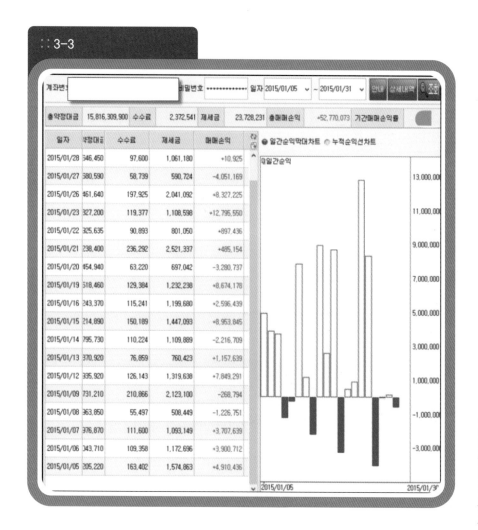

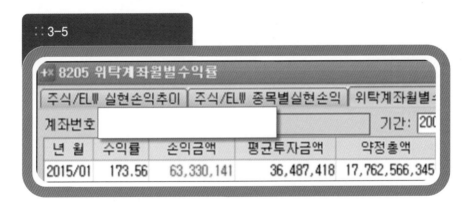

:: 3-4

| 조회기간 2015-01-05 ~ 2015-01-31  당월  당월  1개월  2012년1월2일  ○2012년 1월 2일부터 조회가능 | | | | | | | | |
| 조회구분 ⊙ 전체 ○ 종목  ⊙ 주식 ○ ELW  ▼ ? | | | | | | | | 조회 |

| 매수금액 | 매도금액 | 제비용 | 실현손익 |
|---|---|---|---|
| 8,664,721,370 | 8,637,306,943 | 27,608,702 | 59,528,631 |

| 매매일자 | 매수금 | | | | 매도금 | | | | 실현손익 ① |
|---|---|---|---|---|---|---|---|---|---|
| | 매수수량 | 매수금액 | 매수비용 | 매수합계 | 매도수량 | 매도금액 | 매도비용 | 매도합계 | |
| 2015/01/30 | 11,067 | 405,465,900 | 24,310 | 405,490,210 | 17,355 | 396,465,500 | 1,236,677 | 395,228,823 | 1,221,746 |
| 2015/01/29 | 27,386 | 414,899,140 | 24,850 | 414,923,990 | 43,715 | 390,506,125 | 1,237,900 | 389,268,225 | -1,436,513 |
| 2015/01/28 | 93,195 | 430,255,060 | 25,800 | 430,280,860 | 98,075 | 473,467,110 | 1,474,419 | 471,992,691 | 6,005,476 |
| 2015/01/27 | 32,402 | 374,852,100 | 22,460 | 374,874,560 | 57,662 | 379,157,375 | 1,185,559 | 377,971,816 | 860,261 |
| 2015/01/26 | 133,670 | 523,721,265 | 31,380 | 523,752,645 | 80,921 | 532,072,715 | 1,653,968 | 530,418,747 | 7,928,458 |
| 2015/01/23 | 22,017 | 387,977,650 | 23,250 | 388,000,900 | 34,632 | 382,997,550 | 1,194,935 | 381,802,615 | 14,656,174 |
| 2015/01/22 | 25,984 | 230,866,660 | 13,840 | 230,880,500 | 33,880 | 176,319,315 | 572,166 | 175,747,149 | 4,340,371 |
| 2015/01/21 | 46,213 | 563,414,535 | 33,770 | 563,448,305 | 56,972 | 615,729,315 | 1,927,913 | 613,801,402 | -1,607,496 |
| 2015/01/20 | 38 | 173,470 | 10 | 173,480 | | | | | |
| 2015/01/19 | 78,061 | 483,566,955 | 29,000 | 483,595,955 | 103,681 | 483,170,715 | 1,498,331 | 481,672,384 | 4,237,754 |
| 2015/01/16 | 98,650 | 377,414,855 | 22,620 | 377,437,475 | 41,930 | 386,975,165 | 1,205,821 | 385,769,344 | 2,299,361 |
| 2015/01/15 | 13,590 | 391,344,480 | 23,460 | 391,367,940 | 37,873 | 399,186,485 | 1,288,165 | 397,898,320 | 3,557,057 |
| 2015/01/14 | 84,537 | 764,378,840 | 45,840 | 764,424,680 | 67,750 | 771,625,380 | 2,384,330 | 769,241,050 | -1,828,272 |
| 2015/01/13 | 23,618 | 341,922,750 | 20,510 | 341,943,260 | 16,410 | 332,886,550 | 1,039,641 | 331,846,909 | 5,197,445 |
| 2015/01/12 | 12,204 | 384,156,900 | 23,040 | 384,179,940 | 34,068 | 391,109,720 | 1,218,599 | 389,891,121 | 90,669 |
| 2015/01/09 | 79,716 | 595,269,540 | 35,700 | 595,305,240 | 54,476 | 590,892,900 | 1,828,558 | 589,064,342 | 3,374,980 |
| 2015/01/08 | 3,917 | 269,172,000 | 16,140 | 269,188,140 | 13,498 | 265,062,300 | 883,648 | 264,178,652 | 2,727,862 |
| 2015/01/07 | 61,385 | 689,160,900 | 41,330 | 689,202,230 | 66,038 | 686,011,270 | 2,121,698 | 683,889,572 | 3,185,960 |
| 2015/01/06 | 76,957 | 414,836,520 | 24,860 | 414,861,380 | 90,793 | 416,819,705 | 1,298,321 | 415,521,384 | 27,339 |
| 2015/01/05 | 108,034 | 621,352,450 | 37,230 | 621,389,680 | 82,353 | 593,941,050 | 1,838,653 | 592,102,397 | 4,659,9__ |

:: 3-5

| +x 8205 위탁계좌월별수익률 | | | | |
|---|---|---|---|---|
| 주식/ELW 실현손익추이 | 주식/ELW 종목별실현손익 | 위탁계좌월별= | | |
| 계좌번호 [ ] | | | 기간: 200 | |
| 년 월 | 수익률 | 손익금액 | 평균투자금액 | 약정총액 |
| 2015/01 | 173.56 | 63,330,141 | 36,487,418 | 17,762,566,345 |

다음은 최근 매매 종목인 바이넥스, KG모빌리언스, 산성앨엔에스의 차트들이다. 2015년 1월의 결과다. 시장 상황도 좋아서 만족할 만한 수익을 얻을 수 있었다.

:: 3-6 / ① 바이넥스-1

:: 3-7 / ① 바이넥스-2

전일 저점 지지 후
오전 시가 갭 돌파
거래량 증가 신고가
셀트리온 효과

거래량
감소

거래량
증가

:: 3-8 / ② KG모빌리언스-1

:: 3-9 / ② KG모빌리언스-2

## :: 3-10 / ③ 산성앨엔에스-1

가장 이상적인 패턴
거래량 증가 – 양봉
거래량 감소 – 도지

최고 39,850 (02/04)

최저 20,350 (11/26)

## :: 3-11 / ③ 산성앨엔에스-2

[0796] 투자자별 매매동향 - 종목별투자자    **수급 주체의 연속성**

| 일자 | 현재가 | 등락률 | 거래량 | 개인 | 외국인 | 기관계 | 금융투자 | 보험 | 투신 | 기타금융 | 은행 | 연기금등 | 사모펀드 | 국가 | 기타법인 | 내외국인 |
|---|---|---|---|---|---|---|---|---|---|---|---|---|---|---|---|---|
| 누적순매수 | | | -430,909 | +491,017 | -33,010 | -100,982 | +114,168 | -51,729 | -1,940 | -14,021 | -65,578 | +84,750 | +2,322 | +30,749 | +13,651 |
| 15/02/06 | 38,950 | 2.50% | 354,031 | -59,696 | +8,515 | +54,889 | +6,636 | +5,000 | +9,920 | | +1,934 | | +31,270 | +129 | -4,137 | +429 |
| 15/02/05 | 38,000 | -0.13% | 580,215 | -6,909 | -29,087 | +38,065 | +12,385 | +7,251 | +7,106 | +658 | -1,790 | +13,525 | -1,154 | +84 | -2,956 | +787 |
| 15/02/04 | 38,050 | 5.69% | 1,402,301 | -191,161 | +10,397 | +133,567 | +12,983 | +35,655 | +42,376 | +805 | -6,719 | +32,033 | +12,123 | +4,310 | +47,755 | -558 |
| 15/02/03 | 36,000 | 2.42% | 828,401 | +1,582 | -60,702 | +53,984 | -30,421 | +22,000 | +17,034 | | +18,922 | +16,459 | +5,265 | +4,695 | +4,083 | +1,053 |
| 15/02/02 | 35,150 | 7.00% | 1,005,926 | -114,619 | +74,013 | +38,552 | -32,152 | -19,284 | +33,979 | +4,667 | +12,187 | +18,554 | +22 | +20,599 | +3,309 | -1,255 |
| 15/01/30 | 32,850 | -0.76% | 402,255 | +8,294 | +37,450 | -40,993 | -13,421 | -4,910 | -5,549 | +2,846 | +17,342 | -11,083 | -29,469 | +3,251 | -4,705 | -46 |
| 15/01/29 | 33,100 | -2.79% | 799,380 | -19,999 | +43,064 | -26,410 | -28,001 | -121 | -68,657 | | -1,178 | +77,784 | -641 | -5,596 | -2,091 | +1,254 |
| 15/01/28 | 34,050 | 0% | 437,945 | -79,301 | +52,155 | +29,058 | -5,112 | +10,907 | +799 | | -468 | +13,070 | +9,862 | | -1,658 | -254 |
| 15/01/27 | 34,050 | -0.58% | 631,316 | -26,407 | -20,633 | +43,249 | -2,384 | +40,552 | -1,507 | -2,000 | -525 | +9,403 | -290 | | +3,617 | +174 |
| 15/01/26 | 34,250 | 0.29% | 283,133 | -9,866 | -3,467 | +18,478 | -8,906 | +14,332 | +16,095 | | -1,620 | +7,922 | -9,345 | | -2,028 | -3,117 |
| 15/01/23 | 34,150 | -0.15% | 317,987 | -1,368 | -41,711 | +40,393 | -4,960 | +6,980 | | | -1,197 | +80,000 | -490 | | +2,826 | -140 |
| 15/01/22 | 34,200 | 2.86% | 541,313 | -65,851 | +27,435 | +56,869 | -15,173 | +21,243 | +3,583 | | | +47,251 | -35 | | +1,727 | -180 |
| 15/01/21 | 33,250 | -0.30% | 736,914 | +36,477 | -16,280 | -5,546 | -13,121 | +1,376 | -5,956 | -951 | -199 | +13,444 | -281 | +145 | -14,321 | -330 |
| 15/01/20 | 33,350 | 1.52% | 828,469 | -80,755 | +96,121 | +6,939 | +7,739 | -1,985 | -11,352 | -648 | +285 | +12,047 | +1,900 | +933 | -24,930 | +625 |
| 15/01/19 | 32,850 | -3.10% | 438,670 | +28,015 | -28,208 | -1,110 | +5,644 | +5,666 | -2,846 | | | | -919 | -8,660 | -237 | +1,540 |
| 15/01/16 | 33,900 | -0.29% | 398,757 | +29,562 | -36,330 | +8,889 | +3,119 | +656 | -184 | | | +5,298 | | | -947 | -1,174 |
| 15/01/15 | 34,000 | 3.82% | 925,018 | -84,887 | +11,474 | +66,418 | +17,632 | -418 | -6,383 | -673 | +2,318 | +42,854 | +11,088 | | +8,232 | -1,237 |
| 15/01/14 | 32,750 | 1.24% | 466,075 | +35,323 | -34,149 | -2,056 | +12,373 | -8,560 | -858 | | -1,620 | | | | -1,088 | -93 |
| 15/01/13 | 32,350 | 0% | 719,725 | -13,334 | +6,211 | +12,457 | -9,012 | | +9,850 | -315 | -32 | +12,340 | -374 | | -6,588 | +1,254 |
| 15/01/12 | 32,350 | 0% | 560,699 | +27,118 | -18,211 | +4,521 | +3,503 | +705 | +2,056 | | -115 | -1,628 | | | -14,156 | +728 |
| 15/01/09 | 32,350 | 7.48% | 1,890,143 | +18,594 | -24,480 | +9,843 | +30,398 | +12,511 | -42,124 | -100 | +3,854 | -25,567 | +10,000 | +20,871 | -4,379 | +422 |

2015년에는 세 가지 목표를 세웠다.

1. 증권사 실전투자대회 1위 수상
2. 자본금 5억 원으로 월 5억 원 벌기
3. 가족과 즐거운 시간 보내기

2014년 키움 실전투자대회에 출전해 3위에 입상했었다. 나름의 선전이었으나 왠지 모를 아쉬움이 들었다. 기회가 있다면 어느 증권사건 이름을 걸고 1억 클럽에 다시 도전하고 싶다. 1억 원으로 1억 원 벌기는 반년 이상 지속시켰다. 2억 원으로 2억 원 벌기에도 성공했다.

이제는 조금 더 큰 꿈을 꿀 때라고 생각한다. 주식 투자를 시작했던 이유는 '행복'에 있었다. 조금 더 나은 생활을 영위하고 싶었다. 가족들과 즐거운 시간을 가지고자 하는 소박한 바람이었다. 돈도 중요하지만 시간은 더 소중하다. 지나가면 다시 오지 않기 때문이다.

누구에게나 삶은 단 한 번이다. 돈을 많이 벌고 수익을 내는 것도 중요하지만 '왜' 그것을 바라는지를 먼저 골몰해보길 바란다. 자신의 목표를 뚜렷이 하고, 그것을 향해 전진한다면 반드시 좋은 결과가 있을 것이다.

## (1) 관심 종목 고르는 방법

① 매일 당일 수급 체크

　　- 시세 초입 종목과 수급의 연속성 확인

② 거래량·거래대금 상위 종목 위주 설정

③ 정배열·시세 초입·신고가·전고 돌파 종목

④ 주가가 오르는 확실한 상승 모멘텀

⑤ 전년 매출액·영업이익 상승 종목

　　- 적자에서 흑자로 전환되는 턴어라운드 종목

⑥ 동종업계 업황 회복 체크

　　- 유가 하락으로 항공, 해운 실적 급증 등

⑦ 시장 주도주와 수급의 쏠림 체크

　　- 게임·핀테크·화장품·헬스케어 관련 종목 동반 상승

⑧ 글로벌 업황 트렌드 파악

　　〈예시〉

　　화이자, 호스피라인수로, 셀트리온 가치 부각

　　셀트리온, 마크로젠, 메디소프트, 바이넥스 급등

⑨ 외국인·기관 투자자들의 양쪽 매수 종목이나 한쪽 매수 주체 의지 파악

– 최적은 외국인·기관 투자자 양쪽 매수

– 한쪽이 매도해도 다른 한쪽이 받아줄 수 있음

– 외국인 투자자가 강력하게 매수하나 기관 투자자는 관망(상승)

– 기관 투자자가 강력하게 매수하나 외국인 투자자는 관망(상승)


## (2) 실적 시즌 대처법

### ① 수급 주체의 매수·매도 연속성 파악

### ② 동종업계 실적 발표 확인

– 2013년 삼성엔지니어링, GS건설 실적 급락

– 모든 부실 털고 2014년 이후 실적 회복 상승

– 유가 상승 피해주·수혜주 확인

### ③ 실적이 주가에 선반영되었는지 확인

– SK이노베이션 : 적자지만 주가는 반등

– 서울반도체 : 적자지만 주가는 반등

– 컴투스 : 2014년 사상 최대 실적이었지만 주가 선반영으로 하락

### ④ 비싸게 매수해도 실적 확인 후 매매가 원칙

– 실적이 예상치 미치지 못해도 주가는 상승

– 실적이 사상 최대치 갱신이라도 주가는 하락

### ⑤ 시장에 순응할 것

– 외국인·기관 투자자 등 주포의 의중 파악

– 개인이 아닌 시장에서의 주가 상승·하락 판단

⑥ 코스피 종목은 코스닥 종목보다 먼저 실적 발표

    – 실적 발표 확인 후 매매

⑦ 외국인·기관 투자자들은 어느 정도 실적을 미리 알고 있음

    – 외국인·기관 투자자들이 매도하는 종목 일단 제외

    – 외국인·기관 투자자들이 매수하는 종목 일단 관심

⑧ 자신만의 손절매 원칙 정립

    – 차트상 5일선 이탈 시 전량 매도 원칙 설정

    – 계좌상 −5% 손실 시 전량 매도 원칙 설정

## (3) 하락장 대응 요령

### ① 무포로 시장 관망

주식 시장은 날마다 열린다. 오늘 일에 너무 휘둘리면 내일 새로운 기회가 와도 놓치기 쉽다. 때를 기다려야 한다. 매매 중독을 벗어나 장을 관망하며 기다릴 줄 아는 것도 실력이고 전략이다. 하락장에서는 100% 현금을 들고 시장을 지켜보길 바란다. 단번에 보는 눈이 달라질 것이다. 어설프게 장 중 공략보다는 오후 장 종가 베팅에 중점을 두자. 철저한 전략과 계획을 준비하고 때를 기다리는 게 맞다.

### ② 시장의 거시적 흐름 분석

단타 매매에서도 시장의 큰 흐름을 읽어낼 줄 알아야 한다. 글로벌 자금과 현재 대한민국 정책이 어느 방향으로 흘러가는지, 지금 업황 좋은 종목군과 주도주는 무엇인지를 먼저 알아차려야겠다. 그 분석과 준비를 마쳤다면 하락장은 또 다른 기회의 문이 될 수 있다.

### ③ 종가 베팅과 시가 매도 전략

하락장에선 충분히 지켜보다 종가 베팅 후 시가 매도 전략을 펼치는 것이 효과적이다. 하락장에서 투심이 무너져 오후 장에 개인 투매 물량이 나올 확률이 높기 때문이다. 하지만 수급 유입을 확인한 종목이 오후 장 투매로 밀린다면?

장 마감 후 외국인·기관 투자자들의 매수가 확인됐을 시 매수 심리를 일으켜 다음날 갭 상승할 확률이 높다. 갭 상승이 안 되면 일단 손절매하고 갭 상승을 보고 수익을 챙기면 그만이다. 하락장에서는 자신만의 매매 원칙을 세우고 신속히 대응해야겠다.

### ④ 자신만의 원칙 정립

'나는 직장인이니까'라는 안일한 생각은 버리자. 직장인이건 사업자건 자신만의 매매 원칙을 정립하고 대응해야 한다. 전업 투자자 역시 마찬가지다. 종목에 물려 있을 필요가 없다. 시장에 순응하고 실패를 인정한 다음에야 비로소 발전할 수 있다. 손절매, 비중 조절, 매수와 매도 등 개개인이 자신이 처한 환경에 맞춰 확실한 원칙을 세우고 가다듬어야겠다.

### ⑤ 방망이를 짧게 잡자

하락장에서는 비중 베팅 후 하루 1%의 수익만 올려도 성공이다. 리스크 관리에 비중을 두고 목표 수익률을 짧게 잡자. 조금의 수익에도 만족해야 한다. 욕심을 다스리는 동시에 발 빠르고 손 빠른 대응이 필요하다. 하락이 멈추고 상승으로 추세가 전환될 시 '총알'이 없어 매수를 하지 못하는 일만은 사전에 방지해야겠다. 하락 추세에서는 익절과 손절을 더욱 짧게 잡고 계좌 지키기에 중점을 두자. 차후에 생길 기회를 노리는 것이다.

## ⑥ 시장 주도주 매매

내가 좋아하는 종목, 좋아하는 매수 관점, 차트 등은 필요 없다. 주도주는 시장이 만든다. 시장 주도주는 하락 시 밀림이 덜하고 시장 반등 시 이전 주가를 빠르게 회복한다. 확실한 상승 모멘텀과 수급, 실적 등 여러 가지를 고려한 다음 주도주로 대응해보자.

## ⑦ 마인드 컨트롤

실전에서 가장 중요한 것은 무엇보다 '마인드'라 확신한다. 마인드 정립을 하지 않았다면 분명 큰 걸림돌로 작용할 것이다. 수익을 극대화할 자리에서 익절 매도하고 손절할 자리에서 추가 매수한다면? 특히나 하락장에서의 마인드 컨트롤은 필수다.

평상심 유지를 위해 자신만의 원칙을 세우고 지키길 바란다. 나는 마인드 관리의 방편으로 수익금은 매일 인출하고 종목은 압축 대응한다. 수익금을 인출해 안전자산으로 확보하는 것은 마인드 관리 이상의 효과적인 무기다. 또한 여러 종목을 지켜보며 뇌동 매매하지 말고 수급 주도주를 10종목 내외로 압축해 선택과 집중을 통해 매매해야겠다.

# 우수회원
# 실전매매 노하우

## ID: 빨간밥통 종가 베팅의 핵심은

주식 투자의 많은 매매 방법 중 하나인 종가 베팅에도 여러 가지가 있습니다. 그중에서도 단타왕을 통해 알게 된 기관·외국인 투자자 등의 메이저 수급 유입 방법 가운데 하나로 평소 제가 자주 하는 종가 베팅 방법에 대해 이야기하고자 합니다. 주식 매매에서, 특히 단기 매매를 지향한다면 언제나 투자 심리를 최우선으로 판단하라고 배웠습니다. 하지만 막상 어느 부분에서 어떻게 판단해야 할지 난감한 경우들이 있습니다.

예를 들어 어떤 종목이 있다고 봅시다. 장 중 수급 동향만으로는 별다른 특이사항이 없었는데 장 마감 후 수급 확정 동향에서 기관 투자자나 외국인 투자자, 특정 수급 주체의 대량 매수, 혹은 두 주체 모두의 대량 매수가 확인된다면 투자자의 심리에 어떤 영향을 줄까요?

당장 저부터라도 '외국인 투자자들이 이만큼이나 들어왔네?', '이거 뭐 있나?', '외국인 투자자들은 무슨 정보가 있는 거 아닌가?', '뉴스거리인가?', '시간외에라도 사야 하나?', '외국인 투자자들이 이만큼이나 들어왔으니 왠지 내일은 좋을 것 같은데' 등등. 생각이 꼬리를 물고 관심도 높아집니다.

수많은 개인 투자자들의 이목을 집중시키면 종목의 매수세를 이끌게 됩니다. 그런 매수세들이 모여 주가 상승에 영향을 줄 수도 있습니다. 포인트는 '남들보다 먼저 메이저 수급의 유입을 알아낼 수 있는가'에 있습니다.

넥슨지티의 사례입니다.

:: 3-12

| | 1321 종목투자자종합1 | | | | | | | | |
|---|---|---|---|---|---|---|---|---|---|

종목투자자종합1 | 종목투자자종합2 | 투자자평균단가

종목번호 041140 ▼ ▶ ? 권 넥슨지티    수치 | 조회 | 누적차트

(단위 : 주)

| 일 자 | 현재가 | 전일대비(%) | | 거래량 | 개인순매수 | 기관순매수 | 외국인순매수 | 프로그램순매수 |
|---|---|---|---|---|---|---|---|---|
| 14/11/07 | 16,850 ▲ | 350 | 2.12 | 1,807,228 | 35,089 | 537 | -34,941 | |
| 14/11/06 | 16,500 ▼ | 700 | 4.07 | 2,028,975 | -83,030 | 21,118 | 63,699 | |
| 14/11/05 | 17,200 ▼ | 200 | 1.15 | 1,804,832 | -48,499 | -500 | 52,184 | |
| 14/11/04 | 17,400 ▼ | 1,650 | 8.66 | 2,246,377 | 128,522 | -112,639 | -14,230 | |
| 14/11/03 | 19,050 ▲ | 100 | 0.53 | 3,125,836 | -199,171 | -9,744 | 199,696 | |
| 14/10/31 | 18,950 ▲ | 1,050 | 5.25 | 3,329,956 | -51,937 | -21,960 | 82,298 | |
| 14/10/30 | 20,000 ▲ | 200 | 1.01 | 2,875,228 | -234,508 | 5,531 | 245,879 | |
| 14/10/29 | 19,800 ▼ | 2,700 | 12.00 | 3,543,897 | -27,775 | -18,342 | 42,674 | |
| 14/10/28 | 22,500 ▼ | 300 | 1.32 | 2,338,794 | -30,774 | 40,716 | -997 | |

2014년 10월 30일의 수급 동향을 보면 외국인 투자자들이 엄청난 수량을 매수했음을 알 수 있습니다. 2만 원 정도의 주식을 24만 5,000주어치 순매수했으니 하루 만에 약 50억 원 가까이 사들인 셈입니다. 충분히 투심을 자극할 수 있는 수량임에도 이 날 장 중 제공된 수급 동향에서는 미미한 정도의 외국인 순매수량만 오픈되었었습니다.

그냥 지나칠 수도 있지만 수급 매매를 배우며 알게 된 지식을 바탕으로 살펴보면 차이가 보입니다. 분명 외국인 투자자의 매수 유입을 확인할 수 있었습니다. 외국인 투자자들의 매수 유입 패턴을 재차 살핀 후 매수 근거를 확인했습니다.

최종적으로 종가 베팅 1순위로 선정했고, 저가에 비중 매수해 수익인 채로 넘어갈 수 있었습니다. 시간외거래도 좋았고, 다음날 장 초반에 충분한 수익권의 갭 상승이 있었습니다. 그 결과 분할 매도로 수익을 챙길 수 있었습니다.

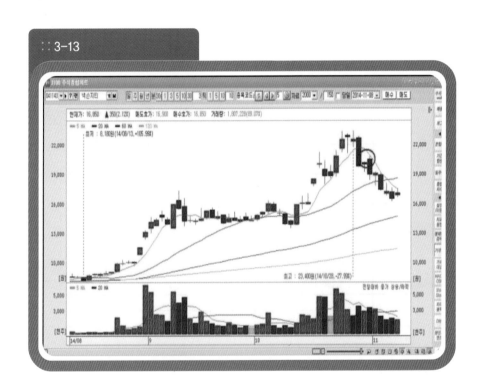

3-13

:: 3-14

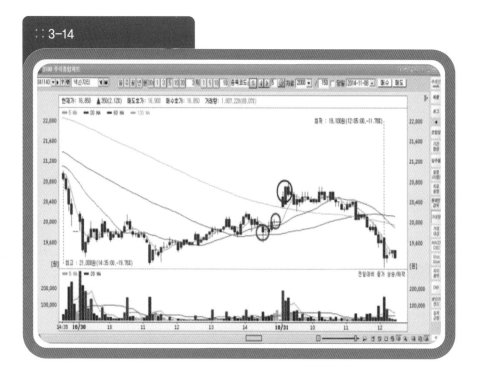

일봉상에선 언뜻 수익구간이 짧아 보이지만 분봉에서는 충분히 목표 수익
이 가능했음을 알 수 있습니다.


다음은 토비스 사례입니다.

:: 3-15

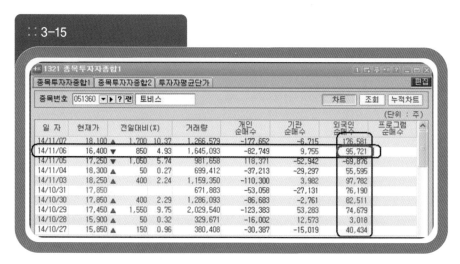

수급 동향에서 알 수 있듯 외국인 투자자들의 엄청난 수급 유입이 있는 종목입니다. 게다가 그동안 꾸준히 외국인 투자자들의 매수세에 주가가 반응을 하는 모습을 보였고, 2014년 11월 6일 수급 동향에서는 외국인 투자자들의 순매수가 오픈되지 않았으나 주가가 투매에 밀려 저가로 가는 중에도 꾸준히 외국인 투자자들의 매수 유입을 확인할 수 있었습니다.

주가가 하락하며 수많은 투매가 나왔을 텐데 이정도의 순매수라면 충분히 투심을 자극할 수 있으리라 판단했습니다. 시장 상황과 투매를 고려해 동시호가 종가에 매수한 결과 익일 수익 매도가 가능했습니다.

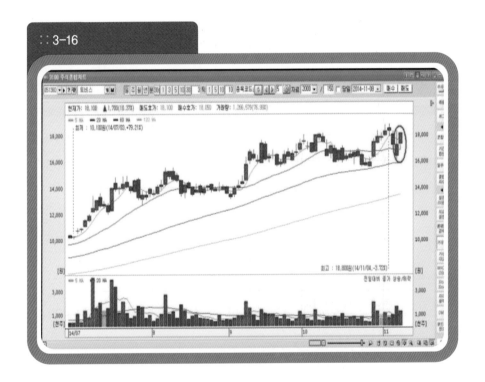

∷ 3-16

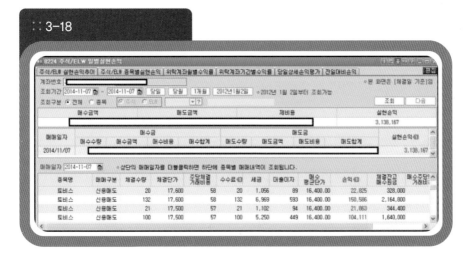

이런 부류의 종가 베팅에서는 두 가지 요소를 고려해야 합니다. 먼저 내가 확인할 수 있는 선에서 수급 유입을 알 수 있는가입니다. '들어오는 것 같은데' 정도의 느낌으로 자금을 들여 주식을 매수하는 것은 운에 운명을 기대는 어리석은 행동입니다. 매순간이 똑같이 중요합니다. 수급의 유입 패턴을 적용해 확인하면 결과의 신뢰도를 높일 수 있습니다. 또 한 가지는 비중 베팅이 가능한가입니다. 충분히 확신하고 비중을 실을 수 있느냐가 중요 고려사항입니다.

그간의 매매 경험과 학습 결과 '가능하다'는 결론을 내렸습니다. 외국인 투자자들이 50억 원어치 사는 모습을 뻔히 보면서 비중 베팅하지 못할 이유가 없습니다. 비중 베팅이 가능해지면 당연히 목표 수익률이 낮아집니다. 그래도 충분히 목표 수익금을 얻을 수 있기에 욕심에 의한 실수도 줄일 수 있다는 장점이 있습니다.

이상 시장의 수많은 종가 베팅 방법 중 하나였습니다. 세부적으로 나누자면 종목별, 또 다른 수급의 한 주체인 기관의 포지션이나 시장 상황, 종목의 모멘텀이나 재료, 뉴스거리 등으로도 꼽아볼 수 있습니다. 이처럼 주가 형성과 투심에 영향을 미치는 요소들은 다양합니다.

핵심은 메이저 수급들이 큰 자금을 들여 매수하는 모습이 포착될 때 적절히 판단해 매매에 적용하면 성공률은 높고 실수는 줄어든다는 것입니다. 2014년 초만 해도 이런 부분을 생각하며 매매한다는 것을 상상하지 못했습니다. 오래 공부하지 않았지만 수급 매매를 배워가며 많은 부분이 달라졌음을 느낍니다.

수급 매매는 기관·외국인 투자자들의 종목에 대한 자금 유입과 이탈 방법을 배워 매매에 활용하는 것이 그 정수입니다. 수급을 활용해 매매 준비에 임해도 정작 수급의 유입과 이탈을 확인할 수 없다면 매매에 적용하는 데에는 어 려움이 따를 것이니 유념하시길 바랍니다.

## ID: slow  수급 돌파 매매와 투매 잡기

### ※ 수급을 기준으로 한 돌파 매매

수급 매매를 접하고 본격적으로 공부를 시작하며 수급단타왕의 강의를 듣게 되었습니다. 차례로 돌파 매매, 음봉 매매, 기타 매매를 접하고 저만의 매매 원칙을 정립하고 기준을 만들어 적용하고 있습니다. 아래는 제가 정리한 수급 신매매 기법입니다.

먼저 돌파 매매입니다.

1. 신고가 돌파 매매·전 고점 돌파 매매

1-1. 신고가·전 고점 돌파 후·눌림 후 돌파 매매

2. 전일 고가 돌파 매매

3. 당일 고가 돌파 매매

4. 박스권 돌파 매매

5. 바닥권 돌파 매매

6. W바닥 형성 후 돌파 매매

크게 여섯 가지의 기준을 잡고 돌파 매매를 공부한 다음 매매에 접목시키고 있습니다. 주로 음봉 매매를 해왔기에 아직 돌파 매매에 온전히 대처한다고 자부하지는 못하지만 연습을 멈추지 않는 것은 의미가 있다고 생각해서입니다.

이 가운데서 1. 신고가 돌파 매매·전 고점 돌파 매매의 1-1. 신고가·전 고점 돌파 후·눌림 후 돌파 매매에 대해 간단히 알아보고자 합니다.

음봉 매매를 주로 하던 사람에게 신고가·전 고점 돌파 매매는 어찌 보면 고역일 수도 있습니다. 신고가 돌파 매매는 신고가 부근에 온 주식이 대량 거래와 대량 수급을 동반하며 전 고점을 강하게 돌파할 때, 같이 돌파 매수해 수익을 챙기는 기법입니다. 매매 기준은 대량 '거래량', '수급의 유입' 두 가지입니다.

신고가·전 고점 돌파 후 하루이틀 정도 눌릴 때에 수급의 이탈이 없고 오히려 눌리면서 수급이 들어오면 이는 조만간 재돌파가 가능하다는 의미입니다. 예의주시하다 다시 수급이 들어오며 눌림 시 만들어진 음봉의 고점을 돌파할 때 대량 거래량, 수급의 유입을 확인하고 돌파 매매합니다.

차트는 다음과 같습니다.

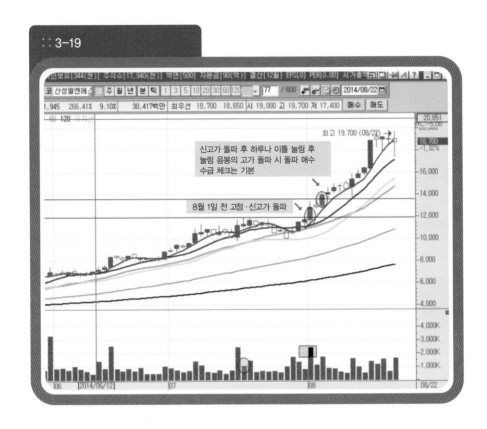

신고가·전 고점을 돌파하는 2014년 8월 1일을 보면 전날에 비해 거래가 두
배 이상 늘어난 것을 확인할 수 있습니다. 이후 하루 눌림 후 재돌파 시에도 똑
같이 거래가 증가한 것을 알 수 있습니다.

이번에는 수급의 변화를 보겠습니다.

:: 3-20

| 일자 | 종가 | 대비 | 등락률 | 거래량 | 외국인 | 기관 | 개인 |
|---|---|---|---|---|---|---|---|
| 14/08/11 | 14,500 ▼ | 250 | -1.69% | 499,704 | -12,405 | -9,508 | +21,704 |
| 14/08/08 | 14,750 ▲ | 150 | +1.03% | 585,362 | +6,794 | +33,262 | -42,836 |
| 14/08/07 | 14,600 ▲ | 450 | +3.18% | 860,811 | +27,868 | +24,288 | -48,420 |
| 14/08/06 | 14,150 ▲ | 200 | +1.43% | 886,954 | -35,190 | +11,322 | +23,194 |
| 14/08/05 | 13,950 ▲ | 1,050 | +8.14% | 1,743,435 | -826 | +75,259 | -91,217 |
| 14/08/04 | 12,900 ▲ | 50 | +0.39% | 1,115,237 | -17,063 | +13,941 | +1,114 |
| 14/08/01 | 12,850 ▲ | 1,150 | +9.83% | 2,421,969 | +106,701 | +82,856 | -217,520 |
| 14/07/31 | 11,700 ▲ | 200 | +1.74% | 815,426 | -69,041 | +115,559 | -45,793 |
| 14/07/30 | 11,500 ▲ | 950 | +9.00% | 1,338,643 | +18,527 | -419 | -69,485 |
| 14/07/29 | 10,550 ▲ | 500 | +4.98% | 1,704,167 | +3,480 | +72,743 | -75,156 |

8월 1일이 돌파한 날입니다. 8월 4일은 하루 눌린 날, 8월 5일은 다시 수급이 들어오며 눌림 후 돌파한 날입니다. 최초 전 고점 돌파일인 8월 1일 이전인 7월 말에 이미 기관 세력의 수급이 상당 유입된 것을 볼 수 있습니다. 따라서 조만간 신고가·전 고점 돌파를 예상할 수 있습니다. 8월 1일 당일은 기관·외국인 투자자들이 양쪽 매수하며 대량 수급이 들어옵니다. 당연히 대량 거래가 터지며 돌파했습니다.

대량 수급과 대량 거래량으로 돌파 매매의 조건이 충족되었습니다. 8월 5일은 이미 신고가·전 고점을 돌파한 상황이라 8월 1일보다는 적은 거래량과 적은 수급으로도 전날 눌린 음봉 고점을 가볍게 돌파합니다. 이후에도 꾸준히 상승했습니다. 이것이 신고가 돌파 종목의 힘입니다.

수급 매매는 돌파 매매를 할 수 있는 근거를 제시합니다. 음봉 매매를 오래 해왔지만 요즘 종가 베팅 시에는 신고가 자리에 온 종목을 과감히 매수합니다. 무서운 주식이 때로는 수익을 보장합니다.

## ※ 수급 매매를 이용한 투매 잡기

하락장에서도 투매만 잘 받으면 큰 수익이 가능합니다. 어려운 장에서의 수익은 매매에 활력을 불어넣어주기도 합니다. 음봉 공략을 많이 하는 입장에서도 수급 매매를 배운 이후 수급과 접목해 매매에서 좋은 결과를 보고 있습니다. 개인적으로는 수급 양봉 매매보다는 수급 음봉 매매가 맞는 것 같습니다. 장도 어렵고 투매도 많이 나오는 요즘 장에서 투매를 잘 잡아서 수익을 챙길 수 있는 방법을 알아보겠습니다.

다음은 실제 공략을 시도했던 오스템임플란트입니다.

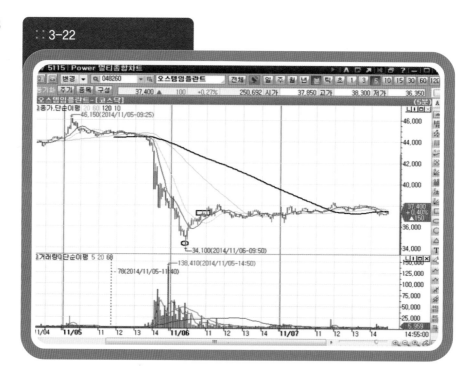

::3-22

2014년 11월 5일 오스템임플란트의 일봉과 분봉 차트입니다. 뉴스를 보면 '의료기기주 동반 급락'이라는 기사가 있었습니다. 내용 중에 '단기 차익매물'이란 말이 있습니다. 실적이 안 좋아서 하락한 것이 아니고 너무 올랐다고 생각해서 내렸는데, 그럼에도 하한가가 지나치다 판단했습니다. 증권가에서는 이날 급락에 대해 단기 수급 이슈로 본다고 합니다. 이날 매도세가 강해서 하락한 것입니다.

종합적으로 판단하면 수급 매매에서 중요시하는 실적, 계약 해지, 배임·횡령 등의 악재에 의한 급락이 아니기에 수급만 유입되면 얼마든지 반등할 수 있다는 결론입니다. 수급 매매를 공부한 다음에는 같은 기사라도 호재인지 악재인지 판단하는 안목이 높아졌습니다.

: : 2-23

**[특징주] 의료기기주, 동반 급락 '너무 올랐나'**

고공행진을 이어가던 의료기기 관련주들이 동반 급락세다. 3분기 실적 시즌을 맞아 이에 대한 우려와 함께 단기 차익매물이 쏟아지면서 투자심리가 위축된 것으로 보인다. 5일 오후 2시 42분 현재 오스템임플란트(048260)는 전날보다 13.3% 내린 3만 8,350원을 기록 중이다. 한때 하한가를 찍기도 했다. 이 외에도 인바디, 뷰웍스, 바텍, 한스바이오메드, 엑세스바이오 등이 동반 급락하고 있다.

이들 종목은 인구 노령화 현상과 함께 지속적인 성장이 기대되면서 올 들어 주가가 큰 폭으로 상승해왔다. 증권가에서는 이날 급락에 대해 단기 수급 이슈로 보고 있다.

기사 출처: 이데일리(2014.11.05.)

그래서 수급을 체크해봤습니다. 11월 5일 당일, 기관은 6만 주 정도를 팔아서 하한가로 향하는 것처럼 보이지만 반대로 외국인 투자자들이 2만 2,500주를 매수했습니다. 전일까지의 평균거래량이 15만 주 정도로 보이는데 외국인 투자자들이 2만 2,500주를 매수했다는 것은 결코 적은 양이 아닙니다. 장 마감 시 하한가 잔량이 많지 않았고, 장이 마감된 시간외에서는 하한가 잔량이 최종 1,000주 정도에 그쳤습니다.

제 판단으로는 11월 5일 하한가로 마감되며 차익매물에 대한 부담은 많이 해소된 것으로 보였습니다. 다음날 재차 투매가 나와서 하락한다면 투매 잡기의 기회가 되리라 여겼습니다. 음봉 매매의 마지막 지지선인 120일선 부근에 오면 비중 베팅하리라 마음먹고 관심 종목으로 뽑아놨습니다.

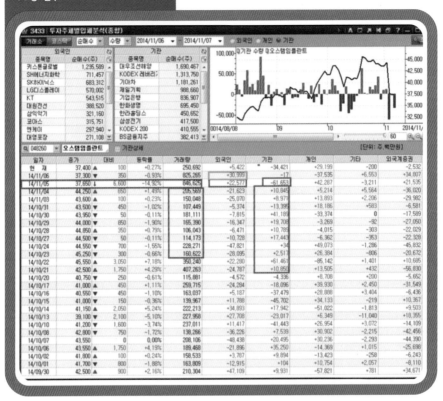

3-24

다음날 오전 장이 하락하며 투매가 나오기 시작해 오스템임플란트가 3만 4,100원을 찍는 것과 코스닥지수가 전 저점에서 지지받고 턴하는 것을 동시에 확인한 다음, 3만 4,500원부터 3만 5,000원 사이에서 물량을 매수했습니다.

수급 매매를 배운 후 달라진 점이 있다면 시황과 종목을 함께 바라보게 되었다는 것입니다. 지수를 이기는 종목이 없기에 아무리 종목이 좋아도 지수가 계속 하락하면 더 내려갈 수 있습니다. 게다가 해당일은 코스닥지수가 전 저점까지 하락할 경우 전 저점을 지지해주느냐 마느냐가 중요한 상황이어서 실시간으로 지수를 살폈습니다.

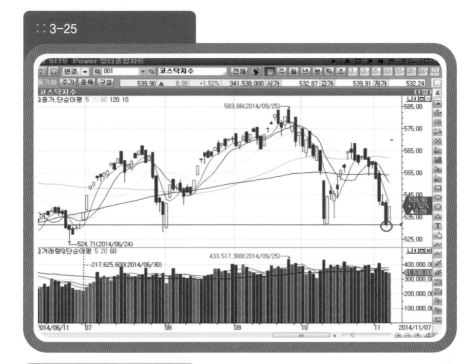

코스닥지수(분봉)는 정확히 전 저점에서 지지받으며 턴을 하기 시작했고, 오스템임플란트는 3만 4,100원을 찍고 반등하는 중이었습니다. 오스템임플란트의 전일 수급과 하한가 잔량, 시간외에서의 모습을 종합적으로 판단해볼 때 코스닥지수만 급락하지 않는다면 3만 4,100원까지는 떨어지지 않았을 거란 생각이 들었습니다.

이런 이유로 지수와 종목을 함께 두고 판단해야 합니다. 실제로 3만 4,500은 너무 많이 빠졌다는 확신이 들어 비중 베팅하면서도 편안한 마음으로 했고 충분한 수익을 보고 매도했습니다.

:: 3-27

| 미체결 | 잔고 | | 예수금 | 당일매매 | 주문가능 | 잔고확인 | 체결확인 |
|--------|------|--|--------|----------|----------|----------|----------|
| 매도금액 | | 수수료+제세금 | | | 손익금액 | | 4,418,440 | 조회 |
| 매수금액 | | 정산금액 | | | 손익율 | | 1.70 | 다음 |

| 종목명 | 금일매수 | | 금일매도 | | 수수료 +제세금 | 손익금액 | 수익률 |
|--------|----------|------|----------|------|-----------------|----------|--------|
| | 평균가 | 수량 | 평균가 | 수량 | | | |
| KC그린홀딩스 | 9,720 | 5,000 | 10,413 | 5,000 | 188,426 | 277,014 | 0.53 |
| 리홈쿠첸 | 9,270 | | 9,260 | | 31,107 | -38,857 | -0.41 |
| 한솔홈데코 | | | 2,120 | 19,000 | 155,717 | 603,168 | 1.52 |
| 오스템임플란트 | 34,843 | 1,884 | 36,603 | 1,884 | 214,939 | 3,101,395 | 4.72 |
| 토비스 | 17,209 | 2,481 | 17,640 | 2,481 | 136,475 | 931,900 | 2.18 |
| 차바이오텍 | | | 15,354 | 2,300 | 108,042 | -560,322 | -1.56 |
| 세운메디칼 | 7,240 | 2,000 | 7,314 | 2,000 | 45,618 | 104,142 | 0.71 |

사실 오스템임플란트를 매수하기 전 토비스도 같은 이유로 매수했었습니다. 수급으로 봐서는 토비스가 더 좋아보였기에 1만 7,200원에 매수를 넣었습니다. 하지만 차트를 살피니 일부만 잡히고 올라가는 양상이라 잔량 취소하고

나머지 물량은 오스템임플란트에 풀 베팅했습니다. 토비스에 풀 베팅했어도 수익은 같거나 더 많았을 수도 있습니다.

장이 안 좋고 투매가 나오는 장에서는 전날 종목들을 충분히 분석해 기다리다 매수하면 큰 수익이 가능합니다. 준비 없이 주식장 중에 보이는 것만 보고 행동해서는 단타 매매로 수익을 내기 어렵습니다.

수급 매매의 핵심은 다음이 아닐까 합니다. 첫째로 찌라시 포함, 기사를 바르게 해석해 매매에 접목시키고자 노력해야 합니다. 둘째로 수급, 거래량, 매수·매도 잔량을 보며 주식이 오를지 내릴지를 판단해 차후 주가 움직임과 자신의 예측을 비교·분석합니다. 셋째로 지수와 종목을 별개로 생각하지 말고 장세에 따라 종목도 영향을 받을 수 있다는 걸 염두에 둡니다. 넷째로 분석을 정확하게 마쳤다면 과감하게 비중 베팅을 할 수 있어야 합니다.

### ID: 몽현 EBITA를 살피자

수급이란 무엇일까요? 경제학 관점에서는 시장에서 상품의 가격을 결정하는 수요와 공급을 아울러 말하는 것입니다. 주로 주식 시장의 수급을 살피겠지만 주식 시장 외에도 상품, 화폐, 부동산 시장 등 여러 가지가 있습니다. 수급에 따른 시장 전반의 흐름이 주식 시장의 시황에도 직격할 것입니다.

여러분이 투자 회사를 운영한다고 할 때 주식 시장의 시황이 나쁘거나 수익 구조가 좋지 않다고 판단한다면 당연히 주식 시장에 대한 투자 비중을 줄이고

채권이나 상품 시장 등 수익구조가 탄탄하거나 리스크를 줄일 수 있는 다른 곳으로 투자 자본을 이동시킬 것입니다. 당연합니다.

　최근 일본의 양적완화로 인한 투심 악화가 그러한 현상 중 하나라고 볼 수 있습니다. 글로벌 시장에서의 자본 이동 흐름을 각 시장들의 수급으로 볼 수 있습니다. 자본 이동이 집중되는 곳이 가장 수급이 몰리는 곳이니까 투자하기 좋은 시장이 될 것입니다. 돈이 많다면 각 시장의 자본 흐름에 따라 투자 비중을 조절할 수도 있지만 대다수 투자자들의 현실과는 동떨어져 있습니다. 다만 거시경제 관점에서도 자본의 흐름을 확인한다면 주식 시장의 리스크를 줄일 수 있으니 거래에 도움이 될 것입니다. 시황이 좋지 않을 때는 원금에서 투자 비중을 줄인다거나 수익구간을 짧게 설정하는 것으로도 활용 가능합니다.

　주식 시장 안에서도 수급은 중요한 의미를 가집니다. 코스피로 자금이 몰릴 수도 있고, 테마주로 자금이 집중될 수도 있습니다. 업종별로 자금이 몰리는 곳이 있을 것입니다. 이런 수급 흐름을 파악해 거래하면 자연히 거래 종목들은 유동성이 풍부해질 것이며 호가창도 두터워져 매도가 쉬워집니다. 시장이 어렵습니다. 수급으로 탄탄한 종목에서 대주거래나 공매도가 적은 종목을 거래하는 것이 안전할 것 같다는 의견입니다.

　폭락이 나오기 전 일반 투자자들의 기대심리를 고조시키는 것이 시장의 특징입니다. 고점에서 개인들은 매도하지 못하게 하고 기관이나 외국인 투자자들은 차익 실현을 합니다. 대주·공매도를 이용해 폭락이 나온 후 수익을 극대화한 다음 시장을 끌어올리곤 합니다.

　2011년 폭락 때도 이러했습니다. 다행히 폭락을 피할 수 있었습니다.

: : 3-28

　주식 시장에서 수급이 몰리는 종목들은 왜 그럴까요? 실적, 모멘텀, 성장성, 업황 등 여러 가지 이유가 있을 겁니다. 다시 말해 그 회사의 실제 가치보다 수요와 공급에 의해 결정된 주가가 저평가되어 있기 때문입니다. 가구 하나를 살 때도 여러 가지를 고려해봅니다. 하물며 우리의 자산과 직결된 주식을 살 때는 더욱 꼼꼼하게 따져야 할 것입니다.

　ROA, ROE, PER, PBR 등 회사를 판단하는 투자지표들이 많습니다. 외국인·기관 투자자들도 이런 투자지표를 보고 해당 회사에 대한 판단을 마친 후 투자를 결정할 것입니다. 물론 개인도 하나의 수급을 형성합니다. 외국인·기관 투자자들의 매수 없이 개인 투자자들의 힘으로만 주가를 올리는 경우도 있습니다.

이렇게 수급이 들어오는 회사의 경우엔 물량을 관리하게 됩니다. 일정기간 일정가격 범위에 얼마의 물량을 매수하겠다고 회의해서 물량을 매집하기도 하고 차익을 실현하기도 하며, 로스컷도 나오게 됩니다. 이렇게 확실한 매수 주체가 있는 경우에 주식차트연구소의 기법도 더욱 확률 높습니다.

그 가운데서도 'EBITA'에 대해 알아보려고 합니다. PER는 업종에서 주로 이용하고 보통은 EBITA를 많이 이용합니다. EBITA(에비따)는 영업이익에 이자비용(Interest), 법인세 등의 세금(Tax), 감가상각비(Depreciation& Amortization)를 더한 것입니다. 특히 감가상각비는 정액법, 정률법, 연수합계법, 생산비례법 등으로 나뉘는데, 회사마다 다르게 채택해 비용 처리가 다릅니다.

실적이 좋고 모멘텀이 있는 회사의 주가가 저평가 됐을 때 회사가 정률법을 쓰게 되면 초기에 비용이 많이 잡혀 실제 버는 돈보다 당기순이익이 적게 잡힙니다. 이런 회사의 경우엔 EBITA가 더 정확한 투자지표가 됩니다. 보통 EV(기업가치)/EBITA를 많이 보는데, 회사를 인수하는 비용(순부채와 시가총액을 합한 것)을 몇 년 안에 현금으로 회수할 수 있는가로 판단합니다.

최근 거래한 루트로닉 종목입니다.

∴ 3-29

:: 3-30

| 투자자별매매종합 | 시간대별투자자 | 당일추이 | 일별동향/그래프 | 순매수추이 | 업종별투자순매수 | 당일매매현황 | 투자자별누적순매수 | 투자자별일별매매 |

| 002960 ▾ Q | 루트로닉 | 2014/11/09 | ○금액 ●수량 | ●순매수 ○매수 ○매도 | ○천주 ●단주 | ●전일비 ○등락률 | 투자자구분 안내 | 단위:박라,함 |

| 2014/10/09 | 2014/11/09 | 누적순매수 | -273,273 | +132,838 | +149,538 | -41,723 | +76,637 | +114,635 | -6,688 | +1,715 | -7,130 | +11,262 | +830 |

| 일자 | 현재가 | 전일비 | 거래량 | 개인 | 외국인 | 기관계 | 금융투자 | 보험 | 투신 | 기타금융 | 은행 | 연기금등 | 사모펀드 | 국가 |
|---|---|---|---|---|---|---|---|---|---|---|---|---|---|---|
| 14/11/07 | 25,100 ▲ 650 | | 121,912 | -3,407 | +7,365 | -3,724 | +3,645 | +1,946 | -5,981 | | | | +386 | -3,720 |
| 14/11/06 | 24,450 ▼ 1,400 | | 207,495 | +22,017 | -19,238 | -3,373 | -10,015 | +5,844 | +798 | | | | | |
| 14/11/05 | 25,850 ▲ 50 | | 108,655 | -20,827 | -14,313 | +35,140 | +3,132 | +23,919 | +843 | | +6,068 | +1,178 | | |
| 14/11/04 | 25,800 ▼ 50 | | 128,121 | -9,412 | -11,008 | +20,180 | | +23,695 | -4,698 | | | +1,183 | | |
| 14/11/03 | 25,850 ▲ 350 | | 123,278 | -12,246 | +13,200 | -954 | | +91 | -1,045 | | | | | |
| 14/10/31 | 26,200 ▼ 800 | | 98,969 | +17,039 | -16,137 | -141 | | +3,432 | +1,220 | | -4,793 | | | |
| 14/10/30 | 27,000 ▲ 1,500 | | 279,923 | -26,932 | -3,522 | +30,793 | -360 | +20,668 | +19,113 | -3,734 | | -10,000 | +1,386 | +3,720 |
| 14/10/29 | 25,500 ▲ 1,350 | | 289,653 | -16,534 | +11,925 | +3,158 | -1,290 | +3,899 | +549 | | | | | |
| 14/10/28 | 26,850 ▼ 150 | | 175,797 | +9,638 | +9,439 | -10,511 | -8,000 | +1,765 | -534 | -3,350 | +1,100 | -1,492 | | |
| 14/10/27 | 27,000 ▼ 200 | | 257,058 | +10,256 | +16,980 | -27,391 | -27,591 | | | | +200 | | | |
| 14/10/24 | 27,200 ▲ 50 | | 330,337 | -24,613 | +39,832 | -5,519 | +1,356 | -6,969 | -360 | -3,146 | | +3,600 | | |
| 14/10/23 | 27,150 ▲ 3,200 | | 323,182 | -62,721 | +59,711 | -1,067 | -368 | | | | -699 | | | |
| 14/10/22 | 23,950 ▲ 550 | | 179,502 | -34,326 | +18,170 | +10,221 | | +5,473 | +5,967 | +1,612 | +339 | | -4,000 | +630 |
| 14/10/21 | 23,400 ▲ 450 | | 362,758 | -48,482 | +14,138 | +44,503 | -200 | +1,181 | +55,156 | | -2,599 | -9,035 | | |
| 14/10/20 | 22,950 ▲ 1,550 | | 449,780 | -58,231 | +719 | +50,365 | -2,982 | +4,158 | +45,559 | +3,630 | | | | |
| 14/10/17 | 21,400 ▲ 1,950 | | 478,195 | -16,210 | +23,763 | -10,610 | +450 | -7,151 | -2,000 | -2,000 | +496 | -405 | | |
| 14/10/16 | 19,450 ▼ 250 | | 71,031 | +7,002 | -6,845 | -156 | | -8,156 | | | | +8,000 | | |
| 14/10/15 | 19,700 ▲ 1,050 | | 97,796 | -13,444 | +805 | +12,638 | +500 | +2,669 | +25 | | +1,603 | +7,841 | | |
| 14/10/14 | 18,650 ▼ 200 | | 35,516 | +926 | -926 | | | | | | | | | |
| 14/10/13 | 18,850 ▼ 300 | | 91,929 | +6,964 | -13,408 | +6,944 | | +1,454 | | | | | +5,490 | |

:: 3-31

| 기업개요 | 기업분석 | ETF정보 | 리서치동향 | 컨센서스 | 랭킹분석 | 부가정보 | 종목별증자예정현황 |

| 085370 ▾ ◀ ▶ | 40% 루트로닉 | 별정 ○Snapshot ○기업개요 ●재무제표 ○재무비율 ○투자지표 ○경쟁사비교 ○Disclo |

■ 매출액　　■ 조정영업이익
■ 영업이익　　■ 세전계속사업이익
■ 당기순이익

♦ 매출액증가율　　♦ 영업이익증가율
▲ EBITDA증가율　　● 순이익증가율

| 항목 | 2011.12 IFRS(연결) | 2012.12 IFRS(연결) | 2013.12 IFRS(연결) | 2014.06 IFRS(연결) | 전년동기 | 전년동기(%) |
|---|---|---|---|---|---|---|
| 매출액 ⑦ ⑦ | 420 | 461 | 522 | 335 | 258 | 30.0 |
| 매출원가 ⑦ | 229 | 246 | 283 | 178 | 139 | 28.3 |
| 매출총이익 ⑦ | 190 | 215 | 239 | 157 | 119 | 31.8 |
| 판매비와 관리비 ⑦ | 192 | 215 | 228 | 140 | 109 | 28.8 |
| 영업이익 ⑦ | -1 | 0 | 11 | 17 | 10 | 62.7 |
| 조정영업이익 ⑦ | -1 | 0 | 11 | 17 | 10 | 62.7 |
| EBITDA ⑦ | 40 | 48 | 52 | 38 | 30 | 28.6 |
| 비영업손익 ⑦ ⑦ | -23 | 1 | -17 | -11 | -2 | 적자지속 |
| 세전계속사업손익 ⑦ | -24 | 1 | -6 | 6 | 9 | -32.2 |
| 법인세비용 ⑦ | -0 | 1 | 1 | 1 | 0 | 305.8 |
| 당기순이익(순손실) ⑦ | -24 | 0 | -7 | 4 | 8 | -46.3 |
| 지배주주지분 ⑦ | -24 | 0 | -5 | 8 | 8 | -4.9 |
| 비지배주주지분 ⑦ | | | -2 | -3 | | |

수급의 중요성은 재차 강조해도 모자람이 없습니다. 개인 투자자 한 명은 약하지만 뭉치면 누구보다 강합니다.

## ID: 제시리버 업황과 수급의 연계 분석

주식 투자를 전업으로 삼겠다고 하면 대부분 "도박이다", "잘못하면 패가망신한다" 등의 부정적인 말들을 합니다. 어떻게 보면 맞는 말입니다. 대부분의 개인 투자자들이 준비가 되지 않은 상태에서 무리한 투자를 하다 실패를 맛보기 때문일 것입니다. 충분히 성공할 수 있었을 텐데 하는 아쉬움도 있습니다.

기술적인 부분에 무게를 둘지, 아니면 기본적인 분석에 무게를 둘지에 대한 논란은 언제나 시장의 화두였습니다. 주식을 아는 이들이라면 차트에서의 지지와 저항 기법을 찾아가는 과정을 중요시할 것입니다. 처음 주식을 접했던 2008년에는 무조건적인 차트 신봉자였습니다. 밤잠을 줄여가며 차트를 분석하고 자다가도 갑자기 깨 HTS를 켜서 거래량이 터진 장대 양봉을 기준으로 어디서 첫 반등이 나오고 수익 실현을 할지 분석했습니다. RSI부터 시작해 MFI, DMI, CO, EOM, CCI 등 갖가지 보조지표를 대입했었습니다. 분석이 맞아떨어지면 희열을, 틀리면 실망을 반복했습니다.

주식엔 정답이 없습니다. 유연한 사고와 행동을 해야 하는데 고지식할 정도로 일관된 법칙을 찾으려는 것이 초보들이 많이 겪는 오류입니다.

지난 세월 주식 투자에서 수많은 시행착오를 겪으며 뼈저리게 느낀 바는 다음과 같습니다.

1. 세계 지수 흐름에 따른 대한민국 지수(숲을 보는 혜안), 개별 종목의 업황, 모멘텀 → 거시적 관점
2. 돈이 들어오는 것(거래량, 수급)과 가격, 지지와 저항(매매 스킬) → 미시적 관점
3. 자금 및 계좌 관리(주식은 위험자산임을 인지)

시간이 갈수록 복잡함보다 단순함, 획일적인 것보다 유연함, 심리적 우위에서 투자하는 쪽이 주식 투자의 성패의 가르는 열쇠라는 생각이 듭니다. 그래서 업황 호전에 따른 수급 매매에 대해 논의할까 합니다.

토비스입니다. 토비스는 디스플레이 전문기업으로 카지노, 퍼블릭 인포메이션 디스플레이기기 등에 사용되는 산업용 모니터와 시장 규모가 큰 휴대폰, 태블릿PC, MP4플레이어, 디지털카메라, 내비게이션, 전장용 디스플레이 등에 사용되는 TFT-LCD 모듈 및 모바일용 터치 패널을 주로 생산하는 기업입니다.

매출과 영업이익이 지속적으로 증가하는 기업이기에 유심히 살펴야겠습니다.

:: 3-32

| 구분 | Annual 2011.12 IFRS(연결) | Annual 2012.12 IFRS(연결) | Annual 2013.12 IFRS(연결) | Annual 2014.12 (E) IFRS(연결) | Annual 2015.12 (E) IFRS(연결) | Annual 2016.12 (E) IFRS(연결) |
|---|---|---|---|---|---|---|
| 매출액(억 원) | 3,201 | 3,594 | 4,812 | 5,531 | 6,060 | 6,702 |
| 영업이익(억 원)? | 167 | 88 | 162 | 415 | 508 | 562 |
| 조정영업이익 (억 원) ? | 167 | 88 | 162 | | | |
| 당기순이익(억 원)? | 101 | 67 | 104 | 311 | 402 | 443 |

:: 3-33

종목투자자종합1 | 종목투자자종합2 | 투자자평균단가

종목번호 [ ]▼▶?권 토비스 [ ]    수치  조회  누적차트

(단위 : 주)

| 일 자 | 현재가 | 전일대비(%) | | 거래량 | 개인 순매수 | 기관 순매수 | 외국인 순매수 | 프로그램 순매수 |
|---|---|---|---|---|---|---|---|---|
| 14/11/07 | 18,100 ▲ | 1,700 | 10.37 | 1,266,579 | -177,652 | -6,715 | 176,581 | |
| 14/11/06 | 16,400 ▼ | 850 | 4.93 | 1,645,093 | -82,749 | 9,755 | 95,721 | |
| 14/11/05 | 17,250 ▼ | 1,050 | 5.74 | 981,658 | 118,371 | -52,942 | -69,876 | |
| 14/11/04 | 18,300 ▲ | 50 | 0.27 | 699,412 | -37,213 | -29,297 | 55,595 | |
| 14/11/03 | 18,250 ▲ | 400 | 2.24 | 1,159,350 | -110,300 | 3,982 | 97,782 | |
| 14/10/31 | 17,850 | | | 671,883 | -53,058 | -27,131 | 76,190 | |
| 14/10/30 | 17,850 ▲ | 400 | 2.29 | 1,286,093 | -86,683 | -2,761 | 82,511 | |
| 14/10/29 | 17,450 ▲ | 1,550 | 9.75 | 2,029,540 | -123,383 | 53,283 | 74,679 | |
| 14/10/28 | 15,900 ▲ | 50 | 0.32 | 329,671 | -16,002 | 12,573 | 3,018 | |
| 기간누적 | | | | | -2,699,908 | 493,747 | 2,792,231 | |

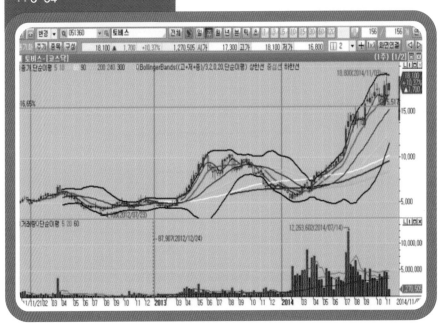

:: 3-34

왜 업황이 좋은 기업은 눌림목을 주고 다시 수급이 들어오면서 급등을 하고 반대로 업황이 안 좋아지는 기업은 단기적으로 상승하다가도 눌림목 없이 빠지는지 고민할 필요가 있습니다. 토비스는 적정주가 계산에 비해서도 아직 저평가라는 판단이기에 지속적으로 공략하고 있는 종목입니다. 물론 외국인 투자자들 역시 지속적으로 매수하고 있습니다.

국내외 화장품 사업의 고성장을 통해 외형 성장과 수익성이 개선된 산성앨엔에스 또한 중국 관련주로서의 프리미엄까지 반영된 주도주 중 하나였습니다.

:: 3-35

| 구분 | Annual 2011.12 IFRS(연결) | Annual 2012.12 IFRS(연결) | Annual 2013.12 IFRS(연결) | Annual 2014.12 (E) IFRS(연결) | Annual 2015.12 (E) IFRS(연결) | Annual 2016.12 (E) IFRS(연결) |
|---|---|---|---|---|---|---|
| 매출액(억 원) | 451 | 589 | 731 | 1,300 | 1,690 | 1,960 |
| 영업이익(억 원) ？ | 3 | 9 | 22 | 260 | 510 | 640 |
| 조정영업이익 (억 원) ？ | 3 | 9 | 22 | | | |
| 당기순이익(억 원) ？ | 148 | -51 | -22 | 200 | 400 | 510 |

2013년, 2014년의 매출과 영업이익이 폭발적으로 증가했고 당기순이익은 흑자로 전환되었습니다.

:: 3-36

종목투자자종합1  종목투자자종합2  투자자평균단가

종목번호 016100 ▼ ▶ ？ 관  삼성앨엔에스          수치  조회  누적차트

(단위 : 주)

| 일 자 | 현재가 | 전일대비(%) | | 거래량 | 개인 순매수 | 기관 순매수 | 외국인 순매수 | 프로그램 순매수 |
|---|---|---|---|---|---|---|---|---|
| 14/11/07 | 23,650 ▲ | 350 | 1.50 | 243,523 | -41,528 | 12,783 | 28,849 | |
| 14/11/06 | 23,300 ▼ | 650 | 2.71 | 674,134 | 51,659 | 27,307 | -80,780 | |
| 14/11/05 | 23,950 ▲ | 900 | 3.90 | 550,092 | -43,874 | 38,227 | 4,181 | |
| 14/11/04 | 23,050 ▼ | 300 | 1.28 | 541,565 | 52,750 | -52,690 | -6,252 | |
| 14/11/03 | 23,350 ▲ | 850 | 3.78 | 525,097 | -41,224 | 31,610 | 8,438 | |
| 14/10/31 | 22,500 ▼ | 450 | 1.96 | 253,788 | -16,964 | 21,094 | -5,462 | |
| 14/10/30 | 22,950 ▼ | 950 | 3.97 | 477,632 | 32,045 | -4,156 | -28,904 | |
| 14/10/29 | 23,900 | | | 458,471 | 30,273 | 6,262 | -35,136 | |
| 14/10/28 | 23,900 ▲ | 100 | 0.42 | 437,758 | 21,207 | 2,008 | -25,418 | |
| 기간누적 | | | | | -1,824,079 | 1,574,119 | 190,445 | |

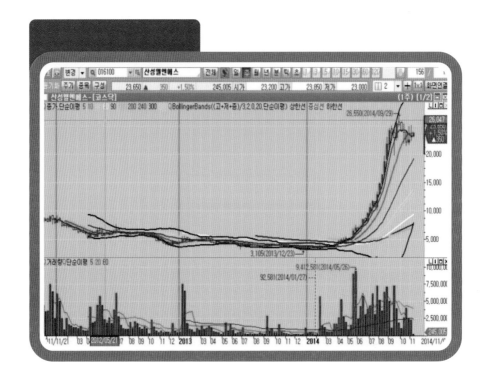

컴투스와 컴투스의 모회사인 게임빌도 급진적으로 업황이 좋아진 회사들

중 하나입니다.

반대로 업황이 나빠진 회사들을 비교하겠습니다. 락앤락이 대표적입니다.  215

:: 3-38

| 항목 | 2011.12 IFRS(연결) | 2012.12 IFRS(연결) | 2013.12 IFRS(연결) | 2014.06 IFRS(연결) | 전년동기 | 전년동기 (%) |
|---|---|---|---|---|---|---|
| 매출액 | 4,761 | 5,084 | 5,017 | 2,138 | 2,485 | -14.0 |
| 매출원가 | 2,444 | 2,717 | 2,749 | 1,152 | 1,332 | -13.5 |
| 매출총이익 | 2,317 | 2,368 | 2,269 | 986 | 1,153 | -14.5 |
| 판매비와 관리비 | 1,538 | 1,647 | 1,560 | 804 | 716 | 12.3 |
| 영업이익 | 779 | 721 | 709 | 182 | 437 | -58.4 |
| 조정영업이익 | 779 | 721 | 709 | 182 | 437 | -58.4 |
| EBITDA | 937 | 964 | 962 | 310 | 564 | -45.1 |
| 비영업손익 | -65 | 50 | -69 | -15 | -30 | 적자지속 |
| 세전계속사업손익 | 714 | 771 | 640 | 167 | 407 | -59.0 |
| 법인세비용 | 208 | 173 | 189 | 13 | 100 | -86.6 |
| 당기순이익(순손실) | 506 | 598 | 450 | 154 | 307 | -50.1 |
| 지배주주지분 | 506 | 599 | 451 | 154 | 307 | -50.0 |
| 비지배주주지분 | -0 | -1 | -0 | -0 | -0 | 적자지속 |

:: 3-39

| 종목투자자종합1 | 종목투자자종합2 | 투자자평균단가 |

종목번호 115390 ▼ ▶ ? 관 +락앤락          수치  조회  누적차트

(단위 : 주)

| 일 자 | 현재가 | 전일대비(%) | | 거래량 | 개인 순매수 | 기관 순매수 | 외국인 순매수 | 프로그램 순매수 |
|---|---|---|---|---|---|---|---|---|
| 14/11/07 | 10,250 ▼ | 350 | 3.30 | 460,704 | -83,508 | -9,467 | 94,390 | 105,166 |
| 14/11/06 | 10,600 ▼ | 150 | 1.40 | 236,898 | 25,373 | -11,206 | -9,233 | -20,808 |
| 14/11/05 | 10,750 ▲ | 450 | 4.37 | 383,219 | -85,932 | -5,640 | 90,371 | 84,437 |
| 14/11/04 | 10,300 ▼ | 400 | 3.74 | 701,715 | -128,162 | 41,439 | 80,614 | 122,783 |
| 14/11/03 | 10,700 ▼ | 700 | 6.14 | 780,015 | -1,390 | -20,909 | 20,555 | -1,589 |
| 14/10/31 | 11,400 ▼ | 200 | 1.72 | 310,263 | 50,893 | -11,901 | -39,073 | -28,939 |
| 14/10/30 | 11,600 ▼ | 250 | 2.11 | 386,950 | 103,623 | -3,665 | -99,828 | -27,885 |
| 14/10/29 | 11,850 ▲ | 100 | 0.85 | 364,608 | -4,886 | -972 | 6,757 | 6,949 |
| 14/10/28 | 11,750 ▼ | 150 | 1.26 | 187,515 | 22,339 | -16,998 | -5,421 | -26,038 |
| 기간누적 | | | | 2,432,677 | -263,338 | -2,202,650 | -99,309 | |

차트를 통해 수급이 빠져나간 모습을 볼 수 있습니다.

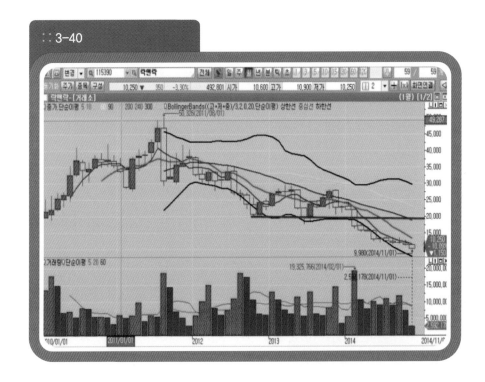

::3-40

눌림목이라고 판단하고 잘못 진입해 들어갔다가 큰 손실을 봤을 것입니다. 수급 매매를 공부하며 많은 것들을 깨달았고 스스로의 부족한 점도 개선하고 있습니다. 수익을 내는 데는 여러 매매 관점이 있겠지만 이런 분석도 가능하구나 생각해보는 것도 분명 도움이 될 것입니다.

아직 수급 매매가 낯선 이들에게 도움이 되었으면 합니다. 많은 이들이 고수들이 올리는 엄청난 수익률과 수익금 매매일지에 혹해 수강을 신청합니다. 실제로 맞습니다. 수급 매매는 익숙해지기만 하면 소액으로도 단기간에 엄청난 수익률과 수익금이 가능한 매매입니다. 하지만 초보들이 수급 매매에 익숙해져 바라는 성과를 달성하기까지는 여러 시행착오를 통한 혹독한 배움의 과정이 수반됩니다. 시행착오를 최대한 줄였으면 하는 마음에서 몇 가지 팁을 공유할까 합니다.

처음 수급 매매를 하는 사람들은 자신의 목표를 '월 단위 얼마의 수익금'이 아니라 '실수하지 않는 매매'에 두길 바랍니다. 그 다음 하루 한 번의 실수가 일주일에 한 번, 한두 달에 한 번이 되면, 그때 투자금을 높여 '월 단위 얼마의 수익금'으로 잡아도 충분합니다. 안정적인 수익 창출이 주식의 핵심입니다. 월 얼마를 벌건 안정적인 수익 창출이 가능하다면 올바른 매매를 하고 있는 것입니다.

그러기 위해선 실수를 하지 않는 게 중요합니다. 단기간에 큰 수익을 창출했다 하더라도 다음날 한두 번의 실수가 대량 손절로 이어질 수 있습니다. 그 동안의 수익은 아무런 의미가 없어집니다. 경험으로 깨우친 가르침입니다.

처음 수급 매매를 접했을 때 제대로 시작해보자란 마음으로 월 1억 원의 목표를 두고 과감한 비중 베팅에 들어갔었습니다. 그리고 2주 만에 정확히 4,400만 원의 수익을 봤습니다. 당시엔 '이대로만 가면 월 1억 원도 문제없다. 다음 달부턴 월 2억 원을 목표로 하자'란 자만에 빠졌고 곧바로 실수가 이어졌습니다. 결국 그동안 벌었던 돈을 다 날려버렸습니다.

제일 무서웠던 것은 내가 무슨 실수를 하고 있는지도 모르고 실수를 반복하고 있었다는 점이었습니다. 실수가 이어지는 순간에도 목표는 '월 단위 얼마의 수익금'에 있었기 때문입니다. 그러다 어느 순간 도저히 안 되겠다 싶어 그동안의 매매일지를 되돌아보며 반성하고 마인드를 다스렸습니다. 그때부터 매매는 조금씩 안정을 되찾아 여기까지 왔습니다.

지금까지 하루도 빠지지 않고 총 700개에 가까운 매매일지를 작성했습니다. 그 매매일지를 바탕으로 그간 겪었던 실수를 다섯 가지 유형으로 분석해봤습니다. 이제부터 실제 매매일지와 함께 정리해보고자 합니다.

**수급 매매 초보들이 하기 쉬운 다섯 가지 실수**

1. 수급 확인 없이 무리한 눌림 매매
2. 수급 확인 없이 무리한 돌파 매매
3. 지수 확인 없이 무리한 매수 가담
4. 욕심과 집중력 부재로 대응 불능
5. 한쪽은 사고 한쪽은 파는데 파는 쪽을 보지 못하고 매수 가담

지금부터는 각각의 유형별로 자세하게 매매일지와 함께 풀어보겠습니다.

## ※ 수급 확인 없이 무리한 눌림 매매

주식차트연구소 대부분의 기법이 음봉 매매입니다. 처음 수급 매매를 접한 이들이 가장 빈번히 하는 실수가 이것입니다. 물론 음봉 눌림 매매도 좋습니다. 확률도 높습니다. 하지만 수급 매매를 배웠다면 달라야 합니다. 대량의 수급 매도가 나오는 것을 확인하면 절대로 눌림 매매를 해서는 안 됩니다.

수급이 대량으로 이탈하면 아무것도 없이 전부 빠집니다(대량 매도가 아니라 면 주식차트연구소 기법으로 분할 접근은 가능합니다).

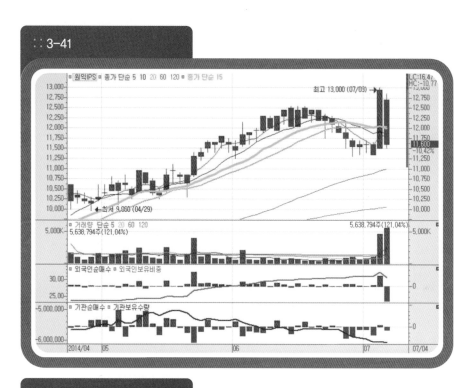

:: 3-41

:: 3-42

| 거래원 | | 투자자 | | 뉴스 | | 재무정보 | |
|---|---|---|---|---|---|---|---|
| 증감 | 매도상위 | | 매수상위 | | 증감 | | |
| 54,930 | 966,635 | 키움증 | 키움증 | 1,697,168 | 23,067 | | |
| 15,065 | 464,832 | 미래에 | 미래에 | 538,379 | 5,222 | | |
| 18,253 | 448,334 | 메릴린 | 대 신 | 345,779 | 2,091 | | |
| 27 | 358,721 | 모건스 | 대 우 | 304,148 | 2,730 | | |
| 4,666 | 339,774 | 현 대 | 유비에 | 301,685 | | | |
| 18,280 | 1,496,487 | 외국계합 | | 301,685 | | | |

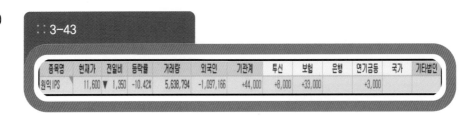

:: 3-43

| 종목명 | 현재가 | 전일비 | 등락률 | 거래량 | 외국인 | 기관계 | 투신 | 보험 | 은행 | 연기금등 | 국가 | 기타법인 |
|---|---|---|---|---|---|---|---|---|---|---|---|---|
| 원익IPS | 11,600 ▼ | 1,350 | -10.42% | 5,638,794 | -1,097,166 | +44,000 | +8,000 | +33,000 | | +3,000 | | |

원익IPS입니다. 2014년 7월 3일 외국인 대량 수급이 들어오면서 전 고점을 돌파합니다. 차트와 수급만 놓고 보면 추가 상승을 기대하기 충분합니다. 다음 날 바로 음봉으로 하락하는데 음봉 매매를 하는 이들이라면 충분히 공략 가능한 눌림입니다.

하지만 수급 매매를 배웠다면 거래원과 매매 동향에서 분명히 외국인 투자자들의 대량 매도가 보였기에 주포 수급의 대량 매도 혹은 이탈이 있는 음봉에서는 절대 공략하면 안 됩니다.

### ※ 수급 확인 없이 무리한 돌파 매매

돌파 매매를 할 때에도 수급 확인은 필수입니다. 돌파할 것처럼 올려놓고 기관이나 외국인 투자자들이 고점에서 파는 경우가 허다합니다. 돌파 매매를 할 때에는 수급이 지속적으로 들어오는지 확인하고 매수에 들어가야 합니다.

:: 3-44

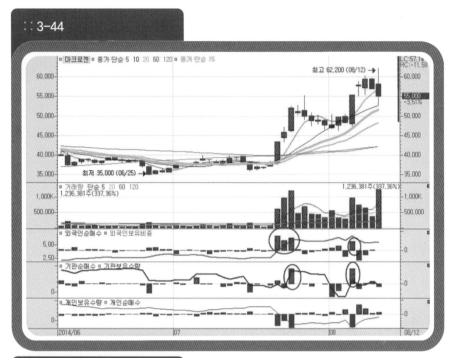

:: 3-45

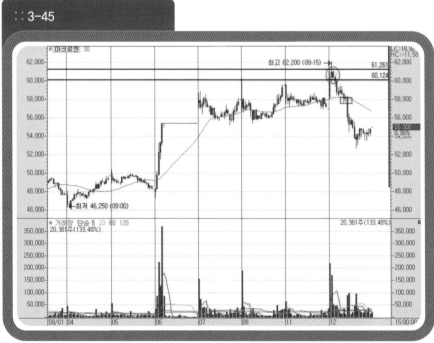

마크로젠입니다. 기관·외국인 투자자들의 수급이 간간이 대량 들어오며 탄력 좋게 상한가를 가던 종목입니다. 12일 장 초반부터 6만 원 전 고점을 돌파하며 장대 양봉을 갈 것처럼 상승합니다. 분봉 차트에서 보다시피 기관이나 외국인 투자자들의 수급 확인도 없이 단순히 더 갈 것이라는 근거 없는 기대감에 무리하게 돌파 매매했다 크게 손절했습니다. 수급의 확인 없는 공략은 곧 자살행위입니다.

## ※ 지수 확인 없이 무리한 매수 가담

지수를 이기는 종목은 없습니다. 수급이 들어와도 지수가 장대 음봉으로 투매가 나오면 그 종목은 오르기 힘듭니다. 소나기는 일단 피해야 합니다. 지수가 밀리는 날에는 오후까지 지켜보고 베팅해야 합니다.

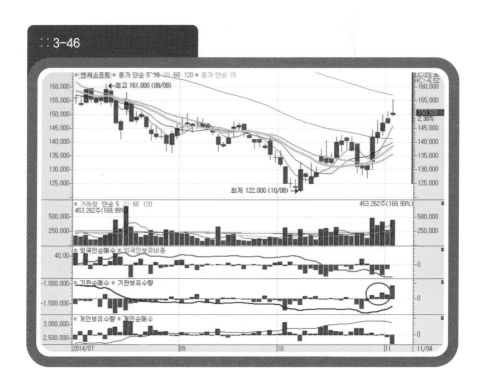

223

:: 3-47

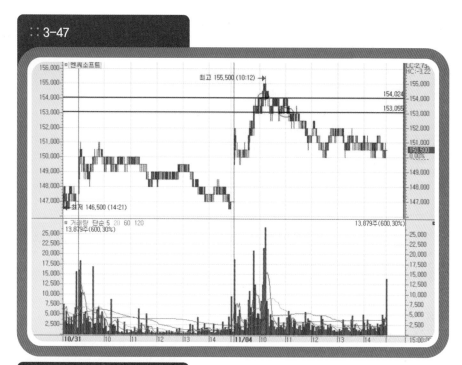

:: 3-48

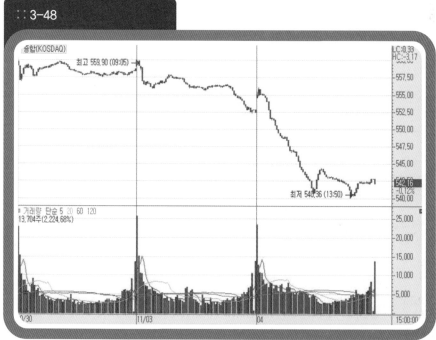

:: 3-49

| 일자 | 현재가 | 전일비 | 거래량 | 개인 | 외국인 | 기관계 | 금융투자 | 보험 | 투신 | 기타금융 | 은행 | 연기금등 | 사모펀드 | 국가 | 기타법인 | 내외국인 |
|---|---|---|---|---|---|---|---|---|---|---|---|---|---|---|---|---|
| 누적순매수 | | | | +290,529 | -374,630 | -31,531 | +97,657 | +40,233 | -24,283 | -4,172 | -88,059 | -107,411 | +39,061 | +15,443 | +117,511 | -1,879 |
| 14/11/04 | 150,500 ▲ 3,500 | | 453,781 | -52,951 | -34,778 | +85,307 | +15,282 | +3,160 | +57,422 | +658 | -1,115 | -2,468 | +5,875 | +6,493 | +1,999 | +423 |
| 14/11/03 | 147,000 | 0 | 266,648 | -11,345 | -13,822 | +24,356 | -4,858 | +5,757 | +1,742 | +686 | -1,277 | +13,201 | +6,244 | +2,861 | +949 | -137 |
| 14/10/31 | 147,000 ▲ 3,500 | | 415,433 | +3,122 | -37,991 | +37,494 | +29,672 | +6,746 | +5,253 | -4,583 | -417 | -5,157 | +6,059 | -79 | +7,486 | -113 |
| 14/10/30 | 143,500 ▲ 1,500 | | 356,472 | -2,339 | -20,740 | +10,882 | +13,879 | -568 | -6,344 | +3,047 | +2,308 | -1,036 | +1,581 | +15 | +11,930 | +267 |
| 14/10/29 | 142,000 ▲ 0,500 | | 485,210 | +10,282 | -33,706 | +24,030 | +55,575 | +3,305 | -6,788 | | -6,107 | -35,112 | +11,530 | +1,627 | -930 | +324 |
| 14/10/28 | 131,500 ▲ 1,000 | | 120,091 | +5,083 | +5,532 | -10,221 | -4,740 | -159 | -8,170 | | +1,435 | -1,461 | +2,562 | +312 | -432 | +38 |
| 14/10/27 | 130,500 ▼ 500 | | 211,290 | +36,491 | +27,761 | -61,002 | -17,497 | -10,071 | -4,421 | +480 | +300 | -18,780 | -10,986 | -25 | -800 | -2,450 |
| 14/10/24 | 131,000 ▼ 6,000 | | 211,770 | +38,430 | -4,657 | -33,176 | -1,432 | -33 | -13,456 | | +4,543 | -12,880 | -9,497 | -421 | -683 | +86 |
| 14/10/23 | 137,000 ▲ 3,500 | | 155,179 | +18,129 | -18,893 | +1,414 | -2,947 | -1,091 | +310 | +252 | +502 | -938 | -542 | -26 | -30 | -30 |
| 14/10/22 | 140,500 ▲ 1,500 | | 164,259 | -2,464 | -8,118 | +10,970 | +1,560 | +87 | +11,417 | -70 | -356 | +520 | -2,158 | -30 | -570 | +182 |
| 14/10/21 | 139,000 ▲ 1,000 | | 195,635 | +15,648 | -7,730 | -9,169 | -4,871 | -955 | -6,804 | +194 | +213 | +243 | +889 | +1,922 | +1,182 | +69 |
| 14/10/20 | 140,000 ▲ 7,500 | | 321,439 | +20,839 | -20,673 | -2,933 | +991 | +680 | -2,791 | | -2,845 | -11,932 | +12,431 | +593 | +2,124 | +643 |
| 14/10/17 | 132,500 | 0 | 229,787 | +24,457 | -27,538 | +3,001 | +1,362 | +1,566 | -11,100 | +500 | +8,579 | -2,966 | +1,659 | +3,401 | +100 | -20 |
| 14/10/16 | 132,500 ▼ 500 | | 301,452 | +53,141 | -51,977 | -1,275 | +3,828 | +8,445 | -16,809 | | +295 | -9,517 | +12,448 | +35 | +453 | -342 |

엔씨소프트입니다. 한동안 기관 수급이 좋던 종목으로 2014년 11월 4일 매매 당일에도 기관 투자자들이 상당수 매수에 가담하는 것을 확인하고 동참했습니다. 하지만 매수할 시점에 지수는 대량 양 매도 상태로 크게 하락할 것으로 충분히 예측 가능했습니다. '이 정도 수급이면 지수가 밀려도 오르겠지'란 기대감에 무리해서 매수에 가담했는데, 지수가 계속 빠지면서 종목도 수급이 끊겨버렸습니다. 외국인 투자자들의 매도까지 나오는 바람에 결국 손절을 하고 나올 수밖에 없었습니다.

다시 한 번 언급하지만 지수를 이기는 종목은 없습니다. 수급이 들어오더라도 지수가 대량 양 매도 상태라면 반드시 오후 장까지 지켜봐야 합니다.

## ※ 욕심과 집중력 부재로 대응 불능

수급 매매는 주식장 중 실시간 대응이 필수입니다. 주식장 중 수급이 어떻게 변화할지는 예측하지 못합니다. 사다가도 팔수 있고 팔다가도 살 수 있습니다. 수급을 보고 매수에 가담했다가 수급이 끊기고 매도가 나오면 바로 대응해야 합니다. '그래도 오르겠지'란 미련한 기대감은 큰 손절로 이어지기 마련입니다.　　

:: 3-50

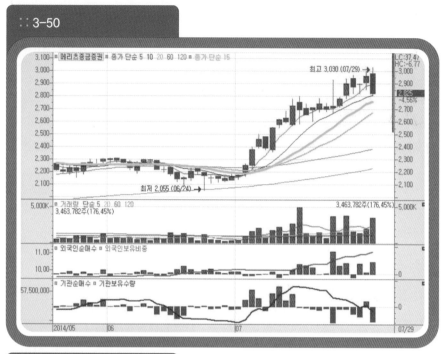

:: 3-51

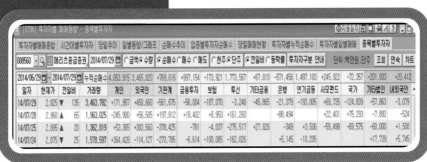

:: 3-52

메리츠종금증권입니다. 외국인 투자자들이 주포였던 종목에서 28일 기관 투자자들의 매수세를 확인하고 고점 부근에서 따라붙었습니다. 다음날 오전에 외국인 투자자들의 매수세를 확인해 홀딩하고 있다 점심시간의 나른함을 참지 못하고 잠들어버렸습니다. 눈을 떠보니 주가는 이미 2,900원 아래로 투매가 진행 중이었고 기관 투자자들의 대량 매도가 있어 손절했습니다.

주식장 중에는 항상 집중해야 합니다. 수급의 매수가 끊기고 매도가 확인된다면 반드시 손절로 대응하기 바랍니다.


### ※ 한쪽은 사고 한쪽은 파는데 파는 쪽을 보지 못하고 매수 가담

매수를 할 때 파는 쪽은 없는지 반드시 확인해야 합니다. 한쪽의 매수세만 보고 수익에 대한 욕심 때문에 급하게 매수에 가담했다가 사고가 나서 보니 특정 기관이나 외국인 투자자들의 매도가 보여 손절한 경험을 많이 했을 겁니다. 매수는 항상 신중하게 해야 합니다. 수급을 100% 확인한 후 가담해도 늦지 않습니다.

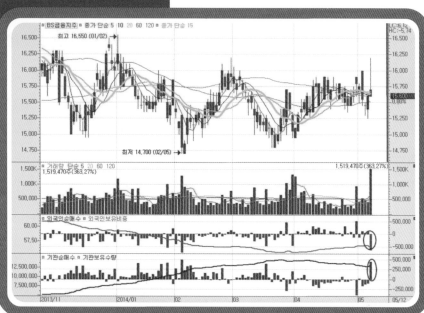

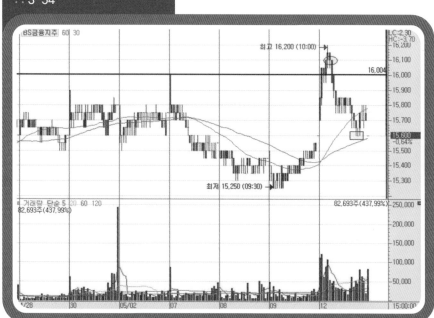

　BS금융지주입니다. 매수 당일 기관의 대량 매수세만 보고 급하게 가담했다 뒤늦게 외국인 투자자들의 대량 매도를 확인하고 장 중 최저점에 손절했습니다. 매수에 가담할 때에는 반드시 수급을 철저히 분석한 후 확신을 갖고 매수해야 합니다.

지금까지 초보들이 실수하기 쉬운 케이스를 분석했습니다. 실수는 반복되기 마련입니다. 별거 아닌 것처럼 보이는 실수도 항상 매매일지로 남기고 분석하기 바랍니다. 항상 똑같은 유형의 실수를 하고 있는 자신을 발견할 것입니다. 실수는 조금씩 고치면 됩니다. 언젠가 계좌가 붉게 물들어 있을 것입니다.

MEMO

MEMO

MEMO

Chapter 03

우수회원들의
실제 계좌 공개

**〈수급단타왕〉 하루빠른 10월 결산일지** | 투자 매매일기방

👍 20 / 2014.10.3

🔔 **red기블리(logo****)** 명예멤버 ▫ 💬 1:1

http://cafe.naver.com/stockschart/986524

개인적인 사정으로 내일 매매를 못하게 되어 오늘 하루 빠른 10월 결산일지를 올립니다
10월 한달간의 계좌 운용을 하고 난 뒤 개인적인 생각은
10월 중반부터 제대로된 페이스를 찾았고 수급매매의 확신과 그 확신을 가지고 계좌관리를
하게되면 충분한 수익을 준다는것을 느끼게 되었습니다.
대신 제가 가지고 있는 총 계좌의 활용률이 떨어지게 되어서 10월 매매방식이 무난하긴 하지만 약간은 변화를 생각하고 있습니다

수급호에서 날라다니시는 청라반장님들에 비해 턱없이 부족한 실력을 실감하고
때로는 조급한 마음도 있고 종목 찾으려고 눈벌게 설쳐보기도했는데
일을하면서 동시에 한다는게 양쪽, 일과 주식에 둘다 영향을 주게 되어서
잠시간 잠수를 타면서 매매패턴을 연구해보려합니다.

잘살아있다는 안부인사 겸 10월 결산일지를 올립니다.
이번에는 매수 매도금액 다 공개합니다..^^;

| 매매일자 | 매수금액 | 매도금액 | 실현손익 | 수수료 | 제세금 |
|---|---|---|---|---|---|
| 2014-10-28 | 260,493,190 | 286,744,900 | 1,811,710 | 27,720 | 860,225 |
| 2014-10-27 | 304,037,850 | 313,529,410 | 1,960,714 | 28,640 | 940,550 |
| 2014-10-24 | 338,633,600 | 314,667,575 | 1,742,185 | 31,160 | 943,965 |
| 2014-10-23 | 318,803,410 | 215,623,230 | 2,405,712 | 30,030 | 646,836 |
| 2014-10-22 | 192,485,710 | 285,304,875 | 2,502,033 | 27,690 | 855,899 |
| 2014-10-21 | 216,494,295 | 173,679,600 | 2,327,207 | 15,760 | 521,026 |
| 2014-10-20 | 160,042,205 | 375,127,925 | 2,545,635 | 36,780 | 1,125,356 |
| 2014-10-17 | 206,459,550 | 194,799,300 | 1,733,664 | 22,230 | 584,385 |
| 2014-10-16 | 263,119,780 | 151,927,580 | 3,711,294 | 13,740 | 455,748 |
| 2014-10-15 | 252,472,055 | 162,741,100 | 2,172,179 | 14,820 | 488,202 |
| 2014-10-14 | 110,183,100 | 324,192,950 | 3,800,651 | 29,520 | 972,522 |

※ 2009년 7월 24일 매매분부터 조회가 가능합니다.

조회가 완료되었습니다.

| | | | | | |
|---|---|---|---|---|---|
| 2014-10-10 | 329,406,000 | 133,830,700 | 816,410 | 12,220 | 401,490 |
| 2014-10-08 | 74,652,950 | 63,350,760 | 646,417 | 5,760 | 190,051 |
| 2014-10-07 | 115,208,800 | 119,051,440 | 1,665,320 | 10,780 | 357,144 |
| 2014-10-06 | 180,851,895 | 122,353,320 | 2,133,880 | 11,060 | 367,051 |
| 2014-10-02 | 162,613,960 | 151,905,100 | 1,315,323 | 13,840 | 455,699 |
| 2014-10-01 | 127,086,400 | 112,789,760 | 1,752,431 | 10,250 | 338,349 |

:: 3-56 / ID : 빨간밥통

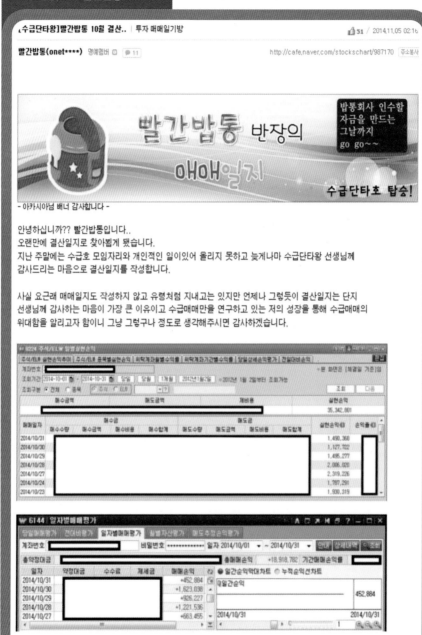

[수급단타왕]빨간밥통 10월 결산.. | 투자 매매일기방

빨간밥통(onet****) 명예멤버

http://cafe.naver.com/stockschart/987170

- 아카시아님 배너 감사합니다 -

안녕하십니까?? 빨간밥통입니다..
오랜만에 결산일지로 찾아뵙게 됐습니다.
지난 주말에는 수급호 모임자리와 개인적인 일이있어 올리지 못하고 늦게나마 수급단타왕 선생님께
감사드리는 마음으로 결산일지를 작성합니다.

사실 요근래 매매일지도 작성하지 않고 유령처럼 지내고는 있지만 언제나 그렇듯이 결산일지는 단지
선생님께 감사하는 마음이 가장 큰 이유이고 수급매매만을 연구하고 있는 저의 성장을 통해 수급매매의
위대함을 알리고자 함이니 그냥 그렇구나 정도로 생각해주시면 감사하겠습니다.

* 10월 총 손익금액 : + 54,261,538

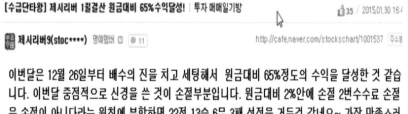

**[수급단타왕] 제시리버 1월결산 원금대비 65%수익달성!** | 투자 매매일기방

👍 35 / 2015.01.30 16:4

제시리버9(stoc****) 명예멤버 📝 11

http://cafe.naver.com/stockschart/1001537 주소복

이번달은 12월 26일부터 배수의 진을 치고 세팅해서 원금대비 65%정도의 수익을 달성한 것 같습니다. 이번달 중점적으로 신경을 쓴 것이 손절부분입니다. 원금대비 2%안에 손절 2번수수료 손절은 손절이 아니다라는 원칙에 부합하면 22전 13승 6무 3패 성적을 거둔것 같네요~ 가장 만족스러운 부분 원칙내에 그때그때 손절을 하고 바로바로 수익전환하거나
약손실로 마감시킨 날이 많았다는 것입니다.

**8224 주식/ELW 일별실현손익**

주식/ELW 실현손익추이 | 주식/ELW 종목별실현손익 | 위탁계좌별수익률 | 위탁계좌기간별수익률 | 당일상세손익평가 | 전일대비손익

계좌번호 [        ]

조회기간 2014-12-26 ~ 2015-01-30 당일 당월 1개월 2012년1월2일 ○2012년 1월 2일부터 조회가능

조회구분 ● 전체 ○ 종목 ● 주식 ○ ELW [   ] ▼ ?

조회 | 다음

| | 매수금액 | 매도금액 | 제비용 | 실현손익 |
|---|---|---|---|---|
| | 3,353,256,415 | 3,287,762,633 | 10,545,747 | 18,337,478 |

| 매매일자 | 매수금 | | | 매도금 | | | 실현손익 | 손익률 |
|---|---|---|---|---|---|---|---|---|
| | 매수수량 | 매수금액 | 매수비용 | 매수합계 | 매도수량 | 매도금액 | 매도비용 | 매도합계 | 실현손익 | 손익률 |

| 매매일자 | 매수수량 | 매수금액 | 매수비용 | 매수합계 | 매도수량 | 매도금액 | 매도비용 | 매도합계 | 실현손익 | 손익률 |
|---|---|---|---|---|---|---|---|---|---|---|
| 2015/01/29 | 2,239 | 47,145,250 | 2,810 | 47,148,060 | 5,003 | 47,290,100 | 144,698 | 47,145,402 | -707,963 | |
| 2015/01/28 | 52,192 | 328,541,250 | 19,680 | 328,560,930 | 51,278 | 324,030,670 | 1,004,308 | 323,026,362 | 3,633,612 | |
| 2015/01/27 | 7,648 | 141,198,300 | 8,450 | 141,206,750 | 669 | 135,726,800 | 426,702 | 135,300,098 | 2,566,088 | |
| 2015/01/26 | 27,524 | 239,590,795 | 14,350 | 239,605,145 | 28,502 | 239,725,845 | 744,489 | 238,981,356 | 1,519,435 | |
| 2015/01/23 | 10,219 | 315,400,100 | 18,910 | 315,419,010 | 14,726 | 315,422,100 | 975,873 | 314,446,227 | 828,355 | |
| 2015/01/22 | 29,542 | 351,054,600 | 21,030 | 351,075,630 | 35,511 | 346,377,665 | 1,087,195 | 345,290,470 | 4,097,354 | |
| 2015/01/21 | 11,792 | 53,064,545 | 3,160 | 53,067,705 | 1,541 | 50,139,000 | 162,115 | 49,976,885 | -198,755 | |
| 2015/01/20 | 27,318 | 179,476,600 | 10,740 | 179,487,340 | 36,951 | 182,111,925 | 565,934 | 181,545,991 | 1,456,719 | |
| 2015/01/19 | 12,698 | 102,058,215 | 6,100 | 102,064,315 | 12,029 | 99,055,880 | 310,708 | 98,745,172 | 446,379 | |
| 2015/01/16 | 28,572 | 131,618,420 | 7,870 | 131,626,290 | 19,240 | 136,505,640 | 426,555 | 136,079,085 | -90,295 | |
| 2015/01/15 | 1,698 | 59,008,350 | 3,530 | 59,011,880 | 4,399 | 61,805,950 | 217,873 | 61,588,077 | -1,656,102 | |
| 2015/01/14 | 10,643 | 128,645,150 | 7,690 | 128,652,840 | 8,379 | 130,668,550 | 409,712 | 130,258,838 | -213,380 | |
| 2015/01/13 | 1,610 | 57,604,750 | 3,440 | 57,608,190 | 3,686 | 57,870,200 | 186,980 | 57,683,220 | -190,400 | |
| 2015/01/12 | 7,879 | 168,848,000 | 10,090 | 168,858,090 | 5,625 | 165,883,950 | 516,573 | 165,367,277 | 1,716,989 | |
| 2015/01/09 | 18,555 | 154,429,420 | 9,250 | 154,438,670 | 19,068 | 148,698,150 | 454,993 | 148,243,157 | 1,709,897 | |
| 2015/01/08 | 11,468 | 186,624,000 | 11,150 | 186,635,150 | 12,872 | 189,237,000 | 602,407 | 188,634,593 | 1,333,143 | |
| 2015/01/07 | 7,718 | 96,610,880 | 5,790 | 96,616,670 | 12,404 | 96,721,670 | 303,654 | 96,418,016 | 246,611 | |
| 2015/01/06 | 19,959 | 96,902,770 | 5,800 | 96,908,570 | 14,382 | 101,103,840 | 318,004 | 100,785,836 | -1,307,486 | |
| 2015/01/05 | 16,039 | 192,315,720 | 11,520 | 192,327,240 | 16,127 | 192,859,645 | 598,460 | 192,261,185 | 1,602,421 | |
| 2015/01/02 | 2,547 | 48,495,350 | 2,900 | 48,498,250 | | | | | | |
| 2014/12/30 | | | | | 341 | 46,444,200 | 165,912 | 46,278,288 | -80,282 | |
| 2014/12/29 | 4,839 | 140,926,250 | 8,450 | 140,934,700 | 7,252 | 134,439,350 | 428,196 | 134,011,154 | -224,916 | |
| 2014/12/26 | 9,883 | 133,497,000 | 7,990 | 133,504,990 | 7,129 | 95,989,650 | 293,706 | 95,695,944 | 1,851,054 | |

236

리홈쿠첸 : 전일 외인매수세 포착하여 장중베팅 후 오후장 외인,기관 동시매수세 포착하여 홀딩.
금일 목표수익금에 1/2매도 후 코스닥 폭락조짐보여 최저가에 나머지 매도-_-;

마지막날 종가베팅한 종목이 잘 올라줘서 목표달성 했습니다.
다음달도 더 갈고닦아서 수익률70%이상에 도전하겠습니다.

# 수급단타왕 님 매우 감사합니다!!

| 매수금액 | | 매도금액 | | 제비용 | | 실현손익 | |
|---|---|---|---|---|---|---|---|
| 4,131,046,755 | | 4,182,900,225 | | 14,728,935 | | 51,864,948 | |

| 매매일자 | 매수금 | | | | 매도금 | | | | 실현손익 | 손익률 |
|---|---|---|---|---|---|---|---|---|---|---|
| | 매수수량 | 매수금액 | 매수비용 | 매수합계 | 매도수량 | 매도금액 | 매도비용 | 매도합계 | 실현손익 | 손익률 |
| 2014/07/31 | | | | | 8,305 | 143,955,200 | 565,213 | 143,389,987 | 5,922,787 | 4.30 |
| 2014/07/30 | 8,305 | 137,447,750 | 19,460 | 137,467,210 | 9,489 | 141,016,250 | 481,026 | 140,535,224 | 1,640,534 | 1.18 |
| 2014/07/29 | 28,526 | 277,924,630 | 39,350 | 277,963,980 | 22,466 | 284,423,960 | 931,648 | 283,492,312 | 5,186,237 | 1.86 |
| 2014/07/28 | 8,112 | 279,682,250 | 39,600 | 279,721,850 | 4,683 | 145,173,000 | 456,079 | 144,716,921 | 4,232,240 | 3.01 |
| 2014/07/25 | | | | | 9,833 | 142,085,200 | 483,343 | 141,601,857 | 6,646,356 | 4.92 |
| 2014/07/24 | 9,833 | 134,936,400 | 19,110 | 134,955,510 | 8,000 | 129,800,000 | 515,942 | 129,284,058 | -2,334,552 | -1.77 |
| 2014/07/23 | 14,711 | 275,626,700 | 39,020 | 275,665,720 | 6,711 | 145,532,950 | 457,201 | 145,075,749 | 1,028,755 | 0.71 |
| 2014/07/22 | 16,439 | 349,248,500 | 49,450 | 349,297,950 | 18,833 | 423,083,150 | 1,347,823 | 421,735,327 | 4,198,916 | 1.00 |
| 2014/07/21 | 2,394 | 68,229,000 | 9,660 | 68,238,660 | 6,328 | 138,899,600 | 474,398 | 138,425,202 | -417,443 | -0.30 |
| 2014/07/18 | 6,328 | 138,823,000 | 19,660 | 138,842,660 | 30,000 | 124,875,000 | 478,867 | 124,396,133 | -1,635,987 | -1.29 |
| 2014/07/17 | 15,000 | 62,700,000 | 8,880 | 62,708,880 | 15,000 | 63,138,610 | 250,390 | 62,888,220 | -435,008 | -0.68 |
| 2014/07/16 | 75,067 | 430,851,465 | 61,000 | 430,912,465 | 45,067 | 308,467,065 | 969,058 | 307,498,007 | 3,232,126 | 1.06 |
| 2014/07/15 | 21,200 | 269,240,000 | 38,130 | 269,278,130 | 54,811 | 408,728,460 | 1,322,399 | 407,406,061 | -1,840,924 | -0.44 |
| 2014/07/14 | 83,611 | 261,704,125 | 37,060 | 261,741,185 | 50,000 | 121,881,665 | 382,902 | 121,498,763 | -273,277 | -0.22 |
| 2014/07/10 | 20,000 | 124,000,000 | 17,560 | 124,017,560 | 28,000 | 265,219,270 | 943,633 | 264,275,637 | 5,839,237 | 2.25 |
| 2014/07/09 | 8,000 | 134,400,000 | 19,030 | 134,419,030 | 12,391 | 147,452,900 | 502,150 | 146,950,750 | 4,862,221 | 3.42 |
| 2014/07/08 | 17,391 | 186,627,810 | 26,430 | 186,654,240 | 35,000 | 169,561,200 | 566,548 | 168,994,652 | 781,411 | 0.46 |
| 2014/07/07 | 30,000 | 123,630,095 | 17,510 | 123,647,605 | 5,400 | 140,400,000 | 478,214 | 139,921,786 | 4,334,619 | 3.19 |
| 2014/07/04 | 1,630 | 40,994,500 | 5,800 | 41,000,300 | 1,544 | 39,603,600 | 124,410 | 39,479,190 | 796,540 | 2.05 |
| 2014/07/03 | 5,400 | 135,405,000 | 19,160 | 135,424,160 | 10,086 | 134,223,100 | 528,096 | 133,695,004 | 2,022,144 | 1.53 |
| 2014/07/02 | 16,679 | 305,420,600 | 43,240 | 305,463,840 | 14,479 | 314,304,150 | 1,023,911 | 313,280,239 | 3,976,079 | 1.28 |
| 2014/07/01 | 7,800 | 133,340,000 | 18,870 | 133,358,870 | 5,800 | 138,620,000 | 472,684 | 138,147,316 | 2,248,077 | 1.65 |
| 2014/06/30 | 11,800 | 260,230,100 | 36,850 | 260,266,950 | 6,000 | 126,600,000 | 388,170 | 126,211,830 | 1,853,860 | 1.49 |

237

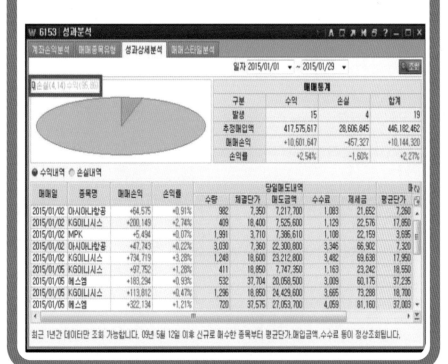

:: 3-60 / ID : 한방투자

| 계좌번호 | ****-**37 | ▼ | 한방투자 | | 조회 |

조회기간 2014/08/01 📅 ~ 2014/08/28 📅

\* 실현손익, 수수료, 세금은 추정치이며, 수수료는 체결시 수수료률로 적용됩니다.
\* 매입금액, 매도금액, 수수료, 세금은 당일매매일지 화면의 내용과 동일합니다.

| 총매수 | 1,166,583,755 | 총매도 | 1,073,570,060 | 실현손익 | 10,003,451 |
| 수수료 | 336,020 | 세금합 | 3,220,600 | | |

| 매매일 | 매수금액 | 매도금액 | 실현손익 | 수수료 | 세금 |
|---|---|---|---|---|---|
| 2014/08/28 | 77,458,230 | 80,734,800 | 3,010,648 | 23,720 | 242,2 |
| 2014/08/27 | 0 | 40,887,720 | -874,283 | 6,130 | 122,6 |
| 2014/08/26 | 82,081,970 | 77,620,700 | -30,902 | 23,950 | 232,8 |
| 2014/08/25 | 39,278,100 | 46,144,000 | 322,203 | 12,810 | 138,4 |
| 2014/08/22 | 86,694,545 | 88,311,610 | 530,025 | 26,250 | 264,9 |
| 2014/08/21 | 26,033,100 | 28,499,835 | 130,726 | 8,170 | 85,4 |
| 2014/08/20 | 55,070,700 | 58,386,150 | 117,285 | 17,010 | 175,1 |
| 2014/08/19 | 28,275,120 | 28,690,700 | 667,148 | 8,540 | 86,0 |
| 2014/08/18 | 90,125,300 | 62,969,280 | 681,823 | 22,960 | 188,9 |
| 2014/08/14 | 233,107,220 | 247,521,820 | 1,362,756 | 72,090 | 742,5 |
| 2014/08/13 | 55,980,405 | 59,215,280 | 792,341 | 17,270 | 177,6 |
| 2014/08/12 | 17,298,900 | 20,157,200 | 121,319 | 5,610 | 60,4 |
| 2014/08/11 | 33,305,840 | 27,828,810 | 522,525 | 9,170 | 83,4 |
| 2014/08/08 | 56,832,130 | 64,031,185 | 893,829 | 18,120 | 192,0 |
| 2014/08/07 | 94,151,460 | 12,943,700 | 273,039 | 16,060 | 38,8 |

||| 조회가 완료되었습니다.

ㅇ올킬은 실패했지만 첫목표 월천을 달성했습니다
다음달부턴 키움과는 작별하고 동양으로 넘어가려합니다
어제 계좌도 새로만들었는데 주식 처음시작할때같은 설렘이 있었네요ㅎ

수급단타왕님과 함께하면서 점점 확신이 생기고 있습니다
아직도 한참 부족함을 느끼지만  여기서 답을 찾을수 있단 확신과 함께 자신감이 생깁니다
더욱더 수급흐에서 열심히 성장해보려 합니다
수급단타왕님게 다시한번 감사드립니다~^^

-매수매도이유 :기관대량매수확인하고 지수도 좋아서 장대양봉예상하여 구간구간 스켈핑.

조회기간 2015/01/19 □ ~ 2015/01/23 □

* 실현손익, 수수료, 세금은 추정치이며, 수수료는 체결시 수수료률로 적용합니다.
* 매입금액, 매도금액, 수수료, 세금은 당일매매일지 화면의 내용과 동일합니다.

| 총매수 | 1,899,821,780 | 총매도 | 1,865,454,780 | 실현손익 | | 10,193,379 |
|---|---|---|---|---|---|---|
| 수수료 | 564,790 | 세금합 | 5,596,156 | | | |
| 매매일 | 매수금액 | 매도금액 | 실현손익 | 수수료 | 세금 |
| 2015/01/23 | 451,044,700 | 475,874,200 | 2,598,130 | 139,030 | 1,427,540 |
| 2015/01/22 | 335,480,120 | 267,490,205 | 2,027,823 | 90,440 | 802,462 |
| 2015/01/21 | 244,166,020 | 309,545,395 | 148,091 | 83,050 | 928,604 |
| 2015/01/20 | 647,662,920 | 551,922,105 | 4,350,101 | 179,930 | 1,655,724 |
| 2015/01/19 | 221,468,020 | 260,622,875 | 1,069,234 | 72,310 | 781,826 |

-어제는 코스닥 지수가 미친듯이 빠지더니 오늘은 정반대로 미친듯이 오르네요~ 참 재밌는 장세입니다. ㅋ
-게임주가 엄청나게 강한 하루였네요~ 컴투스,웹젠은 지켜보고 있었는데 우와 ㄷㄷㄷ
-저번주에 이어 이번주에도 주천달성하였습니다.!
-수급호 여러분 행복하고 즐거운 주말 보내시고 다음주에도 성투이어갑시다.!!^^

**(수급단타왕) slow 1월결산(100%달성)** | 투자 매매일기방　　　　　👍48 / 2015.01.30 20:10

💜 Slow1(yong****) 명예멤버 ⓐ 💬 11　　　　　http://cafe.naver.com/stockschart/1001607 [주소복사]

안녕하세요?
수급단타호의 slow 입니다.
12월에 수급매매에 대한 글을 올리며 많은분들의 뜨거운 관심에 너무 많이 놀랐습니다.
일일이 답글달고 인사드리지 못한점 이자리를 빌어 사과 드립니다.
여러분들의 뜨거운 관심에 자만하지 않으려고 노력하며 그이후에도
조심조심 지키는 매매를하여 1월달 무사히 마감하였습니다.

| 8205 위탁계좌월별수익률 | | | | |
| --- | --- | --- | --- | --- |
| 주식/ELW 실현손익추이 | 주식/ELW 종목별실현손익 | 위탁계좌월별수익률 | | |
| 계좌번호 [　　▼] [　　] | | | 기간: 2015-01 | |
| 년 월 | 수익률 | 손익금액 | 평균투자금액 | 약정총액 | 월 |
| 2015/01 | 110.84 | 20,876,411 | 18,834,197 | 7,576,651,435 | |

작년3월 수급단타왕2기 강의를 처음 들으며 수급단타왕님의 계좌를 보고 과연 저런 수익율을
달성할수 있을까? 하는 생각을 했었습니다.
그런데 이번달에 저도 그런 수익율을 달성을 하였습니다.
1월달 장이 정말 좋아서 그런지 다른 분들도 엄청난 수익을 낸 결산일지를 올리신것을 보니
저의 계좌는 오히려 초라해 보이기까지 하지만 2014년 12월 마지막 바닥에서 극적으로
탈출하며 달성한 수익이기에 저에게는 그누구의 수익보다도 값지게 느껴집니다.

요즘 장도 좋지만 주차연에 새로운 고수들도 많이 등장하시고 생각지도 못하는
수익금을 올리시는 분들도 많아 진 것 같습니다.
그런분들의 수익에 너무 동요되지마시고 자신의 갈길을 꾸준히 가다보면
언젠가는 좋은 날이 오리라 생각합니다.

저또한 수급단타왕님을 만나고 수급매매를 배운후 9개월동안이나 방황하다가
12월달에들어서 갑자기 느껴지는게 생기면서 매매의 안정을 찾게 되었습니다.
1월달은 장도 좋았지만 저 스스로 생각할때 탄탄하고 안정적인 매매를 했다고
생각합니다.
비중또한 풀베팅이 아닌 소량베팅으로하고 가끔가다가 정말 기회라 생각 될때만
풀베팅을 하였기에 생각보다 수익율이 크게나와 놀랐습니다.
아마 계속 수급단타왕님 처럼 비중베팅하였다면 이번달 200%도 넘었을것 같습니다.

**[수급단타왕] 15년1월 작전과장 결산일지** | 투자 매매일기방        전체공개  👍56 / 2015.02.01 23:04

작전과장(2sun****) 명예멤버  💬11                http://cafe.naver.com/stockschart/1002041  주소복사

## 1월 작전성공

### 1월 수익
+35,134,645원

**⇔ 8224 주식/ELW 일별실현손익**

주식/ELW 실현손익추이 | 주식/ELW 종목별실현손익 | 위탁계좌월별수익률 | 위탁계좌기간별수익률 | 당일상세손익평가 | 견일대비손익

계좌번호 [    ] [    ]                                    * 본 화면은 [체결일 기준]임
조회기간 2015-01-01 ~ 2015-02-01  당일 당월 1개월  2012년1월2일 ▸2012년 1월 2일부터 조회가능     조회  다음
조회구분 ⦿전체 ○종목 [    ] ⦿주식 ○ELW  [▼]

| 매수금액 | 매도금액 | 제비용 | 실현손익 |
|---|---|---|---|
| 5,863,692,700 | 5,739,786,704 | 18,579,406 | 35,134,645 |

| 매매일자 | 매수금 | | | | 매도금 | | | | 실현손익 | 손익률 |
|---|---|---|---|---|---|---|---|---|---|---|
| | 매수수량 | 매수금액 | 매수비용 | 매수합계 | 매도수량 | 매도금액 | 매도비용 | 매도합계 | | |
| 2015/01/30 | 3,853 | 119,396,650 | 7,150 | 119,403,800 | 8,442 | 120,400,200 | 368,408 | 120,031,792 | -1,415,014 | -1.16 |
| 2015/01/29 | 12,557 | 157,546,050 | 9,430 | 157,555,480 | 9,459 | 156,726,000 | 479,564 | 156,246,436 | -3,660,504 | -2.28 |
| 2015/01/28 | 12,433 | 145,014,190 | 8,660 | 145,022,850 | 12,502 | 173,451,800 | 571,708 | 172,880,092 | 1,130,032 | 0.65 |
| 2015/01/27 | 10,614 | 455,582,860 | 27,290 | 455,610,150 | 18,364 | 364,751,920 | 1,144,218 | 363,607,702 | 3,902,908 | 1.08 |
| 2015/01/26 | 40,800 | 308,809,000 | 18,490 | 308,827,490 | 32,960 | 303,186,500 | 996,930 | 302,189,570 | 2,746,471 | 0.91 |
| 2015/01/23 | 5,000 | 415,514,500 | 24,910 | 415,539,410 | 6,700 | 473,138,000 | 1,484,487 | 471,653,513 | 7,353,300 | 1.58 |
| 2015/01/22 | 16,970 | 284,637,700 | 17,040 | 284,654,740 | 18,510 | 278,132,600 | 912,557 | 277,220,043 | 1,036,000 | 0.37 |
| 2015/01/21 | 22,696 | 364,118,375 | 21,820 | 364,140,195 | 19,056 | 261,101,780 | 809,240 | 260,292,540 | 2,579,570 | 1.00 |
| 2015/01/20 | 16,818 | 549,492,250 | 32,910 | 549,525,160 | 39,398 | 580,100,175 | 1,804,354 | 578,295,821 | 1,802,736 | 0.31 |
| 2015/01/19 | 58,331 | 266,611,450 | 15,970 | 266,627,420 | 56,211 | 252,292,380 | 789,582 | 251,502,798 | 2,026,506 | 0.81 |
| 2015/01/16 | 34,250 | 179,776,065 | 10,750 | 179,786,815 | 17,600 | 206,582,535 | 637,845 | 205,944,690 | -1,071,997 | -0.51 |
| 2015/01/15 | 9,860 | 282,370,100 | 16,890 | 282,386,990 | 32,350 | 278,925,000 | 921,441 | 278,003,559 | 2,178,268 | 0.78 |
| 2015/01/14 | 61,510 | 288,567,000 | 17,280 | 288,584,280 | 38,220 | 285,617,900 | 909,657 | 284,708,243 | -1,535,431 | -0.53 |
| 2015/01/13 | 9,529 | 218,714,700 | 13,080 | 218,727,780 | 10,909 | 229,551,960 | 725,516 | 228,826,444 | 994,236 | 0.43 |
| 2015/01/12 | 14,934 | 283,968,300 | 16,980 | 283,985,280 | 10,884 | 277,133,150 | 857,363 | 276,275,787 | 1,296,382 | 0.47 |
| 2015/01/09 | 11,340 | 461,374,250 | 27,620 | 461,401,870 | 18,427 | 434,217,560 | 1,374,936 | 432,842,624 | 5,078,360 | 1.18 |
| 2015/01/08 | 17,921 | 196,661,860 | 11,760 | 196,673,620 | 15,584 | 205,571,500 | 648,499 | 204,923,001 | 1,176,005 | 0.57 |
| 2015/01/07 | 11,552 | 189,001,500 | 11,320 | 189,012,820 | 7,932 | 204,259,100 | 651,944 | 203,607,156 | 3,356,027 | 1.67 |
| 2015/01/06 | 5,180 | 188,966,800 | 11,320 | 188,978,120 | 5,100 | 138,165,000 | 432,520 | 137,732,480 | -1,188,376 | -0.85 |
| 2015/01/05 | 17,850 | 355,520,550 | 21,300 | 355,541,850 | 17,950 | 367,455,000 | 1,138,581 | 366,316,419 | 4,565,204 | 1.26 |
| 2015/01/02 | 7,950 | 151,697,500 | 9,080 | 151,706,580 | 9,450 | 167,255,000 | 569,006 | 166,685,994 | 2,783,912 | 1.69 |

매매일자 2015-02-01  * 상단의 매매일자를 더블클릭하면 하단에 종목별 매매내역이 조회됩니다.

| 종목명 | 매매구분 | 체결수량 | 체결단가 | 주당체결거래비용 | 수수료 | 세금 | 대출이자 | 매입평균단가 | 손익 | 체결잔금매수잔금 | 매수주당거래비용 |
|---|---|---|---|---|---|---|---|---|---|---|---|
| | | | | | | | | | | | |
| | | | | | | | | | | | |

□ ① 아래와 같은 경우 매매비용 및 손익이 실제와 차이가 발생할 수 있습니다.
  - 손익계산시 매수매도의 주문 매체가 다른 경우 매도시 적용된 수수료율로 매수수수료를 계산하여 손익 계산.
    하단 종목 매매내역에서의 매수내역에서는 정상수수료로 표기 됩니다.
    (EX- 매수 HTS, 매도ARS로 한 경우 손익계산시는 ARS 수수료율로 적용하여 계산하여 실손익과 차이 발생)
  - 수수료 계산시 매매시점 수수료가 아닌 조회 시점 수수료로 적용 계산
  - 공모주/유상/입고 주식의 경우 실제 매수 비용이 발생하지 않더라도 매매비용이 가계산 되어 오차 발생
◀) 00166조회가 완료되었습니다.                        MTSC30563I191scsos6311191.c  00992

**수급단타왕** 주식투자 실전전략

초판 12쇄 발행 2024년 12월 10일
초판 1쇄 발행 2015년 4월 29일

지은이  고명환
발행인  손은진
개발 책임  김문주
개발  김민정 정은경
마케팅  엄재욱 조경은
제작  이성재 장병미
디자인  윤디자인

발행처  메가스터디(주)
출판등록  제2015-000159호
주소  서울시 서초구 효령로 304 국제전자센터 24층
전화  1661-5431 팩스 02-6984-6999
홈페이지  http://www.megastudybooks.com

ⓒ 고명환, 2015
ISBN 979-11-5761-281-9 03320

**메가스터디BOOKS**
'메가스터디북스'는 메가스터디㈜의 학습 전문 출판 브랜드입니다.
초중고 참고서는 물론, 어린이/청소년 교양서, 성인 학습서까지 다양한 도서를 출간하고 있습니다.